코란의 의미를 찾아

중동 · 아프리카연구신서 

코란의 의미를 찾아

펴낸 날 · 2009년 7월 15일 | **찍은 날** · 2009년 7월 10일 (초판 1쇄)
지은이 · 공일주 | **펴낸이** · 김승태
등록번호 · 제2-1349호(1992. 3. 31) | **펴낸 곳** · 예영커뮤니케이션
주소 · (136-825) 서울시 성북구 성북1동 179-56 | **홈페이지** www.jeyoung.com
출판사업부 · T. (02)766-8931 F. (02)766-8934 e-mail: edit1@jeyoung.com
출판유통사업부 · T. (02)766-7912 F. (02)766-8934 e-mail: sales@jeyoung.com

copyright ⓒ2009,
ISBN 978-89-8350-531-6

값 10,000원

중동 · 아프리카연구신서 **1**

코란의 의미를 찾아

공일주 지음

예영

일러두기

1. '수라' 는 코란의 장(chapter)을 가리킨다.
2. Quran은 코란으로 통일 표기한다.
3. 성경과 코란의 인명과 지명은 아랍어에서 직접 한글로 표기하였으며, 대표 형태소에 따라 표기한다. *[예] 앗살람(음성표기), 알살람(대표 형태소 표기)*
4. 신문 기사는 연도와 해당 신문사 이름만 표기한다.

주요 용어 설명

✡ **카피르(kāfir)** : 알라의 존재를 믿지 않는 사람 혹은 알라를 믿는다고 하면서 이슬람식 기도와 금식 등을 하지 않는 사람이다.

✡ **무쉬리쿤(mushrikūn)** : 알라와 동등한 자를 취하는 자들이다.

✡ **경전의 백성(ahl al-kitāb; People of the Book)** : 코란에서 경전의 백성은 처음에는 '기독교인과 유대인' 을 가리켰으나 나중에는 '사비교, 조로아스터교' 도 경전의 백성이라고 하였다.

✡ **무프티(muftī)** : 이슬람학을 수학한 사람으로 코란과 순나에 근거하여 법적 판결을 할 수 있는 사람이다.

✡ **파트와(fatwā)** : 무프티(muftī)가 코란과 순나에 근거하여 어떤 사례에 대한 법적 판결을 내리는 것을 가리킨다.

✡ **순나(sunnah)** : 순나는 무함마드가 행한 내용이다.

✡ **하디스(hadīth)** : 무함마드가 말한 것과 무함마드가 행한 것 그리고 무함마드가 옳다고 해 준 것을 기록한 책이다.

✡ **타르자마 타프시리야(Tarjamah tafsīriyyah)** : 코란 해설이란 의미이며, 코란의 말을 다른 나라 말로 설명하고 그 뜻을 분명히 한 것을 가리킨다. 타르자마(tarjamah)는 번역 혹은 통역이란 의미이다.

✡ **쌀리흐(Sālih)** : 일반적으로 무슬림이 사용하는 '쌀리흐' 는 '좋은 일을 많이 하는 선한 사람' 이란 의미이다. 코란에서는 이 단어가 알라의 속성으로 사용되지 않고 무슬림이 '쌀리흐' 가 되어야 한다는 뜻으로 사용된다. '쌀리흐' 는 선행을 하고 다른 사람에게 해를 끼치지 않는 사람이다. 그러나 아랍어 성경에서는 하나님이 '쌀리흐' 라

아랍어로 쓴 글자
'고귀한 코란'(al-quran al-karim)

고 하면 하나님이 '흠이 없고 최고로 완전한 분'이라는 뜻이다. 바나바가 착한 사람(쌀리흐)이라고 사도행전 11장 24절에서 말하는데 '최고 수준의 가치관과 미덕을 갖춘 사람'을 가리킨다.

❀ **타우라(tawrah)** : 모세오경을 가리킨다.

❀ **인질(injīl)** : 복음서를 가리킨다.

❀ **타흐리프 알라프즈(tahrīf al-lafz)** : 어휘의 변질(교체)을 가리킨다.

❀ **타흐리프 알마으나(tahrīf al-ma'nā)** : 주석의 변질(왜곡)을 가리키는 것으로 문학적 본문의 이해에 해를 끼치는 것이다.

❀ **타흐리프(tahrīf)** : 어휘(텍스트)의 교체 혹은 거짓 주석을 가리킨다. 이슬람에서는 무함마드가 올 것이라는 내용을 타우라와 인질에서 삭제하였다고 하여 타우라와 인질이 타흐리프 되었다고 하였고, 알리(무함마드의 사위)의 신적 권위가 인정되는 내용이 코란에 있었는데 그 부분들이 제거되었다고 하면서 시아 파는 코란이 타흐리프 되었다고 했다.

❀ **딤미(dhimmī)** : 무슬림들에게서 생명과 안전의 도움을 받는 대신 특별 세금을 내야 했던 사람들로서 이슬람의 보호를 받는 사람이란 뜻이다.

❀ **지즈야(Jizya)** : 사람의 머리 수대로 세금 납부

❀ **잘림(zālim)** : 상대의 권리에 합당하게 그 온전한 권리를 주지 않는 사람, 나와 상대 사이를 공정하게 판정하지 않는 사람, 부당한 대우를 하는 사람, 부당한 일을 하는 사람, 권리 침해자(zālim)라는 의미이고 명사형은 '줄름'(Zulm)이다.

머리말

성경은 하나님의 감동으로 된 것으로 여러 나라 언어로 번역되었더라도 모두 '성경'이라고 불린다. 성경의 구약이 본래 히브리어(일부는 아람어)로 신약은 헬라어(일부는 아람어)로 되어 있지만 한국말로 번역된 신구약도 하나님의 말씀으로서 '성경'이다. 코란은 아랍어로 된 것만 '코란'이라 하고 한국어로 번역된 것은 '코란'이 아닌 '코란 해설서'(혹은 코란의 의미)라고 한다. 이처럼 경전(Scripture)에 대한 개념이 기독교와 이슬람 간에 서로 다르다.

오늘 날 코란 주석과 해석상의 문제로 2004년 암만 선언이 있었고 2009년에는 메카에서 파트와 헌장이 제정되었다. 그만큼 코란에 대한 바른 해석이 무슬림들 사이에서 이뤄지지 못하고 있다는 반증이다. 아랍어 코란 텍스트에 대한 주석과 해설이 무함마드 자신의 해석, 고전 시기와 고전 이후 시기, 현대 시기의 코란 주석 그리고 오늘날의 코란 주석과 한국 무슬림의 코란 해설 등을 두루 살펴보아야 하므로 코란이 계시된 그대로의 의미를 찾는 데에는 많은 노력이 필요하다. 코란의 해석적 근거를 오늘날 무슬림들에게 일반적으로 통용되는 견해에 의존할지 혹은 과거 이슬람 학자들의 다양한 코란 주석에 의존할지 혹은 한국인의 코란 해설서에 의존할지에 따라 코란 구절의 의미가 달라지기 때문이다. 해답은 과거 무슬림 학자들의 코란 주석이 가장 좋은 주석이라는 기존의 관점과는 달리 현대 코란 주석가들은 오늘날 코란 주석 학자들의 코란 주석도 중요한 의미가 있다고 강조한다. 그러다보니 오늘날 무슬림들 안에서도 코란을 전혀 다르게 해석한 파트와를 남발한 것이 문제가 되어 이슬람 세계가 코란의 극단적 해석으로 타크피르 문화가 확산되었다.

그래서 이 책은 아랍어 코란 원전을 직접 필자가 한국어로 옮겨 코란이 본래 전하고자 하였던 의미들을 바로 읽어 내려고 힘썼다. 코란 본문의 의미가 정확하게 그리고 분명하게 다시 번역되어 한국인들이 균형된 시각에서 이슬람을 바라보고 코란에 대한 바른 이해가 있기를 바라는 의도에서 이 책을 출간하게 되었다.

무슬림이라고 하더라도 아랍어 코란을 아랍어로 읽고 아랍어로 해석할 수 없으면, 코란에 대한 잘못된 이해와 해석의 오류에서 벗어나지 못하게 된다. 코란의 본래 의미가 완전하게 그 시대마다 바로 전달될 수 없다고 보기 때문에 코란의 번역은 그동안 허락되지 않았고 코란의 해설만 허용되었다. 그러나 오늘 날에는 세계 여러 나라의 언어로 코란이 해설되었는데 그 번역본은 코란의 본래 의미가 완전하게 전달되는 것으로 여기지 않는다.

오늘날 이슬람 학자들은 인터넷 무슬림 세대들이 코란의 수많은 문자적 코란 번역(타르자마 하르피야)에 문제가 있다고 보고 이를 해결하기 위한 여러 방안을 제시하고 있다. 무슬림들 안에서 의도적이든 비의도적이든 코란 구절의 본래 의도를 이해하지 못하고 코란의 실제 의미를 왜곡하는 일이 자주 발생하고 있고, 이 잘못된 해석으로 인간의 생명을 빼앗는 일이 무슬림 안에서 생기게 되었던 것이다.

이 책은 코란의 음성학적 연구와 코란 정음학에 대한 연구, 그리고 2008년 『코란의 이해 : 공식 이슬람과 민속 이슬람』(한국 외국어대학교 출판부)의 출간에 이어 필자가 세 번째로 내놓는 코란 연구서이다. 아랍어 코란에 대한 고전과 현대 무슬림 주석가들의 해석에 근거하여 코란에 대한 언어학적, 해석학적, 신학적 관점에 따라 코란의 의미를 다양하게 조각해 보는 데 그 목적이 있었다. 코란의 본래 의미를 최대한 바르게 주해하기 위하여 각종 코란 연구서들과 이슬람 대학의 학술논문 그리고 오늘날 아랍 무슬림들의 도움을 받아 집필하였고, 마지막 장에서는 기독교의 성경과 어떤 차이가 있는지 두 경전의 텍스트를 비교하여 보았다.

이 책을 통하여 한국인 독자들이 코란에 대하여 좀 더 분명한 이해가 있기를 바라고, 이 책의 교정을 보아준 이현영 님과 이 책을 출간하기로 결정한 예영출판사 그리고 항상 사랑으로 격려해 주시는 김삼환 박사님께 깊이 감사를 드린다.

참고로 이 책에 나오는 성경 구절은 개역개정판을 사용했고, 코란 구절들의 한국어 번역은 필자가 아랍어 코란에서 직접 번역한 것임을 밝혀 둔다.

2009년 7월 7일

공일주

CONTENTS

차 례

제1장 : 코란의 어휘적 의미_14

주요 핵심어휘 / 15
코란의 알라 : 성경의 하나님 / 30
코란의 한국어 번역 / 41
코란의 어휘 번역과 의미론적 함의 / 44
어휘 교체 : 의미 해석 / 49
코란의 비유 / 52
파트와 / 59
코란 해석의 적용 / 70
격식체 아랍어와 비격식체 아랍어 / 75
비격식체 요르단 아랍어 / 84
〈말하라〉의 의미 / 95
이슬람의 상속 지분 / 103
코란의 극단적인 해석 / 107

제2장 : 코란의 해석학적 의미_111

역사적 배경 / 114
코란에서 이브라힘은 유대인도 아니고 기독교인도 아니다 / 118
코란과 성경의 유사한 내용 : 서로 다른 해석 / 120
코란의 쌀리흐와 잘림 / 131
코란의 아흐마드 / 137
코란의 희생제물 / 142
코란의 알마시흐 / 147
코란 자체가 모순이 되는 구절 / 154
코란의 파라다이스 / 161
코란의 종말론 / 163
코란의 칼리마 / 166
무함마드의 하늘 여행 / 173

제3장 : 코란의 의미론적 함의_181

성경을 변질시켰다고 한 주장 / 184

이싸가 무함마드의 오심을 예언했다는 주장 / 188

기독교인들이 삼신을 믿는다고 한 주장 / 190

이싸가 인간이라는 주장 / 192

루후 알꾸두스가 '성령'이라는 주장 / 198

알라가 알마시흐라고 하는 사람은 '카피르'라는 주장 / 202

이싸는 십자가에 돌아가시지 않았다는 주장 / 206

이싸가 예언자라는 주장 / 219

무슬림들의 질문에 그리스도인들은 뭐라고 답하는가? / 225

맺는 말 / 234

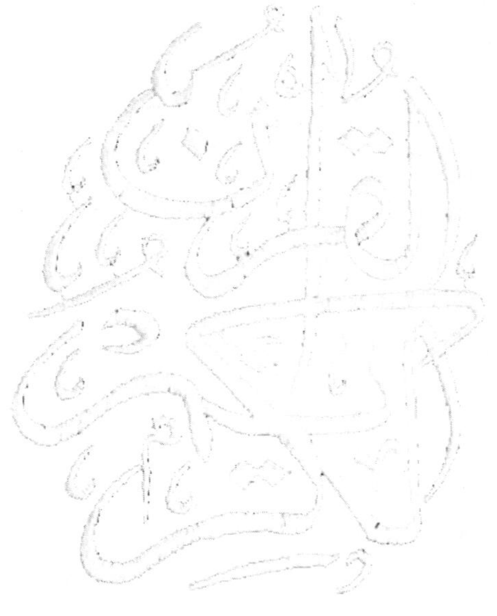

Seeking to Understand the Quran

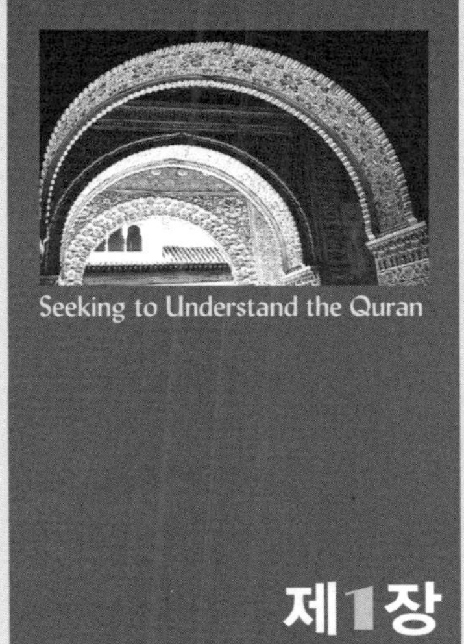

제1장

코란의 어휘적 의미

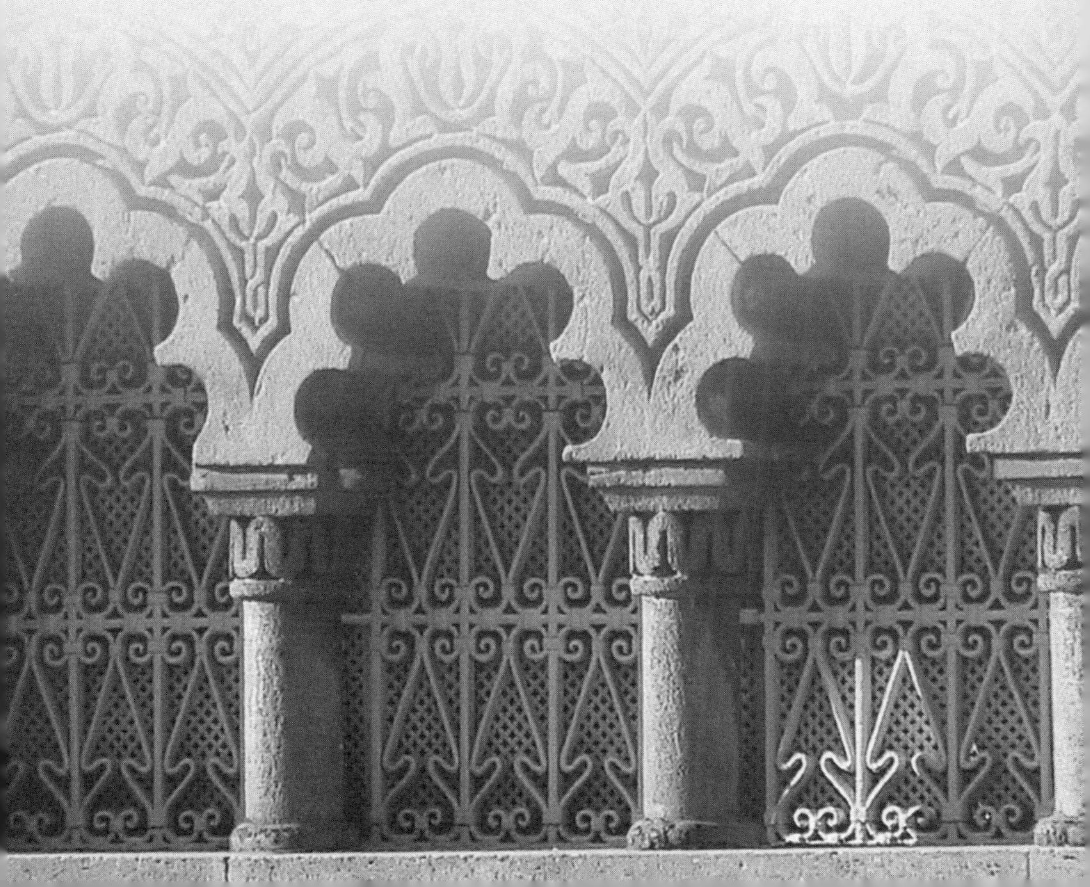

코란의 의미를 찾아

제1장 코란의 어휘적 의미

주요 핵심 어휘

코란(꾸란)은 무함마드 생존 시(570-610)에 단 한 권의 책으로 모아지지 못했다. 메디나 시기(622-632)에 무함마드가 사람들에게 전한 알라의 말들의 일부가 기록되었다. 그러나 대부분 무함마드가 전한 알라의 말들은 그의 청중들에 의하여 암송되거나 그의 측근의 비망록에 의하여 비체계적으로 기록되었다. 그렇지만 이들 암송자와 측근들의 중요성은 무함마드 사후에 바로 입증되었다. 전승에 의하면 칼리파 아부 바크르(632-634 재위)가 자이드 븐 사비트(Zayd bn Thabit)를 임명하여 흩어져 있는 코란의 기록들을 모으게 했다고 전한다. 코란의 완전한 원본들은 아부 바크르(Abū Bakr)가 자신이 죽을 때까지 보관하고 있었다가 2대 칼리파 오마르(Umar; 634-644)가 그의 생애 동안 간직하고, 그 다음에 오마르의 딸, 하프사(Hafsa)에게 전해졌다.

코란은 아랍어로 되어 있을 때만 코란이라고 불린다. 코란은 구전되어 온 메시지라는 점과 무함마드에게서 들었던 사람들에게 의존하여 기록되었다는 점 그리고 그들이 기억한 것만을 기록하였다고 하는 점이 코란 기록 과정의 특징이다. 그런데 코란의 서로 다른 여러 텍스트들이 사람들에게 돌기 시작하면서 코란의 기록된 내용들이 서로 달라졌다. 오스만 칼리파는 무함마드의 미망인 하프사가 보관하고 있던 원본을 자이드 븐 사비트(Zayd bn Thabit)에게 돌려주어 무함마드가 속한 꾸라이쉬 부족과 다른 방언으로 쓰인 것은 고치도록 한 후 3부를 복사하게 하였다. 그 원본은 하프사에게 돌려주었고 이 원본(manuscript)에 어긋난 텍스트(text)들은 폐기토록 하였다. 그러나 자이드 븐 사비트가 모은 원본은 지금까지 내려오지 않아 이 원본이 존재하였는지를 의심하는 사람들도 있었다. 위와 같은 사실은 무슬림들에게 잘 알려진 하디스 작가 부카리의 말이다(Bukhari, Sahih, IV, LVI, chap.3, no.709. 466).

그러나 부카리의 설명에 의문을 제기하는 서구학자들은 코란은 꾸라이쉬 부족의 말로 쓰인 것이 아니라 당시 아랍인들에게 널리 이해되고 있었던 아랍어 코이네(koine: 공통어)로 쓰였다고 주장한다. 또 다른 하디스에는 코란이 무함마드 생애 동안에 기록되었다고 하고 오스만이 확정한 코란 정본 이외에 다른 텍스트들이 돌고 있었다고 한다. 부카리는 아이샤(무함마드의 미망인)가 한 말을 다음과 같이 전하고 있다.

> 무함마드에게 지브릴이 매년 코란을 암송하라고 찾아왔고 그가 죽은 해에는 두 번 찾아왔다.

코란의 오스만본은 아랍어 자음과 장모음이 쓰였으나 단모음은 표기되지 않아 코란의 읽기와 해석에 애매모호함이 있었다. 성경은 여러 기자들이 있지만 코란은 오직 무함마드에 의해서만 전해지게 되었다. 후기 계시의 일부는 그의 서기에 의하여 한꺼번에 기록되기도 하였으나 대부분 코란 내용은 그에게서 들었던 사람들에 의하여 암송되었다. 무함마드 자신은 체계적인 신학을 공부한 신학자는 아니었다.

코란과 신약은 각각 대략 40여 년의 기간을 거쳐 기록되었다. 코란이 가장 처음으로 정경으로서 인정된 것은 무함마드가 처음 코란을 전파한 지 163년이 지난 뒤인 773년이었고, 기독교인들이 오늘날 가지고 있는 27권의 신약성경이 모두 정경으로 채택된 것은 카르타고 회의(Council of Carthage, 397년 8월 28일)에서였다.

메카 계시는 주로 경고 메시지가 많고, 메디나 계시는 성공적인 정치적 리더와 종교 운동과 관련된 내용이었다. 코란은 연대기 순으로 편집된 것이 아니다. 1장을 제외한 나머지 장들 중에서 긴 장은 책의 뒷 쪽으로 가게 하고 짧은 장은 앞 쪽에 배치되었다. 물론 길고 짧은 순서가 철저하게 지켜진 것은 아니다. 그런데 코란 1장은 기도문이어서 압둘라 븐 마스우드(Abdullah ibn Mas'ud)의 코란 본에는 제1장을 생략하였다. 이로 인하여 제1장이 코란 원본에 있었는가에 대한 의문이 제기되었다.[1]

신은 인간에게 경전을 통하여 계시해 주신다. 그런데 경전(Scripture)의 개념은 두 종교 사이에서 서로 다르다. 무슬림들은 코란이 하늘에 있었던 원본 코란의 정확한 복사판이라고 믿고 지브릴 천사를 통하여 무함마드에게 전달되었다고 믿는다. 기독교인들은 신구약이 성령의 영감으로 쓰인 책이라고 믿고 하나님의 말씀은 첫째는 로고스이신 성자이며, 둘째, 성육신 하신 하나님의 말씀, 셋째, 쓰여진 말씀, 넷째, 선포된 말씀, 다섯째, 조명된 말씀으로 믿는다. 경전의 개념에 대한 이런 차이점이 두 종교 간에 다음과 같은 여러 가지 중요한 이슈를 불러일으킨다.

(1) 무슬림들이 성경은 변질되었다고 하는 주장과 이와 다른 성경의 진정성은 무엇인가?

---

1) Peter G. Riddell & Peter Cotterell, *Islam in Context: Past, Present, and Future*, *Grand Rapids*: Baker Academic, 2003. 62

1860년대 아랍어 성경전서 초벌 번역 : 레바논 근동신학교 도서관 소장

(2) 이슬람에서 아랍어가 갖는 독특한 위치와 메시지가 번역 가능한가?

(3) 코란에서는 계시된 단어 한 자 한 자가 중요한가?

(4) 많은 기독교인들이 성경을 손쉽게 다루는 것과 관련되어, 무슬림들은 코란을 어떻게 대하는가?

무슬림들은 무함마드가 메시지만을 전달하는 임무를 맡았다고 한다. 코란의 원본은 무함마드에게서 온 것이 아니고 하늘에 보관된 모경(수라 85:22)에서 왔다고 믿는다. 타우라는 히브리어로 되어 유대인들에게 그리고 복음서는 그리스어로 이방인들에게, 코란은 아랍어로 아랍인들에게 그리고 나중에는 전 세계 사람들을 위하여 계시된 것이라고 무슬림들은 말한다.

'계시'의 개념은 코란과 성경에서 각각 다르게 나타난다. 무슬림들은 코란을 통하여 알라의 뜻이 계시된다는 데 초점을 두지만, 기독교인들은 하나님이 그의 뜻뿐만 아니라 인류 역사의 구속적 활동 그리고 예수 그리스도와 그의 사역을 통하여 그 자신을 계시한다고 본다. 성경에서 '계시'는 하나님이 알려지고 싶어 하시는 대로 인류에게 자기 자신을 알려

주시기 위하여 역사 속에서 하나님이 일하시는 것을 말한다. 하나님의 존귀하심과 능력의 계시가 인류의 타락으로 인하여 사람의 마음들 속에서 훼손되었다(롬 1:20-23). 하나님은 사람에게 영원을 사모하는 마음을 주셨는데(전 3:11) 인간은 그들 자신의 위치와 하나님의 계획을 충분하게 이해할 수 없었다. 그래서 하나님은 구약에 기록된 대로 그의 언약을 이루기 위하여 사람들에게 그의 '특별 계시'로 그 자신을 계시하였다. 하나님은 완전하게 그리고 최종적으로 예수 그리스도 안에서 그 자신을 계시하였다.

본래 하나님을 본 사람이 없으되 아버지 품속에 있는 독생하신 하나님이 나타내셨느니라(요 1:18).

이 모든 날 마지막에는 아들을 통하여 우리에게 말씀하셨으니 이 아들을 만유의 상속자로 세우시고 또 그로 말미암아 모든 세계를 지으셨느니라(히 1:2).

그는 보이지 아니하는 하나님의 형상이시요 모든 피조물보다 먼저 나신 이시니 (골 1:15).

오직 은밀한 가운데 있는 하나님의 지혜를 말하는 것으로서 곧 감추어졌던 것인데 하나님이 우리의 영광을 위하여 만세 전에 미리 정하신 것이라 . 이 지혜는 이 세대의 통치자들이 한 사람도 알지 못하였나니 만일 알았더라면 영광의 주를 십자가에 못 박지 아니하였으리라. 기록된 바 하나님이 자기를 사랑하는 자들을 위하여 예비하신 모든 것은 눈으로 보지 못하고 귀로 듣지 못하고 사람의 마음으로 생각하지도 못하였다 함과 같으니라(고전 2:7-9).

그래서 이 계시를 알고 믿는 것은 하나님의 선물이고 믿는 자의 눈을 열어 주시는 성령의 역사(Act)이다. 하나님의 자기 계시를 믿음으로써 하나님을 아는 것이 죄를 용서받는 길이요, 성화와 영생으로 가는 길이다.

이슬람에서는 알라의 말(word)이 책이 되었고(inlibration), 기독교인들에게는 하나님의 말씀(the Word)이 육신이 되었다(incarnation). 기독교인들은 성경의 말씀이 선포되면 이 말씀에는 능력이 있어 듣는 이에게 믿음이 생긴다고 믿는다. 코란은 무슬림들이 경전에 대하여 잘 모르거나 의심이 나면 성경을 참조하라고 한다. 그러나 오늘날 무슬림들은 기독교인의 성경을 읽지 않는다.

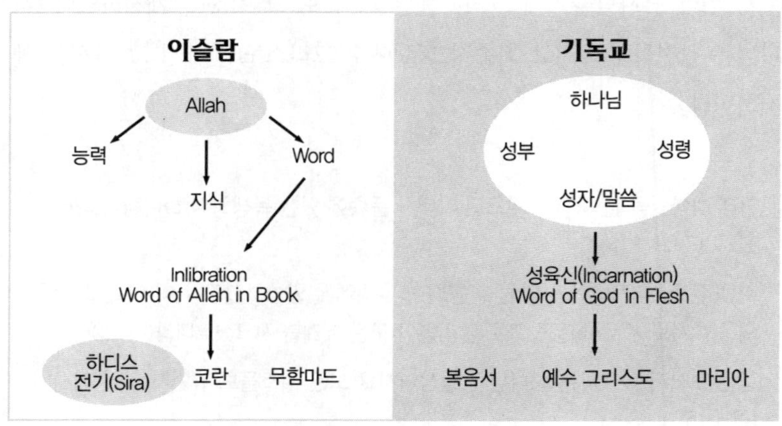

코란(Quran, Koran)은 본래 글(수후프)로 된 것이 아니고 여러 사람들에 의하여 암송된 것이다. 코란은 610년 계시된 이후 바로 한 권의 책이 된 것이 아니다. 무함마드에게서 들은 사람들이 무함마드의 말을 암기하고 있었는데 이슬람이 확장되면서 코란 내용을 암기하는 사람[2]들이 전쟁

---

2) '어떤 것을 기억하는 데 가장 오래 남는 방법은 무엇인가'에 대한 요르단 무슬림들에 대한 설문 조사에서 무슬림들은 이야기로 들어야 기억에 오래 남는다는 사람들이 42%이고, 대화를 통하여라는 응답한 사람들은 7%이었고 반드시 그 내용을 읽어야 한다는 사람들이 28%이며, 놀이를 통하여라고 응답한 사람은 22%였다. 아랍 학생들이 기억에 가장 잘 남게 하는 방법으로 이야기를 들려주는 것이다. 그리고 무엇을 기억하는 과정에서 가장 영향력을 갖는 것은 무엇인가에 대하여 고향 사투리로 기억한다는 사람들이 36%이고 코란의 의미를 통하여 기억한다는 사람들이 64%였다. 일단 어떤 내용이 무슬림들의 머릿속에 들어오면 코란의 어휘를 중심으로 기억하여 본다는 것이다. 코란의 어휘들을 알고 있는 아랍인들은 코란의 의미가 그들의 기억을 돕는다고 생각한다.

터에서 죽어갔다. 그래서 코란이 없어지지 않도록 기록된 글로 남겨야 한다는 데 동의하고 칼리파 오스만(644-656 재위) 때 코란이 한 곳에 모아지게 되었다. 그때 여러 사본들이 있었는데 그 사본들은 불태워 없애라고 했지만, 당시에 일부 코란 사본들도 남아 있었다. 코란 사본의 다양성의 비율은 0.61%이고 신약 사본의 다양성 비율은 0.52%이어서 코란 사본들 간의 차이가 신약보다 약간 높다는 것을 알 수 있다.[3] 그리고 코란 본문의 사실적(factual) 오류와 언어적 오류가 있었지만 여러 세대를 거치면서 코란이 신의 말이라는 명제 앞에서, 더 이상 이런 편집 과정에서의 오류 문제는 재거론되지 않았다.

기독교인들은 예수 그리스도를 살아계신 말씀(the living Word)으로 믿고 성경은 기록된 말씀(the written word)으로 믿는다. 성경과 코란은 인간과 죄와 타락 그리고 그 결과에 있어서 개념이 서로 다르다. 성경과 코란에 나오는 죄의 개념이 다르고 인간의 곤경에 대하여 서로 다른 진단을 하므로 그 해법도 각기 다르다. 코란에는 용서와 회개가 언급되었지만 구원의 방법이 나와 있지 않다. 코란은 인간 문제는 인간의 무지 때문에 생기는 것이라고 하고, 성경은 인간 문제의 원인을 대부분 죄악 때문이라고 한다.

> 너희는 우리로 말미암아 나타난 그리스도의 편지니 이는 먹으로 쓴 것이 아니요 오직 살아 계신 하나님의 영으로 쓴 것이며 또 돌판에 쓴 것이 아니요 오직 육의 마음판에 쓴 것이라(고후 3:3).

무슬림들은 무함마드는 단순히 인간일 뿐이고 코란은 순전히 신의 말

---

3) Ministry in Islamic Contexts, International Institute for the Study of Islam and Christianity, Occasional Paper No.28, 31

이며 코란이 계시된 아랍어도 신이 준 언어라고 믿는다. 그리고 이슬람에서 말하는 파라다이스에서 사용될 언어는 아랍어라고 한다. 코란에는 하나님의 아들이신 예수 그리스도가 차지할 자리는 없다. 혹자는 코란의 이싸(혹은 이사)를 성경의 예수 그리스도라고 부르기도 하지만, 예수 그리스도를 살아계신 말씀으로 믿는 기독교인들의 생각과는 전혀 다르다.

이슬람의 기록된 말(written word)인 코란은 1차적으로는 알라의 뜻이 계시된 것이고 2차적으로는 알라의 성품에 관한 것이다. 그러나 기독교에서는 살아 계신 말씀(예수 그리스도)이 하나님의 성품을 계시하고 그가 발화한 말씀(spoken Word)은 하나님의 뜻을 계시한다. 기독교인들은 예수 그리스도가 살아계신 말씀이고 성경은 기록된 말씀으로 믿는다. 그리고 성경에 인용된 구절도 하나님의 영감으로 쓰인 것으로 믿는다. 기독교인들에게 코란은 하나님의 영감으로 쓰인 책이 아니다. 이렇게 계시에 대한 서로 다른 이해는 무슬림과 기독교인들이 상대의 경전에 대한 서로 다른 오해를 갖게 되었고, 서로를 난처하게 만드는 주제가 되었다.

코란은 알라가 지브릴 천사를 통하여 무함마드에게 내려 보낸 것이라고 한다. 코란은 무함마드에게 계시되었다고 하지 않고 코란을 "내려 보냈다"고 한 것이다. 이 말은 하늘에 원본이 있었는데 지상으로 내려왔다는 것을 암시한다.

알라흐만이 코란을 가르쳤다(수라 55:1-2).
알라흐만 알라힘에게서 내려온 것이다(수라 41:2).

오늘날 코란 학자들은 위 구절에서 '알라흐만' 을 '알라' 라고 한다. 그러나 이슬람이 등장하기 전 메카 주변에서 신을 '알라흐만' 이라고 부르는 아랍인들이 있었다. 그 라흐만과 다르게 코란에서 '알라흐만' 은 '알라' 의 다른 이름이라고 한다. 압달라 무함마드 라이얀은 기독교에서 '하나님' 은 삼위일체(성부, 성자, 성령) 하나님이라고 믿으므로 이슬람의 신은 'God'보다는 'Allāh' 라고 번역해야 한다고 그의 논문에서 강조한다.[4]

코란은 이슬람력 9월 라마단 달 27일 혹은 29일에 무함마드에게 내려왔는데 그 밤을 '운명의 밤'(Night of Power)[5]이라고 부른다. 알라가 코란을 운명의 밤에 내려 보냈다고 믿는 무슬림들은 이 하룻밤이 1,000달보다 더 낫다고 하면서 그날 밤을 코란을 읽으며 보낸다. 오늘날 상당수 무슬림들은 이날 밤에 그냥 잔다. 코란은 그날 밤 알라의 허락으로 천사들과 알루후가 내려온다(수라 97:4)고 말한다. 여기서 '알루후' 는 지브릴 천사라고 알따바리는 주석한다.

진실로 우리(알라)가 그것(코란)을 운명의 밤에 내려 보냈다(수라 97:1).

부카리 하디스에서는 "무함마드가 히라 동굴에서 처음으로 보았던 것이 무엇이냐고 와라까 븐 나우팔(카디자의 조카)이 묻는다. 알라의 메신저는 그가 본 것을 설명했다. 와라까가 말하였다; 이것은 알라가 무사에게 내려준 알나무스(al-nāmūs)(알나무스와 같다)라고 한다." 그런데 여기 나오는 '나무스' 가 무슨 뜻인가에 대하여 여러 의견이 분분하다.[6] 일반

---

4) Abd Allāh Muhammad Rayyan, *International Treaties in Islamic Shariah*, University of Jordan 1996, 8.

5) 한국어로 번역된 이 어휘는 그동안 '권능의 밤' 혹은 '능력의 밤'으로 번역되었다. 그 이유는 아랍어 어휘 '라일라트 알까드르(lailat al-qadr)'를 'Night of power'로 잘못 번역한 데서 기인한다. 본래는 라일라트 알후큼(lailat al-hukm)이란 뜻이다.

6) 무함마드에게 보여준 환상은 무사에게 내려준 율법이라는 것이다. 그러나 부카리는 무함마드에게 보여준 환상은 무사에게 나타난 "알나무스"를 천사 지브릴이라고 풀이한다(Muhammad Muhsin Khan, *Summarized sahih al-Bukhari*, al-Medina: Maktaba Dar Us-Salam, 1994, 51). 그러나 '나무스' 가 '지브릴' 을 가리키는가에 대하여 아랍 학자들은 이견을

적으로 '나무스'는 '율법' 혹은 '이슬람법'을 가리킨다.

코란은 직간접으로 유대인과 기독교의 영향을 받았는데 주로 유대교의 영향이 컸다. 코란에서 기독교의 영향을 받은 부분은 대부분 기독교의 비정통과 이단 사상의 영향을 받았다. 물론 코란이 이슬람 이전의 아라비아와 베두인들의 종교들도 언급하고 있고 무함마드의 개인적인 문제에 대한 해답도 코란에 들어 있다. 그 예로, 코란 111장은 무함마드의 삼촌 아부라합과 얽힌 극히 개인적인 이야기이다.

아부라합의 아내는 알 아우라인데 별명은 함말라툴 하탑(hammalatul Hatab: '땔감을 나르는 사람'이란 의미)이었다. 그녀는 아부 수피얀의 누이였다. 아부 라합에게는 세 아들이 있었다. 우트바, 무으탑, 우타이바인데 첫 두 아들은 무슬림이 되었고, 세 번째 아들은 무슬림이 되는 것을 거부하였다. 무함마드와 카디자가 낳은 딸 중에 움무 쿨숨이 있는데 움무 쿨숨은 우타이바와 혼인하였다. 움무 쿨숨의 언니 루까이야(luqaiya)[7]는 우트바와 결혼하였다. 아부 라합은 이 두 아들들에게 이혼하라고 요구하니 움무 쿨숨과 루까이야가 각각 이혼하였다. 이로 인하여 아부 라합의 부인은 야자수 로프로 묶은 가시 나무 덤불을 메카의 카아바 가는 길에 놓아 무함마드를 힘들게 하고 그녀의 재산을 무함마드를 해롭게 하는 데 사용하였다.

> 아부 라합의 손들이 파멸하게 하소서. 그가 파멸하게 하소서. 그의 재산도 그가 얻은 것도 그를 돕지 못할 것이다. 그가 타오르는 불 속에서 불탈 것이다. 그의 부인, 땔감을 나르는 자도 그녀의 목 주위에 야자수 로프를 두르고 그와 같을 것이다(수라 111:1-4).

보인다.

7) 루까이야의 자매들로는 움무 쿨숨, 자이납, 파띠마 등이 있었다.

이 코란 구절들은 순전히 무함마드와 그의 삼촌 아부 라합과 그의 부인과 관련된 구절로 무함마드 개인에 관련된 이야기이다. 무슬림들은 오늘날 아부 라합이 카피르인데 그 이유는 그가 이슬람 종교를 안 믿었고 무함마드와 무슬림들에게 위해를 가하였다는 것이다.

그렇다면 코란 자체의 어휘 의미에서는 어떤 특징이 있을까? 코란에 나오는 '알키탑'(al-kitāb : 그 책)이란 단어가 '책'이란 뜻인가? 혹은 '코란'이란 뜻인가?

> 코란(al-kitāb) 속 이브라힘의 이야기를 언급하라. 그는 진리의 사람이고 예언자이다(수라 19:41).
>
> 코란(al-kitāb) 속에 있는 무사의 이야기를 언급하라. 그는 특별히 선택된(mukhlas) 메신저이고 예언자이다(수라 19:51).
>
> 코란(al-kitāb) 속에 있는 이드리스의 이야기를 언급하라. 그는 진실한 사람이고 예언자이다(수라 19:56).

위 코란 구절의 '알키탑' (그 책)은 아랍어 코란 원전에서 코란을 가리킨다. 또 위의 수라 19장 51절의 '무클라스'(mukhlas)에 대하여 알따바리 코란 주석서는 이슬람 초기 코란 독경사마다 이 단어의 발음에 차이를 보였다고 한다. 대부분의 메디나(사우디의 지명)와 바스라(이라크 남부의 지명) 그리고 일부 쿠파(이라크 중부의 지명)의 코란 독경사들은 '무클리스'(mukhlis)라고 발음하였는데 만일 그렇게 발음하면 그 뜻은 "알라만을 예배 대상으로 삼아 예배에 충실한 사람"이란 말이었다. 그러나 대부분의 쿠파 사람들은 이 단어를 '무클라스'로 발음하였으므로 알라의 메시지를 위하여 '알라가 특별히 선택한 사람'이란 의미였다. 이처럼 코란의 내적 증거는 코란의 한 단어 안에 단 하나의 모음이라도 다르면 의미가 전혀 다르게 해석된다는 것과 한국어 코란 해설서 중에는 위 구절들의 '알키탑'(al-kitāb)을 성서라고 잘못 번역하는 오류를 범하고 있다. 더구나 수라 19장 53절에는 하룬(아론)이 예언자로 되어 있어 성경의 아론과 다른 분이라는 것을 알 수 있다. 이름이 동일할지 모르나 성경과 코란에서 언급된 아론의 말과 행동이 성경과 다르기 때문이다.

코란은 성경과 전혀 다르다. 서술 방식과 주제들, 어휘 사용 등 여러 면에서 서로 다르다. 코란 12장은 유수프에 대한 내용이 나오는데 성경의 요셉과 여러 면에서 다르게 기록되어 있다. 코란에서는 형제들이 아버지에게 유수프와 함께 들로 나가 양을 치도록 해달라고 요청하고 그를 구덩이에 던져 버리고 가 버린다. 그들은 아버지에게 늑대가 그를 죽였다고 전한다. 유수프는 이집트로 간 다음 부자에게 팔리고 그 부자의 아내가 그를 유혹한다.

성경은 아버지의 말을 듣고 요셉이 양을 치는 형들에게 간다(창 37:13). 그리고 형들이 그를 구덩이에 던져 두고 아버지께는 그가 악한 짐승에게 먹혔다고 한다. 그러나 이집트로 가는 이스마엘 족속의 손에 그가 구원된다. 성경에는 늑대에 대한 이야기가 없다. 창세기의 요셉의 이야기와 코란의 유수프에 대한 이야기를 비교해 보면 코란에는 본문과 출처가 의심스러운 위경이 첨가된 것을 알 수 있다. 사실 타우라와 인질의 일부 내용이 듬성 듬성 인용되어 있으나 그 줄거리가 성경과는 전혀 다르다. 코란은 인질보다는 타우라를 더 많이 참조한다.

코란은 무슬림들의 경전(Scripture)이다. 그러나 메카 초기 수라와 메디나 후기 수라 사이에는 많은 내용들이 서로 분명하게 다르게 서술된다. 그래서 후대 무슬림들은 한 사건이 서로 다르게 설명될 때 나스크(Naskh: 무효화) 이론을 도입하여 코란의 후기 수라가 전기 수라를 무효화시킨다고 하였다. 즉 메디나의 한 구절이 메카 시기에 계시된 내용을 무효화시킨다는 것이다. 그런데 무슬림들에게 문제가 된 것은 어느 수라가 먼저 계시되고 어느 수라가 나중에 계시되었는지가 분명하지 않다는 데 있었다. 더구나 한 가지 수라 안에 어느 부분이 먼저 계시되고 어느 부분이 나중에 계시되었는지를 결정하기 어려웠다. 가령 5장을 보면 51절에서는 "유대인과 기독교인과 친구 삼지 말라"고 하다가 82절에서는 "무슬림들에게 가장 적대적인 자는 유대인과 알라와 동등한 자를 취하는 자들(무쉬리쿤)"이라고 한다. 또 코란의 어느 구절에서는 무슬림들에게 무력을 사용하지 말라고 하고 다른 구절에서는 폭력에 가담하라고 하니, 죽이라고 한 명령이 평화롭게 지내라는 명령을 무효화시키는 것인지 혹은 그 반대인지 알기 어렵다.

코란 9장에는 5절이 칼의 구절(sword verse)인데, 메디나 수라이다. 오늘날 무슬림들은 기독교인들이 예수가 하나님의 아들이라고 하므로 기독교인을 무쉬리쿤이라고 부르는데, 수라 9장 5절은 "무쉬리쿤(알라와 동등한 자를 취하는 자들)을 죽여라"고 한다. 유수프 알리는 이 구절이 무함마드가 죽기 전 631년에 계시되었다고 한다. 이븐 살라마 같은 무슬림 학자는 칼의 구절은 무쉬리쿤에 대한 인내와 관용을 요구하는 그 이전의 124개 구절을 무효화시킨다고 말한다.[8] 무슬림들은 코란을 알라의 최후의 말이자 완전한 말로 믿으므로 그 이전에 계시된 기독교인의 신구약은 믿지 않는다.

이것들은 분명하게 해주는 경전(a-kitāb al-mubiyyin)의 구절들이다. 너희들(사람들)이 이해할 수 있도록 우리가 그것을 아랍어 코란(qurānan 'arabiyyan)으로 내

---

8) Peter G. Riddell & Peter Cotterell, *Islam in Context: Past, Present, and Future,* *Grand Rapids*: Baker Academic, 2003. 61

려 보내 주었다(수라 12:1-2).

과연 코란의 알라는 성경의 하나님과 같은가? 아랍의 복음주의 신학 자들은 코란의 알라와 성경의 하나님이 다르다고 단호하게 말한다. 아랍어로 이슬람의 신은 알라(allāh)이고 무함마드는 알라의 라술(rasūl)이다. '알라' 와 '라술' 등 두 어휘는 아랍 기독교인들이 사용하는 어휘이기도 하나, 기독교와 이슬람에서 의미하는 그 개념은 서로 다르다. 라술은 "하나님의 사도"(Apostle of God)가 아니라 "알라의 메신저"(Messenger of Allāh)가 더 정확한 번역이라고 요르단대학교 학위논문에서 지적한다.[9]

이슬람의 '알라' 는 이슬람이 등장하기 전부터 아랍인들이 사용하는 어휘이었다. 7세기 이전, 알라라는 어휘가 아랍 사회의 어휘 체계의 변방에 있다가 코란이 등장하면서 '알라' 라는 어휘가 이슬람의 중심에 자리를 잡았다.

우리의 일라흐(신)와 너희들의 일라흐가 하나다. 우리가 그에게 복종한다(수라 29:46).

위 구절은 코란 29장 46절의 내용이다. 일반적으로 코란에서 각 장은 "수라"라고 부른다. 위 본문에 대한 이븐 카시르, 알꾸르뚜비, 알잘랄라인 주석에서는 "경전의 백성(유대교나 기독교인 등)과 변론하지 말고 이슬람이 아니면 인두세(사람 머리 수대로 세금 징수) 아니면 칼"이라고 쓰여 있다. 알따바리 주석에서는 더 자세히 설명한다.

---

9) Abd Allāh Muhammad Rayyan, *International Treaties in Islamic Shariah*, University of Jordan 1996, 19

너희들의 예배 대상자와 우리의 예배 대상자가 같다. 그런데 무함마드가 '경전의
백성들의 말을 믿지 마라. 그들에게 '너희에게 내려온 경전을 우리가 믿는다. 너
희의 신은 우리의 신과 하나다' 라고 말하라고 했다.

이 내용은 이슬람의 알라와 기독교, 유대교의 신이 하나라고 한 것에
중점을 두고 있는 게 아니라 무슬림에게 부당하게 변론하는 사람을 제외
하고는 좋은 방법으로 변론하라는 것에 초점을 두고 있다. 이슬람을 전하
기 위해서 이슬람의 '알라'와 기독교의 '하나님'이 같다고 한 것뿐이다.

그리고 유대인이나 기독교인들이 이슬람을 안 믿으면 인두세를 걷고 인
두세를 거절하면 전쟁으로 정복하라[10]고 무슬림 학자들은 주석한다. 이
구절의 주석을 자세히 살펴보면 무슬림들이 기독교인과 유대인들과 서로
대화를 할 경우에는 코란에 근거를 두고 하되, 기독교인들과 유대인들이
진실을 말하든 거짓을 말하든 그들의 말을 믿지 말라고 한다. 그러나 만
일 그들이 무슬림들에게 반기를 들면, 그들 앞에는 두 가지 선택의 길이
있는데 그것은 인두세 아니면 칼이라고 한다. 그리고 여기에 사용될 증거
로는 너희의 신(일라흐)과 우리의 신(일라흐)이 하나라고 한 것이다. 무슬
림들의 주장대로 무슬림과 기독교인들이 같은 신을 믿는다면 왜 무슬림
들은 기독교인들이 지옥에 간다고 말하는가? 어느 날 무슬림 학생에게
혹시 기독교인들은 잔나(파라다이스)에 가는 것 맞느냐고 물었더니 "네,
일정 기간 지옥에 있다가 잔나로 이동될 거예요."라고 하였다. 그런데 며
칠 뒤 자신이 이슬람학 교수에게 물었더니 '기독교인들은 지옥에 간다'
고 했다고 전해 주었다.

한국에서는 '이슬람' 의 뜻은 '평화' 라고 일부 무슬림들이 가르치는데

---

10) http://quran.al-islam.com/Tafseer/DispTafsser.asp?l=arb&taf=TABARY&nType
=1&nSora=5&nAya=13

원래 이슬람의 어휘적 의미는 '복종, 순종'이란 의미이고 '무슬림'이란 뜻도 '(알라에게) 복종하는 사람'이란 뜻이지 '믿는 자'라는 의미는 아니다. 한국에서의 이슬람과 코란에 대한 이해가 왜곡된 것은 이런 기본적이고 핵심적인 코란의 어휘가 잘못 번역되었기 때문이다. 특히 아랍어를 전공하지 않은 학자들이 코란을 가르칠 수 없다는 것은 이슬람 학자들에게 자명한 사실이다.

코란의 알라 : 성경의 하나님

몇 년 전 한국의 고위층 손님을 만나 만찬에 초대를 받아 갔다. 그런데 그분은 한국의 교회를 다니고 있는 장로라고 소개하고서 이슬람의 알라와 기독교의 하나님이 같다고 하였다. 이슬람 국가의 길가에서 만난 아랍 무슬림들도 기독교의 하나님과 이슬람의 알라는 같다고 말하는 사람이 있다. 그러나 무슬림 식자층에게 물어보면, 같다고 하는 사람과 다르다고 하는 사람들로 나뉜다. 코란에 대한 깊은 지식이 있느냐 없느냐에 따라 답이 달라지는 것이다. 중동의 기독 신학자들도 코란의 신과 성경의 신 개념이 다른 것은 인정하지만 이 두 경전의 신을 가리키는 동일한 단어 '알라'를 공동으로 사용하는 것은 거부하지 않는다. 여기서 코란의 신 개념을 어원적, 역사적, 신학적인, 목회적 관점에 따라 살펴보면 우리의 논의가 좀 더 분명해진다.

(1) 어원론적 측면 : 아랍어 '알라'는 기독교인들이 사용한 아람어 '알라하'에서 왔다. 만일 아랍어 '알일라흐'(al+ilāh)에서 왔다면 꾸라이쉬

부족이 섬기던 최고신(supreme god)으로서, 무함마드는 당시 메카와 알 히자즈[11] 지역에서 일부 사람들이 숭배한 '알라'를 코란의 중심 개념으로 끌어 올린 것이다.

(2) 코란의 텍스트 측면 : "그들로 하여금 이 집의 주인(rabba hādha al-bayt)에게 예배하도록 하라"(수라 106:3)고 하여 알라가 이 집(메카의 카아바)의 주인이었다는 것을 분명히 한다. 성경은 하나님이 어느 특정 지역의 신이라고 하지 않는다.

> 우리 조상들은 이 산에서 예배하였는데 당신들의 말은 예배할 곳이 예루살렘에 있다 하더이다. 예수께서 이르시되 여자여, 내 말을 믿으라. 이 산에서도 말고 예루살렘에서도 말고 너희가 아버지께 예배할 때가 이르리라. 너희는 알지 못하는 것을 예배하고 우리는 아는 것을 예배하노니 이는 구원이 유대인에게서 남이라. 아버지께 참되게 예배하는 자들은 영과 진리로 예배할 때가 오나니 곧 이 때라. 아버지께서는 자기에게 이렇게 예배하는 자들을 찾으시느니라(요 4:20-23).

(3) 역사적인 측면 : 무함마드의 알라 개념은 이슬람 이전의 하니프(단일신론)를 믿는 이브라힘의 단일신론을 승계한다. "우리의 신과 너희의 신이 하나다(수라 29:46)." 코란의 알라는 절대로 타협할 수 없는 단일신론이다. 그리고 코란의 알라는 독특한 종교적 환경 안에서 성경과는 매우 다른 개념으로 형성되어졌다. '알라'는 무함마드를 통하여 무슬림들에게 전해진 신이었다.

---

11) 나즈드(najd)는 현재 사우디아라비아의 중앙에 위치한 고원지대(762-1525m)로 서쪽에는 알 히자즈 지역과 예멘이 경계하고 동쪽에는 바레인이 경계를 이루고 있으며 리야드가 가장 큰 도시이다. 알히자즈(al-hijāz)는 서쪽의 티하마(tihāmah)와 동쪽의 나즈드를 분리하는 장벽이란 이름에서 유래하고, 아까바만에서 지잔(Jizan)에 이르는 남북으로 기다란 홍해 연안 지역이다. 젯다가 큰 도시이고 이슬람의 성지 메카와 메디나가 위치한 지역이다.

⑷ 목회적 측면 : 민속 무슬림들은 알라라는 단어를 부적과 주술로 사용한다. 유대교나 기독교에서 이슬람으로 개종한 사람들과 이슬람에서 기독교로 개종한 사람들 중에는 코란의 알라가 성경의 하나님과 개괄적인 면(main line)에서는 동일하나 세부적으로는 서로 다른 뉘앙스를 갖는다고 한다. 교회 안에서는 코란의 알라와 성경의 하나님이 다르다는 것을 구분해 줄 필요가 있다.

⑸ 신학적 측면 : 코란의 알라와 성경의 하나님은 본성에서 다르다. 코란은 성육신과 삼위일체를 믿는 자는 신의 존재를 믿으면서 또 다른 것을 섬기고 있는 자(kufr)라고 한다(수라 5:75-76). 아랍의 개신교 교회들과 아랍의 기독 신학대학교에서는 신학적으로 이슬람의 알라와 기독교의 하나님이 다르다고 가르친다. 코란의 탄지흐(알라의 차별성)와 성육신 부인은 기독교와 큰 차이를 보인다. 알라의 단일신론은 위격에서 하나요, 속성에서도 하나이며, 알라의 일하심에서도 하나이다. 위격이 하나라는 말은 알라가 오직 한 분이라는 것이고, 속성이 하나라는 말은 알라가 신성만을 갖는다는 것이며, 일하심이 하나라는 것은 다른 이가 그 일을 하지도 않았고 할 수도 없는 그 일을 알라가 한다는 것이다.

⑹ 해석학적 측면 : 무슬림들과 기독교인들은 성경의 예언자들을 통하여 말씀하신 한 분의 창조주 하나님이라고 고백한다. 전통적인 무슬림들의 입장을 살펴보면, 신이 무함마드에게 그의 메시지를 보낸다. 기독교인의 관점에서 보면, 삼위일체 하나님이고 그리스도 안에서의 자기 계시와 구속적 행위들을 중시한다.

이슬람이 태동된 후 처음 몇 세기 동안에는 이슬람의 성경에 대한 태

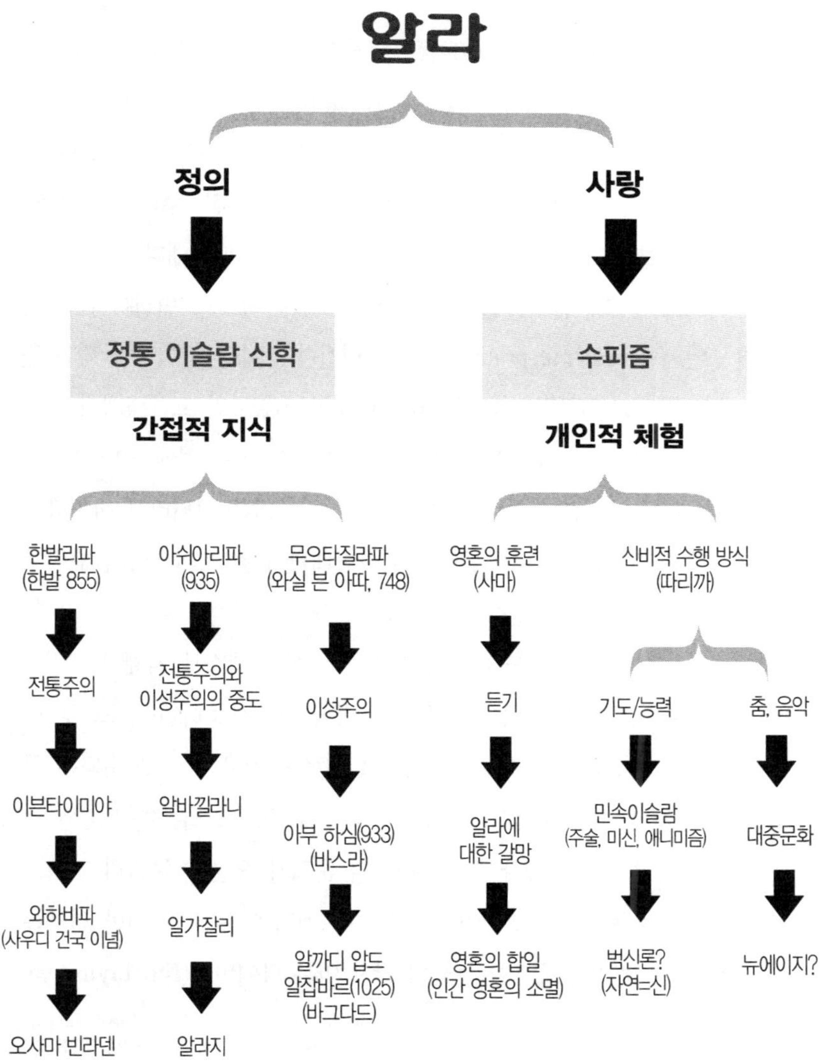

알라
정의
사랑
정통 이슬람 신학
수피즘
간접적 지식
개인적 체험
한발리파
(한발 855)
아쉬아리파
(935)
무으타질라파
(와실 븐 아따, 748)
영혼의 훈련
(사마)
신비적 수행 방식
(따리까)
전통주의
전통주의와
이성주의의 중도
이성주의
듣기
기도/능력
춤, 음악
이븐타이미야
알바낄라니
아부 하심(933)
(바스라)
알라에
대한 갈망
민속이슬람
(주술, 미신, 애니미즘)
대중문화
와하비파
(사우디 건국 이념)
알가잘리
알까디 압드
알잡바르(1025)
(바그다드)
영혼의 합일
(인간 영혼의 소멸)
범신론?
(자연=신)
뉴에이지?
오사마 빈라덴
알라지

도는 다양하고 창의적이었다.[12] 초기 성경변질론은 성경 주석을 변질하여 성경의 의미를 잘못 해석한 것으로 이해했으나 11세기 스페인의 이븐 하즘(Ibn Hazm; 994-1064)은 성경의 어휘가 교체되었다고 하였다. 수라 2장 75절에 나오는 'yuḥarrifūnahu(그것을 변질하다)'이란 말은 텍스트가 변질되었다기보다는 의미가 왜곡되었다는 뜻이다. 코란에는 'yuḥarrifūna(변질시키다)'라는 단어는 수라 4장 46절, 수라 5장 13절, 수라 5장 41절에 나오는데 '텍스트로부터 단어들을 떼어내다'란 뜻이다. 해당 텍스트로부터 단어들을 끄집어 내는 것은 텍스트 변질이라기보다는 잘못된 주석(misinterpretation)을 가리킨다.[13] 유명한 이슬람 학자 윌리엄 몽고메리 와트(William Montgomery Watt)는 위 코란 4개의 구절을 연구한 결과 이 네 구절은 우리의 성경 사본이 있기 전에 고대 과거에 광범위하게 성경이 변질되었다는 것을 지지하는 말은 아니라고 하였다.[14] 이븐 하즘 이전 시기에는 기독교 교리를 반대하기 위한 이슬람의 주장을 세워 나가는데 성경이 긍정적으로 사용되었다.

그러나 이븐 하즘과 그를 따르는 사람들은 성경 텍스트 자체가 변질되었다는 것을 증명하기 위하여 성경을 부정적으로 사용하였다. 그 후 타흐리프의 주장이 의도적으로 악용되었고 이런 주장은 주로 모순되는 구절을 비교함으로써 이루어졌다. 코란 주석에서 비교 방법론이 도입된 것은 이븐 하즘의 방식이었다.[15] 타흐리프의 문제가 오늘날 무슬림 기독교 간의 만남에서 논쟁의 출발점이 되므로 서로에게 이 문제에 대한 연구는 필수불가결한 것이다. 위대한 무슬림 학자 이븐 타이미야(Ibn Taymiyya:

---

12) M. Accad, "Corruption and/or Misinterpretation of the Bible: The Story of Islamic Usage of Tahrif," Theological Review, NEST, Vol.XXIV, no.2 Nov. 2003, 67
13) Ibid., 69.
14) Ibid., 70.
15) Ibid., 95.

1263-1328)는 타흐리프 알라프즈(텍스트 변질)에 대한 이슬람의 입장은 아직까지 다양하고 어느 것은 애매모호하다고 인정하였다.

성경 변질론에 영향을 받은 무슬림들은 기독교인들이 여러 신들을 믿지 않고 오직 한 분의 신을 믿는다는 데 충분한 주의를 기울이지 않았다. 코란 본문에는 삼위일체란 어휘가 없다. 단지 '셋'이라는 말만 나온다. 그런데 코란의 '셋'을 알라, 이싸, 마르얌이라고 무슬림들이 잘못 해석하고 있다. 사실 기독교에서 삼위일체는 아래 성경 본문과 같이 성부, 성자, 성령이다.

그러므로 너희는 가서 모든 민족을 제자로 삼아 아버지와 아들과 성령의 이름으로 세례를 베풀고 내가 너희에게 분부한 모든 것을 가르쳐 지키게 하라. 볼지어다. 내가 세상 끝날까지 너희와 항상 함께 있으리라, 하시니라(마 28:19-20).

아래 코란 본문에서 루후 알꾸두스를 '성령'이라고 한 코란 번역서는 모두 잘못된 번역이다.

말하라. 믿는 사람들을 견고하게 위하여 지브릴(루후 알꾸두스)이 너의 주로부터 진리를 (알라에게) 복종하는 사람에게 인도하심과 좋은 소식으로서 가져다 주었다(수라 16:102).

그것은 모든 아랍어 코란 주석서들이 위 구절에서 루후 알꾸두스를 지브릴이라고 말하고 있기 때문이다. 그리고 '(알라에게) 복종하는 사람'을

'무슬림'이라고 번역한 것도 모두 잘못된 번역이다. 이 코란이 내려온 7세기에는 종교인들의 분류에 따라 기독교인 혹은 무슬림이라는 말이 없었다. 그러므로 기독교와 관련된 코란의 구절들은 성경적 진리의 빛으로 다시 검증이 되고 재해석이 되기 전에 코란 원전 연구가 선행되어야 한다. 사실 코란의 알라와 기독교의 하나님은 속성이 서로 다르고 그 어휘가 각기 코란과 성경이란 문맥에서 결정되므로 서로 다른 의미를 갖는다. 물론 아랍의 기독교인들과 아랍 무슬림들이 성경과 코란에서 각기 '알라'라는 단어를 동일하게 사용하지만, 결국 그 의미는 각기 코란과 성경에서 결정되기 때문에 아랍 기독교인들 중 복음주의 기독교인들은 이슬람의 알라와 성경의 하나님이 다르다고 단호하게 말한다.

오늘날 아랍 기독교인들과 무슬림들이 '이싸'라는 이름을 동일하게 자신들의 이름으로 사용한다고 하여 이슬람과 기독교가 동일한 의미로 각 경전에서 사용한다는 말이 아니다. 코란의 이싸는 성경의 예수와 다르다. 어휘가 다르고 그 의미가 서로 다른 컨텍스트(context) 안에서 결정되기 때문이다.

또 다른 사례를 들어보자. 무슬림들에게 알라는 창조주, 전능하신 분, 전지하신 분, 카아바의 신이다.[16] 그리고 알라가 한 분(타우히드: tawhīd)이라는 말에 근거하여 전 무슬림이 하나가 되자는 사회·정치적 의미로도 사용된다. 알라라는 단어는 이슬람 이전부터 사용되었으나 그 '알라'가 코란에서 새로운 의미를 갖게 되어 결국 코란의 알라는 성경에 사용된 알라의 의미와 점차 멀어져 갔다고 본다. 마치 오늘날 무슬림들이 금요일에 기도하러 가자고 하면서 '쌀라(기도)' 하러 간다고 아랍어로 말하

---

16) 공일주, "아랍인의 신 개념", 『종교와 문화』, 제 15호,(서울: 서울대학교 종교 문제 연구소, 2008). 143.

고, 아랍 기독교인들도 주일에 쌀라(기도)하러 간다고 하지만 두 커뮤니티에서 사용하는 의미는 서로 다르다. 무슬림들에게 '쌀라' 라는 단어는 이슬람의 기도 의식에 맞추어 기도하는 것이다. 규정된 방식에 따라 우선 손발 얼굴을 씻고, 기도의 방향을 메카 쪽으로 향하여 상체를 엎드린 후 무릎을 굽히고, 다시 땅 바닥에 엎드리는 등 일련의 동작이 수반되어야 '쌀라' 의 조건이 충족된다. 그러나 아랍 기독교인들에게 쌀라는 우리가 아는 대로 교회 의자에 앉아 기도의 방향을 정하지 않고 마음 속으로 기도하거나 목회자의 안내를 받아 함께 기도하는 것이다. 그래서 오늘날 무슬림들에게 기독교인이 "쌀라 합시다"라고 말하면 그는 이슬람식 쌀라를 하기 위하여 자리에서 일어설 것이고 아랍 기독교인은 아무데나 앉아서 혹은 서서 기도할 것이다. 이처럼 동일한 단어 '쌀라' 가 성경과 교회 그리고 코란과 모스크라는 서로 다른 상황에서 그 의미가 결정된다. 코란과 성경에 나오는 상당수 어휘들이 그 단어가 같다고 할지라도 그 의미가 다른 경우가 많다.

독서대 위에 올려진 아랍어 성경

코란은 본질적으로 성경을 거부하기 위하여 쓰인 책이므로 코란 곳곳에서 성경의 근본적인 진리를 부인한다. 그런 코란의 신 개념을 성경의 신 개념으로 알고 한국의 무슬림들이 코란의 알라를 기독교인들이 사용하는 하나님으로 쓰는 것은 기독교 신학을 잘 모르고 쓴 것이다. 한국의 이슬람 측이 '알라'를 '하나님'이라고 하면, 그 하나님은 곧 기독교인들의 성부 하나님, 성자 하나님, 성령 하나님을 내포하는 말이므로 결국 이슬람의 알라도 성부 알라, 성자 알라, 성령 알라로 불릴 수 있어 아랍의 이슬람 학자들이 이것을 알게 되면 이슬람의 알라에 대한 신성모독이라고 할 것이다. 한국의 무슬림이 이슬람의 알라도 기독교인들의 신 개념과 비슷할 것이라는 착오에서 빚은 잘못된 번역이다. 한국어로 된 『성 꾸란』 번역자가 코란의 핵심 어휘뿐만 아니라 이슬람의 교리와 이슬람 법을 체계적으로 연구한 후에 성경과 비교를 한 후 그 연구 결과를 바탕으로 코란 번역의 전문용어를 선택한 것이 아니라는 것이다.

1988년 말레이시아 정부는 무슬림이 아닌 사람이 코란의 '알라'라는 단어를 개인이나 커뮤니티가 쓰지 못하게 법률로 정한 바가 있었는데 그것은 말레이시아 무슬림들이 코란만이 갖는 독특한 신 개념 '알라'가 기독교의 '하나님'과 다르다는 판단 하에 이를 금지한 것이었다. 만일 이슬람의 알라와 기독교의 하나님이 같다고 하면 코란의 알라를 성부 하나님, 성자 하나님, 성령 하나님이라고 불러야 한다. 코란은 알라를 아버지로, 혹은 알라를 아들로, 혹은 알라를 영이라고 부르지 않는다. 이는 곧 신성모독이기 때문이다. 만일 한국의 무슬림들이 기독교의 '하나님'이란 용어를 코란의 신 개념과 동일하게 사용한다면 무슬림들이 기독교의 삼위일체 하나님과 예수 그리스도의 십자가 죽음을 받아들인다는 말인가? 그러나 코란은 이 둘 다 부인하고 있다. 그런데 한국의 어느 무슬림은 '알라 하나님'[17]이란 새로운 용어를 사용한다. 코란의 알라라는 말로는 부족하여 그 뒤에 하나님을 붙여 놓은 것으로 잘못된 용어이다.

전술한 바와 같이 이슬람의 알라와 성경의 하나님은 신학적으로 다르다. 코란의 알라는 절대적인 단일신을 강조하고 기독교는 성부, 성자, 성령이 그 본질에서 하나인 삼위일체 유일신론이다. 이슬람이 등장하기 전 아라비아 땅에는 기독교의 이단들이 많았다. 그런데 예수 그리스도의 신성과 인성 그리고 성령이 난제였다. 그리고 오늘날에는 코란의 알라와 성경의 하나님이 서로 다르지만 알라라는 용어를 하나님이란 용어와 맞바꾸어 쓰자는 학자들도 있다.

그런데 무함마드는 타우라(모세오경)과 인질(복음)에 대한 내용을 어디서 들었을까? 첫째, 그가 처음에는 삼촌의 대상을, 나중에는 카디자의 대상을 이끌며 시리아로 갔었다. 물론 오늘날 시리아 수도 다메섹까지는 들어가지 못하였다. 그는 긴 여행 중에 무료함을 달래기 위하여 사람들에게서 들은 이야기를 되풀이하였다. 그러다 보니 본래 이야기가 위조되거나 전달자가 상상한 내용이 첨가되어 중요한 연대기적 순서가 없는 이야기가 되었다. 그 예로 수라 19장 28절에서 구약의 미리암과 신약의 마리아가 혼동되어 나타나 있다.

코란은 무슬림들의 경전이다. 그러나 코란이 성경과 같다고 말하는 것은 코란을 잘 모르고 하는 말이다. 한 예로 1세기 말과 2세기 초에 페르시아의 조로아스터교에 근거를 둔 이단으로, 예수 그리스도가 탄생하기 전 팔레스타인에 퍼진 도케티즘(Docetism: 가현설[18])이 있었는데, 이 사

---

17) 이밖에 《이슬람》이란 말이 "복종"이 아닌 "평화"라는 말로 잘못 번역된 것을 보고 있다. 필자는 중동에서 10여 년 이상 아랍 학생들을 가르쳐보았다. 아랍어 문법을 아랍 학생들에게 가르치기도 하였는데 《이슬람》이란 어휘 속에는 "평화"라는 의미는 없다.
18) 더 자세한 설명은 공일주, 『무슬림과 의사소통을 위한 새 패러다임』, CLC. 2009, 144-148을 참조

상이 곧 코란에 옮겨져, 수라 4장 157절은 "그들(유대인들)이 그를 죽이지 않았고 그들이 그(이싸)를 십자가에 못 박지도 않았다. 그러나 그들에게 그렇게 보였을 뿐이다."라고 기록되어 있다. 유대인들에게 '그렇게 보였을 뿐' 이라고 한 것이 바로 가현설 영향의 증거이다. 성경은 예수 그리스도가 십자가에 돌아가시고 부활하시었으며 예수는 주와 그리스도이시었다.

> 청년이 이르되 놀라지 말라. 너희가 십자가에 못 박히신 나사렛 예수를 찾는구나. 그가 살아나셨고 여기 계시지 아니하니라. 보라, 그를 두었던 곳이니라(막 16:6).
>
> 그런즉 이스라엘 온 집은 확실히 알지니 너희가 십자가에 못 박은 이 예수를 하나님이 주와 그리스도가 되게 하셨느니라, 하니라(행 2:36).

2008년 요르단 알두스투르 신문에는 가장 오래된 기독교 교회터가 라합(암만 북동쪽 40킬로미터)에서 발굴되었다고 하면서 대략 33년에서 70년에 세워진 조르지우스(George) 교회라고 하였다. 그 신문에는 이스라엘 예루살렘에서 박해를 피해 도망 나온, 주님(al-rabb)을 사랑하는 70명의 '알마시흐' 의 '하와리인' 들이라고 쓰여 있었다. 여기서 '알마시흐' 는 '이싸' 를 가리키고 '하와리인' 은 '이싸' 의 제자들이라는 무슬림들의 용어이다. 만일 아랍 기독교인들이 예수의 제자들을 아랍어로 말하였다면 '탈라미드 야수아' 라고 했을 것이다. '탈라미드' 는 교회 용어로 제자들이란 말이고 '야수아' 는 예수라는 말이다. 아랍 무슬림들은 '알라' 를 '알랍브(주님)라고 하고 아랍 기독교인들은 '알랍브' 를 예수 그리스도를 가리킬 때 주로 사용한다.

코란의 한국어 번역

오늘날 한국에서의 코란 번역은 위와 같이 코란 어휘의 학술적이고 전문적인 의미와 시대에 따라 변천한 아랍어 어휘 의미 그리고 코란 안에서의 문맥적, 상황적, 역사적, 신학적 의미들을 간과하고 단순히 아랍어 어휘를 아영사전에서 찾아 일대일 번역한 데서 오는 오류들이 많다.

그 예로, 한국의 무슬림들이 사용하는 한글판 『성 꾸란』을 아랍어 코란 원본과 대조하여 보았다.

(1) 코란(al-kitāb) 속에 있는 이스마일의 이야기를 언급하라. 그는 그의 약속을 잘 지키는 메신저이고 예언자이다(수라 19:54).

(2) 성서 속에 있는 대로 이스마엘의 이야기를 들려주라. 그는 약속을 지키는 충실한 자로 예언자이며 선지자이었노라(수라 19:54 성꾸란 557쪽).

위 두 가지 번역 중 첫 번째 (1)는 필자의 번역이고, 두 번째 (2)는 한국의 무슬림들이 읽는 『성 꾸란』의 번역이다. 그런데 전자의 '코란'과 후자의 '성서'는 전혀 다른 말이다. 성서는 신구약을 가리킨다. 그리고 아랍어 '라술'은 메신저이고 '나비'는 예언자인데 위 『성 꾸란』 번역은 라술을 예언자라고 하고 나비를 선지자라고 번역했다. 한국말에서 예언자와 선지자는 거의 같은 말이다. 물론 이슬람에서는 라술(메신저)은 나비(예언자, 선지자)가 될 수 있으나 나비는 라술이 될 수 없다.

코란은 21세기 아랍어도 아닌 7세기 아랍어 어휘로 쓰여 있어 아랍어를 어느 정도 배운 아랍 무슬림도 코란을 이해하지 못하는 사람이 많다. 아랍 대학생들에게 코란의 한 구절의 뜻을 물으면 대개는 얼버무리고 만다. 자신이 없어서 그렇다. 그런데 하물며 한국의 무슬림이 아랍어를 수년 간 전공하지 않고서 코란의 아랍어를 이해할 수 있을까? 아랍의 대학생들도 코란의 어느 구절을 물으면 모스크의 이맘이나 세이크(종교학자)에게 가서 물어오겠다고 말한다. 이슬람 국가에 가서 길가에서 만난 무슬림들에게 코란 구절을 물어서 코란을 바르게 해석하는 사람을 만나기란 쉽지 않다. 한국인이 코란을 읽고 싶어도 아직 한국어로 올바르게 번역된 코란(해설)이 하나도 없다. 그만큼 한국에서 코란에 대한 이해와 이슬람에 대한 이해가 잘못될 수밖에 없다. 한국인들이 코란을 어떻게 이해하고 있는지 한국 무슬림들이 매일 기도할 때마다 암송하는 개경장의 1~7절을 한국어 『성 꾸란』을 아랍어 코란 원전과 비교해 보자.

(1) 자비로우시고 자애로우신 하나님의 이름으로
(2) 온 우주의 주님이신 하나님께 찬미를 드리나이다.
(3) 그분은 자애로우시고 자비로우시며
(4) 심판의 날을 주관하시도다.
(5) 우리는 당신만을 경배하오며 당신에게만 구원을 비노니
(6) 저희들을 올바른 길로 인도하여 주시옵소서.
(7) 그 길은 당신께서 축복을 내리신 길이며 노여움을 받은 자나 방황하는
    자들이 걷지 않는 가장 올바른 길이옵니다.

이 코란 개경장 5절에서 "당신(알라)"과 "우리(무함마드와 무슬림들)"를 살펴보면, 알라가 아닌 인간이 주체가 되어 알라에게 기도하는 내용이다. 7절에서 당신(알라)이 축복한 사람들은 무슬림들인데 그 무슬림들은 화를 일으키지 않는 사람들이고 길을 잃지 않은 사람들이라고 한다. 그런데 일부 코란 주석서들과 한국어로 번역된 『성 꾸란』의 각주는 화를 일으키는 사람들은 유대인이라고 하고 길을 잃어버린 사람들은 기독교인

들이라고 하여 코란이 반유대 반기독교를 조장하는 책으로 비쳐지게끔 해설해 주고 있다.

문법적으로 아주 분명한 것은 여기서 '사람들' 이 세 부류로 등장하지만 모두 동일 집단을 가리키는 말이다. 무슬림 주석가 알따바리는 그의 주석서에서 알라가 축복한 사람들은 '예언자들' 혹은 '믿는 자들' 혹은 '무슬림들' 을 가리킨다고 주석한다. 반드시 무슬림들만을 가리키지는 않는다고 무슬림 스스로가 이렇게 주석하고 있는데 길가에서 만나는 무슬림들은 '알라가 복을 준 사람은 무슬림들' 이라고만 되풀이 한다. 코란에 대한 자세한 연구가 없는 사람들의 답변이기 때문이다. 오늘날 무슬림들은 기독교인들을 만나면 '너희도 신의 존재를 믿으니 하늘의 종교' 라고 말하고 '너의 알라와 우리의 알라가 같다' 고 하면서도 정작 '기독교인들은 지옥에 간다' 고 말한다. 앞의 말은 오직 '무자말라' (mujāmalah: 인사치레)에 불과하고 실제로는 무슬림들이 이슬람 이외에는 다른 길이 없다는 신념을 절대로 포기하지 않는다. 위 『성 꾸란』 번역과 필자의 아래 번역을 보고 서로 비교하여 보자.

(1) 알라의 이름으로, 자비하신 분 자애로운 분
(2) 온 세상의 주(lord), 알라께 찬미
(3) 자비하신 분, 자애로운 분
(4) 심판의 날의 주인
(5) 당신에게만 우리가 예배하고 당신에게만 우리가 도움을 구한다.
(6) 우리를 올바른 길로 인도하여 주세요.
(7) 당신이 호의를 베푼 사람들의 길, 알라가 화를 낸 사람들이 아니고 고의적으로 잘못된 길로 걸어간 사람들이 아니다.

필자의 번역과 크게 차이가 나는 부분으로는, '알라' 를 『성 꾸란』 번역에서는 '하나님' 이라고 하고 있으나 필자는 '알라' 라고 하였고, 5절에서 아랍어 코란 원전에는 '구원' 이란 말이 없는데 『성 꾸란』 번역에는 존재하고 있다. 이 개경장은 알라가 지브릴을 통하여 무함마드에게 계시한 알라의 말이라고 하면서 5절과 6절에 '우리' 라는 말이 들어 있다는 점이 이상하다. 상당수 코란 구절에 나오는 '우리' 는 '알라' 를 가리키는데, 개경장에 나오는 '우리' 는 무함마드를 포함한 모든 무슬림을 가리킨다. 코란 제1장은 무슬림들이 알라에게 바른 길로 인도해 달라고 간구하는 것으로서 코란의 다른 장들과는 서술 방식에서 전혀 다르다.

코란의 어휘 번역과 의미론적 함의

아랍어는 이슬람 종교의 언어이다. 심지어 암미야(비격식체 방언)에서도 이슬람과 관련된 표현들을 자연스럽게 찾아볼 수 있다. 종교적인 텍스트는 모호성(ambiguities)이 있으므로 어느 꾸란 구절에서는 그 텍스트의 의미를 결정하기 쉽지 않다. 그런 경우, 그 텍스트가 쓰인 역사적 환경을 알면 그 상황의 문맥에서 텍스트의 의미를 아는데 도움이 된다. 이제 어휘적인 측면과 통사적인 측면에서 꾸란 해석의 모호함을 몇 가지 예를 들어 살펴본다.

아랍어의 '알라' 는 아람어의 '알라하'('alāhā)에서 온 말이라고 했다.[19] 마틴 악카드는 '알라' 라는 단어가 아람어에서 왔다고 주장한다. 그 이유는 아랍어 '알라' 를 발음할 때 강세음화(인두음화) 현상이 뒤따르는데 이런 현상은 아람어의 독특한 현상이라는 것이다. 일부 무슬림들은 '알라'

---

19) H. A. R. Gibb and J.H. Kramers, *Shorter Encyclopaedia of Islam*, (Leiden: E. J. Brill, 1974), 33.

를 신의 고유명사라고[20] 하고 일부 아랍인들은 아람어의 '알라하'에서 왔다고 한다. 대체로 무슬림들은 아랍어의 정관사 /'al/과 본래 명사 /'ilāh/가 합쳐져서 된 명사(al-lāh)라고 한다.

시리얀어의 알라하('alāhā)는 이 단어의 끝에 오는 정관사 /hā/와 본래 명사 /alā/가 합쳐진 것이다.[21] 그리고 시리얀어에서 알라하 이외에 '일' /'īl/은 신의 이름이고 /'īl 'alahā/는 '주 하나님'(al-rabb al-'ilāh)이라는 뜻이다.[22] 무함마드 이전에 '알라' 는 아랍인들 사이에서 신의 이름으로 불리고 '알라하' 는 아람인들 사이에서 신의 이름으로 쓰였다. 무함마드의 아버지 이름이 압드 알라(압둘라: 알라의 노예, 혹은 알라의 숭배자)인 것을 보면, 알라라는 단어는 무함마드 이전에 이미 등장하고 있었음이 틀림없다.

이미 이슬람이 시작되기 전부터 알라라는 말이 있었다. 아라비아 서남부 지역에서 '알라' 라는 신을 섬기던 아랍 이슬람 세력이 북쪽 이라크, 시리아 지역으로 침입하러 왔을 때, 이 지역의 주민들은 아람어를 사용하고 있었다.[23]

꾸란 57장 19절에 나오는 아랍어 샤히드(shahīd)는 순교자 혹은 증인이라는 말로 꾸란 해설가들이 구별한다. Sale, George(1734), Rodwell, J. M(1861), Bell, Richard(1937)은 '증인' 이라고 번역하였고 Palmer, E. H(1880) Pickthall, Marmaduke(1930), Arberry, Arthur John(1955)는 '순교자' 로 번역하였다. 무슬림 주석가들 중에도 잘랄 알딘 알 수유띠(Jalal al-Din al-Suyuti)는 '증인' 이라고 하고 알자마크샤리(al-

---

20) 공일주, 『아랍문화의 이해』, 149-150.
21) 공일주, "아랍인의 신 개념"《종교와 문화》, 서울대학교 종교 문제연구소, 2008, 140.
22) Odisho M. Gewargis Ashitha, *Hilqa De Leshana, Assyrian-Arabic Dictionary*, 11.
23) 더 자세한 설명은 공일주, 『무슬림과 의사소통을 위한 새 패러다임』, CLC. 2009, 29-99를 참조

Zamakhshari)와 이븐 카시르(Ibn Kathir)는 '순교자'로 번역한다.

또 수라 4장 51절에 나오는 "따구트(Tāgūt)"라는 어휘는 다음과 같이 꾸란 해설가들과 주석가들에 의하여 그 뜻이 다르게 번역되었다.[24]

A : 거짓 신들 혹은 신들

B : 다신 아랍인들의 우상들

C : 마법사 혹은 마법

D : 마귀들

E : 점쟁이 혹은 제사장

F : 어떤 인물

G : 사악한 것

H : 꾸라이쉬 부족을 뒤쫓던 일단의 유대인들

꾸란 해설가 Sale는 거짓 신들이라고 하고, Rod는 무함마드를 증오한 유대인들이라고 번역하고, Palmer는 고대 아랍인들의 우상들이라고 하고, 무함마드 알리(Muhammad Ali : 1918 & 1928)는 마법, 마술이라고 하고, Muhammad Ali(1951)는 마법이라고 하였다. 그리고 Pickthall은 우상들이라고 번역하고, Arberry는 마귀들이라고 번역하였다. Sale는 위 분류에서 A에 해당하고, Rod는 H이고, Palmer는 B에 해당하고, 무함마드 알리는 C에 해당하며, Arberry는 D에 해당한다.[25]

꾸란 주석가 잘랄 알딘 알 수유띠는 B를 제안하고, 이븐 카시르(Ibn Kathir)는 A, B, C, D, E 모두를 제안하였으며, 알 바이다위(al-Baidawi)는

---

24) Asim Ismail Ilyas, *Theories of Translation*, Mosul: Mosul University press, 1989, 93-94.
25) Ibid., 94.

B, F, G, H의 의미로 번역하고, 알자마크샤리(al-Zamakhshari)는 B, D라고 하고, 따바리(Tabari)는 A를 선택하였으며, 아비 하얀(Abi Hayan)은 A, B을 언급하고, 알라지(al-Razi)는 A, B, C, D, E, F, G를 모두 제안한다. Sale는 이븐 카시르의 영향을 받은 것 같고, Rod의 주석은 al-Baidawi의 주석과 동일하다. Palmer와 Pickthall의 번역은 잘랄 알딘 알 수유띠의 주석에 영향 그리고 무함마드 알리의 번역은 알 부카리(al-Bukhari)의 하디스의 영향을 받은 것 같다. Arberry의 번역은 이븐 카시르, 알자마크샤리, 알라지의 영향으로 보인다.[26]

이상과 같이 꾸란의 용어에 대한 꾸란 해설가와 꾸란 주석가들 사이에도 동일한 번역이 안 되어 있어 이런 모호한 번역에서는 단정적인 번역이나 통역은 삼가해야 할 일이다. 종교적 어휘들의 번역은 상당한 수준의 코란 연구와 이슬람 신학적 연구 없이는 전문 용어를 함부로 번역하기 어렵다.

종교적 텍스트에 대해 번역가들이 자주 마주치는 어휘적 문제들뿐만 아니라 심각한 통사적인 모호성으로 번역과 통역이 어려운 예들이 많다. 통사적인 모호성은 주로 구문(structure), 생략(ellipsis), 대명사(Pronominal reference) 때문이다.[27]

꾸란 1장 6절 "당신(알라)이 호의를 베푼 사람들의 길, (알라)가 화를 낸 사람들(진노를 받은 사람들)이 아니고, 고의적으로 잘못된 길로 걸어간 사람들도 아니다." 에서 아랍어로는 sirat l-ladhina an'amta 'alaihim ghayr al-maghdūbi 'alayhim인데 이 구문의 통사적 해석에서 어려움이 있다.

---

26) Ibid., 94.
27) Ibid., 99.

첫 번째 해석(A)은 위 구문 중 뒷부분(ghayr al-maghdūbi ʻalayhim; 알라가 화를 낸 사람들이 아니고)이 앞부분(sirat l-ladhina anʻamta ʻalaihim; 당신이 호의를 베푼 사람들의 길)의 종속된 관계로 해석한 것이다. 후자가 전자를 수식한 것이다. 이를 해석하면 "알라가 진노한 사람들이 아닌 당신이 호의를 베푼 사람들의 길"이 된다.

두 번째 해석(B)은 ghayr al-maghdūbi ʻalayhim은 생략된 어휘가 있다고 보는 것이다. 즉 sirat(길)가 생략된 것으로 보는 해석이다. 이런 견해에 따라 다시 해석하면 "당신이 호의를 베푼 사람들의 길, 진노를 받지 않은 사람들의 길"이라고 할 수 있다.[28]

Sale: 불순종으로 알라의 진노를 받은 사람들은 유대인들이고 고의적으로 잘못된 길을 걸어간 사람은 이싸의 참된 교리를 떠난 사람이라고 대부분 꾸란 주석가들의 해설을 언급한다. 알자마크샤리(al-zamakhshari)와 다른 주석가들은 이 세 부분의 사람들(알라가 호의를 베푼 사람/진노를 받은 사람/잘못된 길을 간 사람)이 모두 무슬림들이라고 한다.

Rod(1861): 당신이 화를 내지 않는 사람, 잘못된 길을 가지 않는 사람

Palmer: 당신이 진노한 사람들이 아닌, 교리에 어긋난 사람들이 아닌

Pickthall: 당신의 분냄을 얻는 사람들의 (길)이 아닌, 잘못된 길을 간 사람들이 아닌

Bell: 진노가 떨어진 사람들의 (길)이 아닌, 잘못된 길을 간 사람

Arberry: 당신이 진노한 사람들이 아닌, 잘못된 길을 간 사람이 아닌

Sale의 번역은 B와 같으나 각주는 A와 같다. Rod는 A와 같고, Palmer, Pickthall, Bell, Arberry의 주석은 B와 같다. 꾸란 주석가

---

28) Ibid., 99.

들 중에서 알자마크샤리(al-Zamakhshari)는 A와 같고, 알바이다위
(al-Baidawi), 이븐 카시르(Ibn Kathir), 잘랄 알딘 알 수유띠(Jalal al-
Din al-Suyuti), 알라지(al-Razi)의 주석은 B와 같다.[29]

이상과 같이 꾸란의 구절들에 대한 주석과 해설에서 학자들마다 차이
를 보이고 있다. 종교적인 구절의 번역에서 통역자나 번역자가 완전히 중
립적이고 객관적인 입장으로 남는 것은 그렇게 쉬운 일이 아니다.

어휘 교체 : 의미 해석

코란은 무슬림들의 경전이고 오늘날 무슬림들은 기독교인들의 성경을
경전으로 인정하지 않는다. 무슬림들이 기독교인들과의 만남에서 코란에
언급된 내용 특히 무함마드에 대한 내용이 성경에 나오지 않는다는 것을
알게 되면서 무슬림들은 코란이 잘못된 것이 아니라 성경이 변질되고 교
체된 것이라는 새로운 논리를 가지게 되었다. 무사나 이싸가 성경을 변질
시킨 것이 아니고 그 후세 사람들이 자신들에게 불리한 내용들을 다 고
쳐버렸다고 아랍 무슬림은 설명한다. 그래서 오늘날 무슬림들은 기독교인
들의 성경을 신의 말씀으로 믿지 않고, 아랍 기독교인들도 이슬람의 코란
을 하나님의 말씀으로 믿지 않는다.

이미 네가 갖고 있는 것을 확증하기 위하여 내가 보낸 메시지를 믿어라(수라
2:41a).

그래서 너희들(무함마드의 추종자들)은 그들(유대인들) 중 일부가 알라의 말을
듣고 고의적으로 변질(yuharrifū: distort)시키고 심지어는 그들이 (변질시킨 것)

29) Ibid., 100.

을 알고 있을 때에도 그 사람들이 너희들과 같이 (이슬람을) 믿기를 원하느냐
(2:75).

위 코란 구절이 계시될 때 무함마드를 따르던 사람들이 유대인들 중 일
부가 알라의 말을 듣고도 고의적으로 변질시켰다고 했다. 그들이 변질시
키고 있는 것이 무언지 알고 있을 때에도, 무함마드를 따르는 사람들이
이슬람 믿기를 원하는가를 묻고 있다. 유대인들이 타우라(모세오경)를 변
질시켰다고 하는데 여기서 변질이란 말은 '단어를 바꾼 것이 아니라 이
말을 들은 자를 잘못된 길로 가게 했다' 라고 무슬림 학자들은 주석한다.

우리(알라)가 경전(al-kitāb)을 가져다 준 사람들은 그들의 자손들이 알고 있듯이
그것을(hu) 알고 있고 그들 중 일부는 알면서도 진실을 숨기고 있다(수라 2:146).

수라 2장 142-145절은 카아바와 기도의 방향에 대한 주제이고, 2장
146절의 /hu/는 무함마드가 아니고 기도의 방향에 대한 이야기이다. 물
론 코란 주석서에서는 이 두 가지가 설명되어 있어서 어느 것을 취하든
상관없으나 문맥 전체의 흐름에서 기도의 방향과 관련된 것을 알 수 있
다. 메카 계시와 메디나 계시 초기에 무함마드는 예루살렘을 향하여 기
도하였는데 메디나에서 어느 날 메카의 카아바로 기도의 방향을 바꾸어
버렸다. "알바이트 알하람(al-bayt al-harām; 카아바)"은 그들의 기도 방
향이고 이브라힘의 기도 방향이라고 강조했다. 이제 유대인들은 동쪽으
로 기도하고 혹은 바이트 알마끄디스(예루살렘)를 향하여 기도하였고, 무
슬림들은 메카로 향하는 기도 방향을 지켰다. 수라 19장 41절, 51절에서
언급된 '알키탑'(al-kitāb)은 코란을 가리켰으나 수라 2장 146절에서 언
급한 '알키탑'(al-kitāb)은 경전의 백성(유대인과 기독교인들)의 책(성서)을

가리키고 있다. 그러므로 코란의 본문과 관련지어 동일 어휘를 문맥에 맞추어 바르게 해석하는 것이 중요하다.

> 너희(사람들)들로 하여금 그들(유대인들)이 말하는 것이 경전의 일부가 아닌데 경전의 일부라고 생각하게 하도록 그들의 혀로 경전을 왜곡하는 사람들이 일부 있다. 그들은 그것이 알라에게서 온 것이 아닌데 알라에게서 왔다고 하고, 그들은 알라에게 거짓말하는 자이고 그들은 그것을 알고 있다(수라 3:78).

위 코란 구절에서 '왜곡한다(lawā)'는 말은 '의미를 변질시키다'라는 의미이고 어휘가 교체되었다는 의미는 아니다. 그리고 위 구절에서 '그들'은 유대인들을 가리킨다. 이 구절에서 '경전'이라는 단어가 3번 나오는데 이 '경전'은 '타우라'(모세오경)를 가리킨다.

대부분의 무슬림 주석가에 의하면 '어느 유대 남녀가 간통을 하였는데 그가 속한 유대공동체는 구약에 나오는 간통죄 처벌로써 돌로 때려 죽이는 것을 시행하고 싶지 않았다. 그래서 대표단을 무함마드에게 보내어 '만일 무함마드가 가죽으로 치는 태형을 적용하면 그걸 받아들이고 돌로 치라고 명하면 받아들이지 말라'고 말하면서 어떤 처벌이 좋은지를 물어 보라고 하였다.[30] 이런 내용이 수라 5장 41절에 나오는데 그 내용 중 'yuharrifūna al-kalima min ba'd mawādi'ihi'는 텍스트의 변질(어휘의 교체)이 아니고 '의미를 변질시킨다'는 말이다.[31] 수라 4장 46절에서도 위 수라 5장 41절에 나오는 구절 'yuharrifūna al-kalima min ba'd mawādi'ihi'은 의미의 변질을 가리키고 어휘가 교체되었다는 말은 아니다.[32]

---

30) M. A. S. Abdel Haleem, *The Quran*,(Oxford: Oxford University Press, 2005). 71.
31) al-Jatlawī al-Hadi , *al-ma'nā al-sahīh li-injāl al-masīh*, Beirut: dar alfarabi, 2008. 19.
32) Ibid., 20.

코란의 비유

코란의 다른 이름으로는 알키탑(책), 알 푸르깐(기준), 알디크르(음송), 알탄질(내려옴) 등으로 불리는데 코란은 '혀로 읊는다'고 하여 붙여진 말이고 알키탑은 '펜으로 쓴 글'이라는 뜻에서 왔다. 코란은 무함마드를 통해 아랍어로 내려온 알라의 말(kalām Allāh)이며 집단적으로 전해 내려와 아무도 모방할 수 없는 것으로 여긴다. 코란은 글의 짜임과 의미가 아랍어로 되어 있고 꾸라이쉬 방언으로 기록되었다. 이슬람에서는 코란의 단어 하나라도 바꿀 수가 없다. 물론 동의어가 있어 그 의미가 동일하다 할지라도 코란 구절에 이 동의어를 대신 넣어서는 안 된다. 또 코란을 다른 언어로 번역하여서는 안 되는데 코란의 의미를 밝히고 그 법을 확인하고 코란을 해석하는 코란의 의미 번역은 가능하다. 이런 코란의 의미 번역은 코란이라고 불리지 않고 '코란의 의미' 혹은 '코란의 주석'(tafsīr)이라고 불린다.

아랍어는 독특한 문체와 화법(balāghah)이 있어 아랍어가 아니면 코란의 문체와 화법을 담아내지 못한다. 가령 '손으로 목을 조이거나 빈손이 되지 마라'라는 표현은 '구두쇠가 되거나 돈을 너무 낭비하지 마라'는 뜻이다. 마왓다(mawaddah)와 훕브(Hubb)에서 전자는 친구 간의 우정이고 후자는 사랑이란 말인데, 후자가 전자보다 더 넓은 의미이다. 전자는 애인들이나 부부 간에는 사용하지 않는다. 아랍 가정에서 딸은 아버지에게 '어떤 남자를 사랑한다(uhibbuhu)'고 말하지 않는다. 훕브라는 단어가 혹시 육체적 관계를 가졌던 것으로 아버지가 잘못 이해할 수 있기 때문이다. 그래서 딸들은 아버지에게 '하삽 라으약(아버지 뜻대로)'이라고 하여 아버지 앞에서 수줍어하는 태도를 보인다. 만일 남자를 좋아함에도 아버지가 허락하지 않는 경우에는 "내가 그 남자를 사랑한다"고 말할 수는 있지만 훕브라는 단어는 잘 사용하지 않는다. 코란에는 '알라는 강하고 지혜롭다' 라는 말은 알라의 공의를 표현할 때 쓰는 표현이고, '알라가 용서하고 자비롭다' 라는 말은 알라의 자비를 강조할 때 쓰인다.

무슬림은 코란을 낭송하며 알라를 예배한다. 코란 낭송은 그 자체가 예배다. 그래서 코란에 있는 한 글자만이라도 읽으면 선행 점수(Hasanat)를 얻는다. 이슬람의 기도는 코란을 낭송해야만 효력이 있다. 이슬람은 코란 읽는 것을 선행 점수와 관련지어 놓고 있다. 더구나 아랍어로 쓰인 것만을 코란이라고 하여 아랍어가 이슬람의 언어가 되었다.

코란은 집단적으로 구전되어 내려왔다. 집단적이라 함은 무함마드가 전한 말을 아랍인 집단이 듣고 암송하여 이를 다음 집단에 구전하여 그대로 내려왔으므로 집단 전체가 거짓말을 할 수 없었다는 것을 강조한다. 이것은 집단의 개념을 부각시킨 좋은 예이다. 무함마드 당시 무함마드의 동료들이 코란을 무함마드에게서 들었고 이들이 암송하여 나무판, 돌, 헝겊, 뼈 등에 기록하였는데 당시 기록에 참여한 동료는 40여 명에 이르렀다. 이들 동료들이 그들의 추종자들에게 전하여 주었으니 이들 역시 글이 아니라 암송을 통하여 다음 세대에 전해 준 것이다. 그후 오스만 칼리파(644-656) 시절에 코란이 한 곳으로 모아질 때, 이렇게 집단적으로 내려오지 않고 개별적으로 낭송되어 예외적인 사항으로 여겨지면 가차 없이 코란을 집대성할 때 삭제하여 버렸다고 한다. 소수 의견이 무시된 좋은 예이다.

코란은 무함마드의 기적이라고 말한다. 기적이라는 말은 초자연적이었다는 것이다. 무함마드의 손에 의해 전달된 것은 무함마드가 본래 거짓말을 안 하는 사람(Sādiq)이었고, 비밀을 잘 지켜주거나 돈을 잘 관리하는 사람('Amīn)이었기 때문이라고 한다. 알라는 각 민족이 갖는 독특한 재능을 통해 기적을 보여 주었다고 한다. 이집트인들은 마술에 뛰어났으므로 알라는 무사를 그곳으로 보내 마술 비슷한 것을 보여 주었는데 그 중의 하나가 막대기가 뱀이 되는 기적이었다. 그리고 이싸의 민족은 의학에 뛰어났는데 알라는 이싸를 보내 알라의 허락으로 소경과 문둥병자들을 치료하고 죽은 자를 살렸다. 코란의 이싸는 성경의 예수와 비슷한 부분도 있으나(선지자, 병을 치유하는 기적을 베풂) 여러 면에서 차이(십자가에 죽지 않았고 하나님의 아들이 아니다)를 보인다.

무함마드는 최종 예언자이고 메신저이며 그의 메시지는 모든 인간을 향한 마지막 율법이었다고 무슬림들은 말한다. 당시 아랍인들이 무함마드에게 가서 코란 내용의 일부 즉 10개의 구절만이라도 계시 받을 수 있느냐고 무함마드에게 물으니 그들에게 불가능하다고 말하였다고 한다.

코란 17장 88절은 "말하라. 만일 모든 인간과 진 jinn[33]이 함께 이 같은 코란을 만들겠다고 하여 서로 돕는다 할지라도 이 같은 코란을 만들어내지 못 한다."라고 말한다.

이슬람에서는 각 민족에게 알라가 독특한 능력을 주었다는 것을 언급하고 있는데 이 모든 민족보다 아랍인 무함마드가 가장 뛰어나다고 하였다. 세상 학문이 발달해 감에도 코란은 절대로 모방할 수 없는 특징들이 늘어가고 있다고 무슬림들은 말한다. 코란은 문체와 화법에서 독특성을 갖는다. 코란은 문체와 이를 구성하는 어휘와 표현과 음조와 의미 등이 독특하다. 코란의 어휘라야 코란 본래의 의미를 잘 살려 이해할 수 있다고 한다. 코란의 표현들이 가장 높은 수준의 문체와 화법을 포함하고 있고 그 표현들이 독특하게 결합되어 있어 아랍어를 잘 아는 사람만이 직

---

33) 인간 중에 무슬림과 비무슬림이 있는 것처럼 진 속에도 무슬림 진과 비무슬림 진이 있다.

유와 비유 등 수사법을 이해할 수 있다고 한다. 이처럼 코란이 어렵게 인식된 무슬림들은 이것을 코란의 불모방성(절대로 모방할 수 없는 독특한 특징)으로 이해했다.

> 이 코란에서 사람들을 위하여 그들이 잘 기억할 수 있도록 모든 비유(mathal)를 사용하였다. 어떤 뒤틀림도 없는 아랍어로 된 코란인데 그들이 알라를 마음에 새기기 위함이다(수라 39:27-28).

코란이 비유와 예문을 많이 쓰고 있다는 것이다.

> 이 코란에서 모든 종류의 예문(mathal)을 사람들에게 제시하였다. 그들 대부분이 불신앙을 고집하고 있다(수라 17:89).
> 이 코란에서 사람들에게 모든 종류의 비유를 사용하였다. 그러나 인간이 다른 어떤 피조물보다 논쟁적이었다(수라 18:54).
> 알라가 이 비유를 주었다(39:29).

성경과 코란에서 비유는 의미 전달에 중요한 역할을 한다. 성경에서 "비유"는 예화처럼 이미 알고 있는 진리를 알지 못하는 진리와 비교하는 것이다. 예를 들면 씨 뿌리는 비유는 씨 뿌린 결과에 대한 이야기에 강조점이 있다.

> 이는 그들로 보기는 보아도 알지 못하며 듣기는 들어도 깨닫지 못하게 하여 돌이켜 죄 사함을 얻지 못하게 하려 함이라 하시고(막 4:12).
> 예수께서 그들 앞에 또 비유를 들어 이르시되 천국은 좋은 씨를 제 밭에 뿌린 사람과 같으니(마 13:24).

마태복음 13장 10-17절은 왜 예수 그리스도가 비유를 사용하여 가르치는지에 대하여 설명해 준다. 첫째, 제자들에게 하나님의 진리를 계시하는 데 비유들을 통하여 소통하려는 것이었다. 마태는 '하늘 나라'(Kingdom of Heaven)보다는 '하나님 나라'(Kingdom of God)를 쓰고 있는데 그것은 하나님 나라는 오직 구원받은 사람들이고, 하늘 나라는 구원받은 사람들과 구원받지 않은 사람들이 가는 곳으로 이해하였다. 이런 구분은 씨 뿌리는 비유와 가라지 비유 그리고 겨자씨 비유와 그물 비유에서도 잘 나타나 있다.

> 또 천국은 마치 바다에 치고 각종 물고기를 모는 그물과 같으니 그물에 가득하매 물 가로 끌어 내고 앉아서 좋은 것은 그릇에 담고 못된 것은 내버리느니라(마 13:47-48).
>
> 또 비유를 들어 이르시되 천국은 마치 사람이 자기 밭에 갖다 심은 겨자씨 한 알 같으니(마 13:31).
>
> 또 비유로 말씀하시되 천국은 마치 여자가 가루 서 말 속에 갖다 넣어 전부 부풀게 한 누룩과 같으니라(마 13:33).

하나님 나라는 이스라엘 백성의 주요 중심 주제들 중의 하나였다. 많은 구약의 예언자들은 메시야(Messiah)가 이스라엘의 민족을 구원하고 지상에 그의 나라를 세울 것이라고 예언하였다. 그리고 예수가 왔다. 예수 그리스도는 천국이 가까이 왔다(마 4:17)고 이스라엘 사람들에게 그의 나라를 제시하였으나 이스라엘 민족은 그의 메시지를 거부하였다(마 12:24). 그런 이스라엘 민족의 거절로 인하여 예수 그리스도는 그들에게 하나님 나라의 비밀을 비유로 가르쳐 주고 있다.

둘째, 예수는 불신자들에게 진리를 숨기기 위하여 비유들을 사용하였다.

> 대답하여 이르시되 천국의 비밀을 아는 것이 너희에게는 허락되었으나 그들에게는 아니되었나니(마 13:11)

하나님 나라의 비밀이 그의 제자들에게 알려졌으나 그를 반대하는 종교 지도자들에게는 그 비밀이 감추어져 있었다. 그는 비유를 사용하여 더 많은 사람들에게 그 비밀을 전하였고 그의 제자들에게는 하나님 나라의 의미들을 더 정확하게 설명하는 계기가 되었다.

셋째, 이사야서 6장 9~10절의 말씀을 성취하기 위하여 예수 그리스도는 비유로 말씀하셨다.

> 여호와께서 이르시되, 가서 이 백성에게 이르기를 너희가 듣기는 들어도 깨닫지 못할 것이요 보기는 보아도 알지 못하리라 하여 이 백성의 마음을 둔하게 하며 그들의 귀가 막히고 그들의 눈이 감기게 하라. 염려하건대 그들이 눈으로 보고 귀로 듣고 마음으로 깨닫고 다시 돌아와 고침을 받을까 하노라, 하시기로(사 6:9-10).

이사야가 사역을 시작할 때 하나님은 사람들이 그의 메시지를 이해하지 못할 것이라고 말씀하시었다. 이와 유사한 반응을 예수 그리스도는 이스라엘 사람들로부터 받았다. 그는 하나님의 말씀을 전하였는데 많은 사람들이 그걸 듣고도 이해하지 못하였다.

> 그러므로 내가 그들에게 비유로 말하는 것은 그들이 보아도 보지 못하며 들어도 듣지 못하며 깨닫지 못함이니라. 이사야의 예언이 그들에게 이루어졌으니 일렀으되 너희가 듣기는 들어도 깨닫지 못할 것이요, 보기는 보아도 알지 못하리라(마 13:13-14).

그러나 예수의 제자들은 진리를 듣고 그의 말을 이해하였으며 하나님이 주신 복을 받았다. 그의 제자들은 구약의 사람들이 알고 싶었던 진리를 들었던 것이다. 그리고 제자들은 보고 믿었으나 당시 종교 지도자들은 보고도 거절하였다. 유대 종교 지도자들에게 빛을 보냈는데도 그들이 거절하므로 하나님은 그들에게 더 이상 빛을 보내지 않으셨다.

코란에는 아무런 힘이 없는 노예(수라 16:75; 39:29), 두 명의 메신저가 거절당하고 나중에 보낸 메신저를 비웃는 사람들이 사는 도시(36:13-32), 대추 야자 나무가 있는 두 개의 포도원(18:32), 파리(22:73), 거미 비유(29:41), 인간은 마른 흙으로 창조되고 진은 연기 없는 불로 창조되었다(수라 55:15)는 내용들이 나오는데, 이들 코란의 비유는 공관복음의 비유보다는 유대 랍비들의 비유에 훨씬 더 가깝다. 코란의 비유의 특징은 사람들을 깨닫게 하고 각성하게 하여 결국 알라를 향하도록 하는 데 그 목표가 있다. 그래서 비유의 내용들이 종말론적 파국으로 치달아 거미의 집이 망가지고 알라를 거부하는 도시가 기근으로 멸망하며 알라가 없는 농장이 폐허가 된다는 논지였다. 코란은 인류의 여러 민족들의 과거 이야기, 예언자들과 메신저들이 그들의 민족과 함께 생긴 이야기 등을 전하여 준다. 코란은 인간이 알 수 없는 일 즉 미래에 일어날 일을 기술하고 있는데 무슬림들은 인간 역사에서 그 사건들이 일어나기 전에는 몰랐지만 나중에서야 그 사건들이 일어난 뒤에 코란에 기록된 내용의 의미를 알게 되었다고 한다.

(페르시아에서) 가장 가까운 곳에서 비잔틴(al-rūm)이 패배하였다. 그들(비잔틴 사람)이 패배한 다음 몇 년 후에는 승리할 것이다. 처음과 끝이 되는 알라가 판단한다(lillahi amr)(수라 30:2-4).

메카의 다신 숭배자들이 페르시아(우상 숭배자)가 로마(경전의 백성

즉 기독교인)를 이긴 것을 기뻐하였다. 아부 바크르가 우상 숭배자들에게 말하기를 몇년 후에 로마(비잔틴)가 페르시아를 이길 것이다. 누가 이 말을 했느냐고 우상 숭배자들이 물으니 무함마드가 이 말을 했다고 하고 나중에 무함마드 말대로 로마가 페르시아를 이겼다고 전한다. 또 코란에는 솔로몬이 개미를 깨뜨리었다고 하였는데 이 말이 처음에는 무슨 말인지 알 수 없었으나 현대 과학자들이 개미에는 유리 성분이 있어 그것을 '깨뜨린다'라고 표현하였다고 무슬림들은 전한다.

코란은 일반적인 원리의 서술, 개괄적인 서술, 상세한 서술 등 서술 방식을 셋으로 구분한다. 코란에서 율법에 대한 서술 중 하나는 슈라(shūrā; 여론을 수렴하는 제도)에 대한 문제 등 '일반적인 원리나 원칙을 제시하는 서술'이다. 일부 코란 구절 그 자체가 무슬림이 지켜야 할 일반적인 원리들이었다. 이처럼 일반적이고 총체적인 원리는 이슬람 학자들에게 맡겨져 시기와 장소의 필요에 따라 설명하고 적용하게 하였다. 또, 코란에는 '개괄적인 서술'이 있는데 상세한 설명이 필요한 서술이다. 가령, 기도와 구빈세, 고리대금 금지 등 얼마를 누구에게 그리고 어떻게 행하느냐에 대한 답을 제시해 주는 구체적인 세부 사항은 순나(무함마드의 행동)에 기록되어 있다. 세 번째는 코란에는 '상세한 서술'이 있는데 율법이 상세하게 서술되어 있는 내용들로서 상속을 어떻게 분배할 것인가 혹은 남자가 혼인해서는 안 되는 여성들, 간음과 절도와 중상모략에 대한 형벌들이 상술되어 있다.

파트와

오늘날 전 세계 무슬림들은 이슬람의 율법과 제도에 따라 살아가야 한다고 생각한다. 그런데 매일 일어나는 일상사에서 구체적으로 이슬람법을 적용할 때에는 평범한 무슬림들이 무프티의 결정(파트와)을 따른다. 파트와는 무프티가 코란과 순나에 근거하여 어떤 사례에 대한 법적 판결을 내리는 것을 가리킨다.

사실 코란을 해당 국가의 언어로 번역한 것을 코란 해설서라고 하고 코란이라고 부르지 않는다. 그런데 잘못된 코란 해설 내용들이 인터넷에 급속도로 빠르게 퍼지고 있다. 그리고 오늘날 인터넷 세대들이 코란을 문자적으로 해석하여 전 세계 사람들을 두려움의 도가니로 몰아넣은 테러를 일으키기도 하고, 또 코란에 근거하여 이슬람 학자가 내린 종교적 결정이 이슬람 정부는 물론 국제 사회에 여러 가지 문제를 일으키기도 한다.

2008년 12월 사우디아라비아 정부는 가자 지구를 공격한 이스라엘에 대하여 보복을 촉구하는 파트와를 발표한 이슬람 학자를 구속한 바 있다. 이런 이유로 사우디아라비아는 2009년 1월 17일 파트와를 발행할 법적 요건과 적법성 그리고 파트와를 발행하는 제반 문제를 논의하기 위하여 5일 간 전 세계 이슬람 학자들을 메카로 불러 컨퍼런스를 열었다. 문제의 심각성은 인터넷을 통한 일부 이슬람 학자의 섣부른 이슬람의 법적 결정이 급속하게 유포되면서 아직 사리 분별이 분명하지 않는 청소년들이 아무렇거나 악용하였기 때문이다.

이집트 알아즈하르(무슬림전도자와 이슬람 학자 양성기관)의 파트와 발령은 이집트 종교 기관들의 평판에 먹칠을 하기도 하였다. 원래 보수적인 이슬람 국가에서는 남녀 이성이 한 방에서 근무할 수 없다. 그런데 이성 간 직장 동료가 같은 사무실에 근무하려면 혼인한 여성이 남자 동료에게 자신의 젖을 다섯 번 물리고 나서야 가능하다고 알아즈하르의 이슬람 학자가 파트와를 냈다. 이런 젖 물리기는 성관계로 이어지는 것을 의미하지 않는다고 강조를 했다. 혼인한 여성이 남자 직장 동료에게 자신의 젖을 물리는 것은 그 남자가 부인의 형제로 받아들이는 최선의 방법이라고 한다. 더구나 가정부가 주인 남자와 좋은 관계를 가지려면 그 가정부 역시 자신의 유방을 주인 남자에게 다섯 번 빨게 해야 한다는 논리가 되어 이 것을 아랍어로 '리다아트 카비르'(큰 젖먹이)라는 말로 불리고 있다.

세 번째 파트와 남발 사례는 순니 이슬람의 최고 권위를 자랑하는 이집트 알아즈하르 대학교의 파트와 위원회 세이크 압둘하미드 알아뜨라쉬가 내 놓은 파트와이다. 그는 사우디와 터키에 이어 이집트에서도 남편이 폭력을 사용한다면 부인이 되받아칠 수 있도록 인정한다는 파트와를 냈다. '부인도 자신을 방어하기 위하여 남편을 때릴 수 있는 정당한 권리를 가지고 있다.'고 했다. 알아뜨라쉬는 모든 인간은 알라 앞에서 동등하기 때문에 그들이 남자이건 여자이건 간에 그들 자신을 방어할 권리를 가지고 있다고 하였다. 사우디아라비아의 세이크 압둘 무흐신 알아브야칸은 '부인도 남편이 사용한 막대기, 가죽, 책 등을 사용하여 동일한 폭력을 할 수 있는 권리가 있다'고 하였다. 터키의 세이크 파트할라 줄룬은 이보다 한발 더 내딛어 남편이 아내를 한번 때리면 부인은 두 번 때려야 한다는 파트와를 발령하였다(알마스리 알야움, 2008.10.28). 그러나 아랍 무슬림 여성들은 자신들의 권리가 완전하게 보장받지 못하고 있는 오늘의 현실에서 이런 파트와가 효력이 있을지는 의문이라고 했다. 만일 부인이 남편을 때리면 그 여성은 이혼을 당하거나 죽임을 당하기 때문이다. 현실성이 없는 파트와라고 본 것이다.

네 번째 파트와는 요르단의 경우이다. 요르단인 작가 삼한(samhan)이 자신이 쓴 사랑의 시 구절에 코란 구절을 인용한 것이 문제가 되어 이 것이 이슬람을 모욕한 것이라는 혐의를 받았다. 요르단 작가협회는 표현의 자유와 창의성을 막는 구금이라고 하고 그가 은유적으로 사용한 코란 구절은 일반인들이 사용한 언어적 쓰임새와는 다르다고 강조한 바 있으나 요르단 왕국의 무프티는 삼한을 카피르(알라의 존재를 믿지 않거나 신을 믿는다고 하면서 이슬람식 기도와 금식 등을 하지 않는 사람[34])로 규정하고 그의 시집에 코란 구절을 넣은 것은 신성모독의 행위(act of blasphemy)라고 하였다(2008.10.22 Jordan Times).

이런 파트와 남발의 문제를 해결하고자 170여 명의 전 세계 이슬람 학자들이 사우디 메카에 2009년에 모였는데, 무슬림 세계 연맹의 피끄흐(이슬람법) 아카데미(Muslim World League's Fiqh Academy)가 주관하였다. 이 파트와 컨퍼런스에서 이슬람 국가에서의 파트와 발령을 위한 지침의 필요성이 강조되었다. 사실 이슬람 학자들이 파트와를 발표하려면, 알라가 내려준 법과 무함마드가 설명한 것에 근거하여 이슬람의 법적 결정을 내려야 한다. 파트와는 무슬림들의 삶의 크고 작은 문제에 대한 법률적 판단이나 법률적 결정(ruling)을 말한다. 파트와는 반드시 이슬람 학자나 이맘(모스크의 기도 인도자)이 코란의 바른 주석과 수세기 동안 내려온 이슬람 관례와 이슬람 사상에 근거하여 판결해야 한다. 사우디 아라비아와 같은 나라는 법정에서 사건의 판결을 위하여 이런 파트와들이 사용되기도 하지만, 인도네시아에서는 파트와가 법적 구속력이 없다. 파트와의 범위는 금융 거래와 의료 등에서부터 무슬림 여성이 입어야 할 옷, 이슬람의 적들을 대적하는 문제 등 아주 다양하다. 1989년에는 이란의 호메이니가 '악마의 시'(satanic verse)를 쓴 살만 루시디를 살해하라는

---

34) 무슬림들 중에는 무타잠미트(무타맛시크)는 종교나 의견을 그의 생각대로 고집하는 무슬림이고 무타샷디드는 종교에 대한 그의 생각을 고집하는 것으로 무타안니트라고 할 수 있으며, 무타다이인은 종교에 집착하는 사람이고 무으타딜은 종교를 이성과 인류애적인 마음으로 믿는 온건한 사람이다. 무타따리프는 전체 그룹에서 떠나 극단적인 행동을 하는 사람이다.

파트와를 발표한 바 있다.

2009년 1월 20일 사우디아라비아에서 전 세계 이슬람 학자들이 41개 항의 파트와 헌장에 서명하였다. 그 헌장의 하나는 극단적인 파트와는 안 된다는 것이고, 무프티(파트와를 낼 수 있는 이슬람 학자)들이 극단적인 파트와(extremist fatwa)를 선언하여 상대를 카피르로 몰아 살해하는 것을 금한다는 것(*Al-Watan*, Saudi Arabia, January 21,2009)이었다. 2003년 이후 이라크에서는 같은 무슬림들끼리 순니 파와 시아 파가 서로를 살해해 왔다. 한국인이 피랍되어 이라크와 아프가니스탄에서 살해된 것도 코란의 구절을 극단적으로 해석한 극단적인 파트와의 폐해라고 볼 수 있다. 앞서 정의한 바와 같이 파트와(fatwa)는 이슬람 학자가 코란과 순나에 의거하여 이슬람 세계의 제 문제에 대한 그의 판결 혹은 판단을 가리킨다. 그러므로 파트와는 무프티가 발행하는 법적 판결이라고 말할 수 있다. 요르단에는 여러 무프티들이 있으나 이들을 임명하는 대(大) 무프티가 있다.

2006년 7월에는 사우디의 와하비 파[35] 무프티 압둘라 븐 자브린이 이스라엘과 레바논에서 싸우는 시아 파 무장 세력 히즈불라를 돕거나 합세하거나 지원하는 것은 이슬람법으로 불법이라고 선언하였다. 무프티는 가능한 한 자신의 생각을 표현하지 않고 이슬람 법의 근간이 되는 코란과 하디스에 근거하여야 하는데 문제는 각 이슬람 국가가 각각 서로 다른 이슬람 법학파를 따르고 있어 이슬람 국가마다 조금씩 이슬람법 적용이 다르다는 것이다. 요르단은 샤피이 파이고 사우디는 한발리 파, 시리아는 샤피이 파 그리고 모로코는 말리키 파를 따른다.

---

35) 와하비 파는 무함마드 압드 알와합의 이름에서 따와 '와하비즘' 혹은 '와하비 파'로 불린다. 이들은 순니 파로서 기독교인과 시아 파, 수피들을 사우디에서 추방시켰고, 2001년 미국의 무역센터 테러에 가담한 상당수가 와하비 파이었다.

오늘날 대부분 무슬림들은 아랍어로 된 코란을 읽을 수 없기 때문에 코란을 잘 안다고 생각되는 무프티들에게 의존하다 보니 잘못된 파트와가 여러 문제를 낳는다. 이처럼 파트와가 남발되는 것은 무슬림들이 이슬람 학자들 중 유명한 사람에게 의존하거나 자신의 욕구와 생각에 맞는 파트와를 찾는 무슬림의 생태가 반영된 것이다. 한국에는 또 다른 문제가 빚어지는데 아랍어 코란을 읽고 해설할 수 있는 사람들이 극소수이다 보니 그 사람들에게 모든 언론과 이슬람교에 대한 문의를 하게 되어 그가 잘못된 이슬람 지식을 전해도 아무도 이의를 제기하지 못했다.

사우디아라비아의 파트와 컨퍼런스는 '자격 없는 이슬람 학자들이 내놓는 파트와'를 금하기 위한 것이기도 하였다. 즉 종교적 극단주의를 막자는 것이었다. 이 말을 다시 해석하면 그동안 이슬람 세계가 종교적 극단주의자들에게 시달리고 있었다는 반증이다. 늦게나마 무슬림이 무슬림을 죽이는 일은 막고자 한 것이다. 이는 무슬림들이 평소에 말하는 이슬람의 관용 정신이 일부 무슬림들에게서 찾아볼 수 없었다는 것을 반증한다. 사우디아라비아는 2003년 이후 자국에서 시작된 테러리즘과 싸워야 했다. 알까에다의 사주를 받은 무슬림들이 사우디아라비아 정부가 서구, 특히 미국과의 동맹 관계를 갖는 것을 맹렬히 비난해 왔다. 이로 인해 사우디아라비아 정부는 인터넷을 통하여 극단적인 이데올로기를 퍼뜨리는 자들을 색출하고 수천 명의 극단적인 설교를 하는 자나 테러 용의자들을 검거하기에 바빴다.

여기서 주목할 것은 20세기 초에는 대부분 무슬림 세계에서 가장 영향력 있는(powerful) 그룹은 문화적인 무슬림(이슬람 신학보다는 사회적 규범에 집착하는 사람)이었다. 문화적 무슬림들은 모더니티와 세속적인 교육을 부르짖었다. 다음의 그림처럼 극단적이고 호전적인 무슬림(광신적인

무슬림이고 일부는 근본주의자)의 역할은 비교적 중요하지 않았으나 코
란 중심의 무슬림(일부는 근본주의자)에게 스며들고 더 많은 코란 중심의
무슬림은 문화적 무슬림 쪽으로 스며들었다.

　그런데 오늘날의 상황은 20세기 초와 다르게 반전되어 온건하고 개방
된 무슬림들의 목소리는 극단적이고 호전적인 무슬림들의 표효 때문에

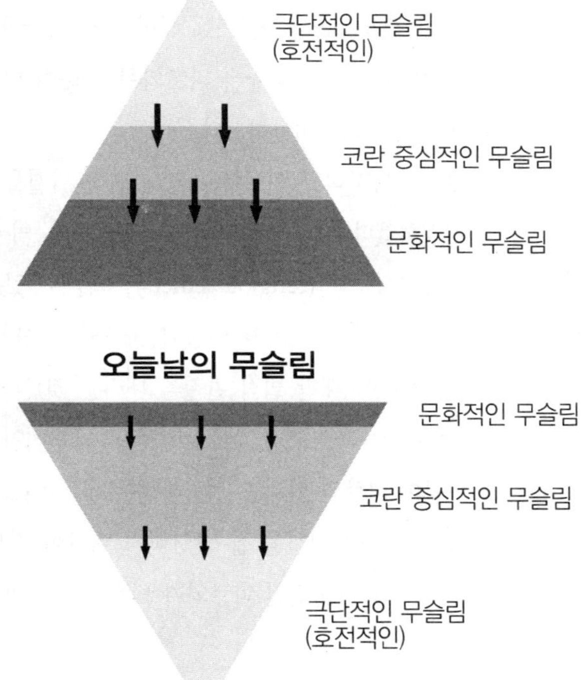

묻히고 만다.[36] 이런 극단적인 무슬림들 중에서 만일 무프티가 선임되면 전세계 무슬림들의 사고와 행동을 좌지우지하게 된다.

무슬림 학자들이 파트와를 내놓은 것은 알라가 준 법과 무함마드가 설명한 것에 근거한 결정이라고 가르치므로 그 영향력은 매우 심각한 결과로 치닫기도 한다고 무슬림 세계연맹 사무총장 압둘라 알투르키는 말한다. 그는 오늘날에는 자격 없는 이슬람 학자들이 인터넷과 위성방송을 통하여 파트와를 발행하고 있는 것이 문제라고 하였다. 그는 무슬림 학자들이 잘못된 파트와를 발행하면 무슬림들 사이에 편견, 무지, 극단적인 사람들을 양산하게 되고 이들로 인하여 이슬람이 비난받고 이슬람의 가치가 왜곡되어 코란이 공격받고 무함마드에 대한 거짓 비방이 만들어진다고 했다. 사우디아라비아 압둘라 국왕은 파트와를 통하여 다른 무슬림을 카피르로 몰아붙이는 자들을 비난하였다.

요르단 압둘라 국왕은 독자적인 이프타(이슬람 법적 판결을 연구하는 학문) 학과 설립을 지원하겠다고 약속하였다. 이슬람 학자들의 학문적 연구에 근거한 이슬람 종교적 법문(religious edicts)을 낼 수 있는 학과를 설립하는 것이다. 지금은 이슬람 세계가 이슬람 파트와(무프티가 코란과 순나에 근거하여 어떤 사례에 대한 법적 판결을 내리는 것)들의 혼란 속에 있다. 실제로 수많은 급진적인 그룹들이 이슬람을 극단적인 방향으로 몰아 가고 있다. 요르단이 파트와 학과를 설립하려는 것은 이슬람이 급진적으로 나아가는 것을 막고 이 미션을 잘 감당하기 위하여 정부가 재정, 지식, 학문을 지원하여 더욱 학술적인 파트와가 발행되기를 바라기 때문이다.

---

36) Nabeel T. Jabbour, *The Crescent Through the Eyes of the Cross*, (Colorado Springs: Nacpress, 2008), 85.

무슬림들은 이슬람의 원리와 가르침에 대한 바른 해석에 근거하여 이슬람을 학술적으로 연구하고 학문적인 진보와 계몽이 특징이었던 황금기를 고대한다. 요르단 타임즈는 오늘날 이슬람 세계가 발전과 지적 추구에서 다른 문명에 뒤떨어진 주된 이유는 이슬람의 황금기에 가졌던 그 특징들을 잃고 있었기 때문이라고 하였다. 무슬림 세계는 그동안 과격세력, 열심당과 극보수주의자들의 볼모가 되어왔다고 한다(2008.9.5 Jordan times).

최근 인터넷이나 위성 텔레비전과 전화를 통하여 파트와들을 발표하는 것이 증가되고 있다. 가령 여성들이 눈썹을 뽑아도 되는지 혹은 좋은 무슬림은 『해리포터』(Harry Potter) 책을 읽어도 되는지를 묻고 있다. 파트와는 공인된 이슬람 학자들이 내리는 판결이어야 한다. 그러나 오늘날 무슬림들이 어떻게 살아야 하는가에 대한 조언을 얻기 위하여 '위성 방송 이맘'(tele-imam)이나 이슬람의 웹사이트에 의지하므로 전통적으로 내려오던 파트와 관례가 깨지고 있다. 가령 『해리포터』가 마법을 하므로 그것을 읽지 말라는 파트와를 온라인에서 금방 찾아낼 수 있으므로 사회적으로 저명한 무프티가 파트와를 발행할 때까지 기다리지 않는다. 또 알라가 만들어 준 몸을 바꾸게 되므로 여성들이 눈썹을 뽑는 것은 하람(금지사항)이라고 했으나 이제는 덥수룩한 눈썹이 남편을 불쾌하게 만들면 뽑아도 된다고 한다.

많은 서구 사람들이 "파트와"라는 단어를 처음으로 들은 것은 1989년 이란의 호메이니가 살만 루시디를 죽이라는 파트와를 발표했을 때이다. 좀 더 최근에 나온 파트와는 '자폭이 이슬람에서 용납될 수 있느냐' 하는 질문에 대한 것이었다. 전통적으로 파트와는 무프티가 발표한다. 이집트의 경우는 알리 고마라는 순니 무슬림 대무프티가 파트와를 발행한다.

그러나 요즈음 이슬람 세계는 종교적 자문을 해 주는 여러 대안적인 출구가 있어 무프티만을 의존하지 않는다. 문제의 행동을 도와줄 파트와가 발견될 때까지 인터넷을 뒤진다. 그들의 특별한 필요에 적합한 파트와를 찾는 것이다. 수많은 웹사이트들이 개인의 질문들에 대한 답변을 주는 파트와를 발표하고 있다. 일부 이슬람 사이트들 중에는 순니 파 세이크 유수프 까라다위와 같은 공인된 종교인이 운영하는 사이트들도 있다. 아랍어를 모르는 무슬림들을 위한 영문 사이트도 있다. 파트와들은 위성 텔레비전 프로그램이나 전화를 통하여 발표되어 전통적인 파트와 발행 기관인 '다르 알이프타'와 경쟁하고 있다. 매일 다르 알이프타가 쏟아내는 파트와는 1000개를 넘어 1세기 전 1년에 발표한 수의 6배에 달한다. 그러나 아랍 텔레비전에서 인기를 끌고 있는 텔레 이맘은 그가 독자적으로 파트와를 발표하므로 청소년들이 얼른 듣고 행동으로 옮길 수 있게 되어 대부분 무슬림들은 텔레 이맘에 비판적이다. 많은 이집트인들은 다르 알이프타가 정부와 결탁되어 있다고 생각한다.

오늘날에는 활자를 통한 서적과 인터넷에 의존하게 되었지만 과거에는 세이크들(이슬람 종교학자)의 말에 더 영향력이 있었다. 결국 오늘날 새로운 공학의 발달로 우리는 새로운 류의 이슬람 신학자들을 보게 되는 셈이다. 인터넷 웹사이트 이슬람 온라인(IslamOnline)에는 손과 얼굴을 어떻게 씻는가 하는 문제에서부터 핵무기 사용 여부 등 다양한 질문에 대한 답이 있다. 나이트클럽에서 일하는 것이 금지되고 아랍 군대들을 위한 장갑차를 만드는 것은 허용된다는 내용도 나온다. 일부 사이트에서는 100명이 넘는 무프티들과 전 세계 학자들을 엮는 네트워크를 갖고 있다 (2007.8.12 Jordan times).

무슬림 세계에서 인터넷을 통한 코란의 문자적 해석이 코란의 올바른 이해로부터 벗어난 경우에는 전 세계에 심각한 폐해를 끼쳐 왔다. 무슬림 종교인과 이슬람 포교(다아와 이슬라미야)에 관심있는 분들은 무슬림 인터넷 세대들의 코란 이해에 문제가 있다고 한다. 중세와 현대의 무슬림 코란 학자들은 코란을 문자적으로 번역하는 것을 금지하였다. 코란을 다른 나라 말로 번역하지 못하게 한 초기의 의도는 코란이 다른 나라 말로 번역이 확산되면 아랍어 코란이 아닌 외국어 코란이 원본으로 착각될까 싶어서였다. 그래서 번역본(타르자마)을 코란 혹은 '알라의 책'(키탑 알라)이라고도 부르지 않는다. 그 번역본에 근거하여 코란의 의미를 생각하지 않는다. 만일 그 번역본에 근거하면 알라의 말이 잘못 와전될 수 있고 사람들이 코란의 진정성을 믿지 않을 수도 있기 때문이다. 코란 원본의 어휘를 다른 어휘로 교체할 수 없다고 아랍어의 동의어로 교체할 수 없다. 그래서 코란 번역을 하지 않는다.

그러나 이슬람을 널리 전하고 코란 메시지를 널리 알리기 위하여 '코란의 주석적 해설'은 반드시 해야 하고 또 코란 해설가가 중요하다고 무슬림 학자들은 말한다. '타르자마 타프시리야(코란 해설)'는 코란의 말을 다른 나라 말로 설명하고 그 뜻을 '분명히' 한다. 어떤 특정한 언어를 갖는 사람들의 코란 이해를 돕는 책이다. 그리고 해당 무팟시르(코란 해설가)가 이해한 내용을 담고 있는 것이 주석적 해설이다. 이 타르자마 타프시리야는 코란에서 이해한 대로 이슬람 교리의 번역이고 샤리아 원리의 번역이다. 번역자의 생각이 묻어날 수 있는 번역이다. 이슬람의 포교는 이슬람의 의무이므로 해당 언어를 연구하고 이슬람의 원리들을 연구하는 것은 당연하다. 이슬람의 확산을 막는 무스타쉬리꾼(오리엔탈리스트)이나 무밧시르(기독교 선교사)들에 대한 반격으로 세계 여러 나라의 언어를 배워 그들의 말로 코란을 전하는 것도 무슬림들의 의무라고 아랍 신문은 전한다.

결국 이런 문제들 앞에서 무슬림 학자들은 코란 본문의 의미를 보존하고 인터넷에서 코란의 본래 의미를 왜곡하거나 변질시키거나(타흐리프), 또 본래의 진리에서 벗어나게(타쉬위흐) 하는 어떠한 시도도 막아내자고 한다. '타흐리프'는 본래 의미를 바꾸어 다른 것으로 대체하므로 일부는 좋은 것이 될 수 있으나 '타쉬위흐'는 본래의 의미를 손상시키므로 부정적인 의미를 갖는다. 무슬림들은 코란 구절에 대한 여러 언어들의 타프시르를 재검토하고 학자들과 연구자들이 연구한 결과물의 도움을 얻자고 한다. 특히 중세 무팟시르(코란 해설가)들이 최선을 다하여 주석한 것을 참조하여야 한다고 했는데 현대는 중세보다 더 많은 학문적 연구결과가 있기 때문에 현대인의 코란 주석도 유용하다는 것이 강조되고 있다.

가령, 현대 무슬림 등의 영문 코란 해석으로는 www.altafsir.com이 있는데 비영리 웹사이트로서 영어를 알면 누구나 코란 해설, 번역, 코란 암송 등의 도움을 받을 수 있다. 8개 법학파(샤피이, 하나피, 말리키, 한발리, 자아파리, 자이디, 이바디, 자히리)의 주석에 대한 고전 및 현대 무슬림 코란 주석가들의 번역을 살펴볼 수 있으나 이 웹사이트의 코란 주석도 완벽하지 않다. 그러나 한국어 『성 꾸란』 책보다는 훨씬 낫다. 사실 altafsir의 웹사이트 코란 해설은 일부 용어가 잘못 쓰이고(예: sālih를 righteous라고 함) 있고, 주석가 자신의 견해가 많이 들어가 있다.

코란 해석의 적용

이슬람 국가에 살아도 한국인은 허리를 굽혀 예의를 갖추고 인사를 한다. 그런데 이슬람 신학을 강의하는 무슬림 교수는 인간에게 머리를 숙이는 것은 우상 숭배라고 하면서 알라에게만 머리를 숙이라고 엄명한다. 그러나 한국을 다녀온 무슬림들은 한국인들처럼 머리를 숙이며 인사를 하기도 한다.

한국어로 번역된 코란 해설서를 아랍어 코란 원전과 대조하여 보니 본문의 원래 의미와 너무나 동떨어져 있어 한국의 무슬림과 한국어 코란 해설을 인용하는 학자들의 코란 이해에 많은 문제가 있다는 것을 알았다. 그 중 하나를 예로 들어보면 『성 꾸란』에 나오는 것처럼 카피르 (kāfir)는 단순히 '불신자' 라는 의미가 아니다. 불신자라는 말은 '안 믿는 사람' 이라는 뜻이다. 원래 카피르는 '진실을 덮는 사람' 이란 사전적 의미에서 시작하여 '이슬람의 진실을 덮는 사람' 즉 우상 숭배자가 여기에 속한다. 코란에서는 기독교인과 유대교인도 카피르라고 하나 오늘날 온건한 무슬림들은 다소 유연성을 보이고 있다.

그러나 근본주의 무슬림은 코란에 근거하여 기독교인과 유대교인들을 '카피르' 라고 하고 심지어 무슬림들끼리도 서로를 카피르라고 한다. 즉 시아 파 무슬림은 순니 파 무슬림을 카피르라고 하고, 순니 파 무슬림은 시아 파 무슬림을 카피르라고 한다. 카피르는 신의 존재를 믿지 않는 사람이거나 신의 존재를 믿는다고 하면서 이슬람식 기도와 금식 등을 하지 않는 사람들이다. 다시 말하면 카피르는 알라와 무함마드를 믿고, 코란을 계시된 말씀으로 믿으며 이슬람의 여섯 가지 믿음과 다섯 가지 실천 사항을 지켜야 하는데 이를 믿지 않거나 지키지 않는 사람들이다.

불교도나 힌두교, 시크교도들은 신의 존재를 믿지 않는 사람들이므로 카피르이고 이라크를 2003년에 공격한 미국 군인들은 신의 존재를 믿을지 모르나 이슬람식 기도와 금식을 하지 않으므로 무슬림들은 그들을 카

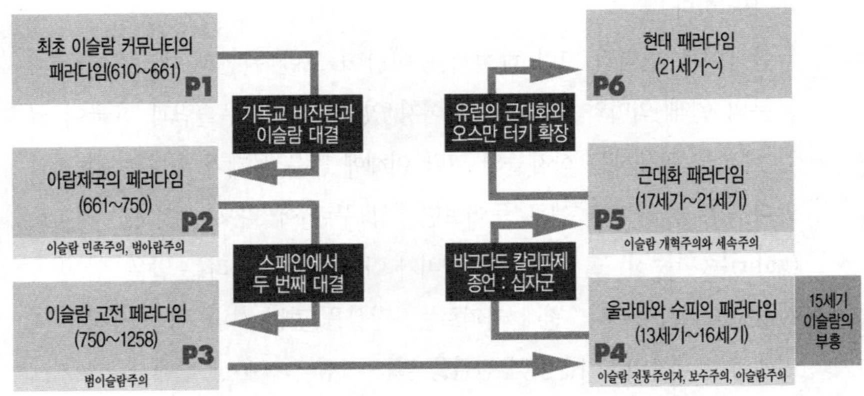

피르라고 한다. 이라크에서 무슬림들끼리 살상이 잦는데, 순니 파 무슬림들이 믿는 무함마드와 그의 부인들을 시아 파 무슬림들이 믿지 않으므로 순니 파는 시아 파를 카피르라고 하고, 또 시아 파는 알리와 그의 두 아들을 통한 세습적 예언자직을 믿지 않는 순니 무슬림들을 카피르라고 한다.

순니 무슬림들과 시아 파 무슬림들 간에 적대감이 발동되어 서로를 죽이는 타크피르(상대를 카피르로 몰아 살해) 문화가 2003년 이후 이라크에서 널리 확산되었다. 이런 타크피르 문화를 종식시키기 위한 이슬람 학자들이 2004년 요르단 암만에서 회의를 열었다. 거기에서 순니 무슬림(하나피 파, 말리키 파, 샤피이 파, 한발리 파), 시아 파의 자아파리 파, 이바디 파, 자이디 파, 자히리 파(공일주 공저, 「북아프리카사」 참조) 등 이슬람 종파들과 아쉬아리 신학을 따르는 자, 수피,[37] 살라피 파 등은 정통 무슬림이라는 유권 해석을 내렸다(공일주, 「이슬람 문명의 이해」, 58-59). 이런 타크피르 문화는 코란에 대한 문자적 해석의 폐해와 정치적인 적대감이 그 원인이 되었다.

이슬람 세계는 자격 없는 무슬림 학자들이 자신들의 파트와를 남발하여 무슬림들의 일반 생활에 여러 부작용을 빚게 되자 2009년 1월 이슬람 역사상 처음으로 사우디아라비아 메카에서 무슬림 세계 연맹(**Muslim World League**) 주최로 전 세계 무슬림 학자들이 모여 파트와 발행을 규제하게 되었던 것이다. 문제의 핵심은 코란과 순나를 잘못 해석하고 왜곡하여 이슬람 사회에 부정적 영향을 준 것이다. 2007년 세계적으로 영향을 준 파트와 중에는 요가 금지(인도 무슬림들은 합법적이라고 선언), 위성 텔레비전 방송 기자의 살해를 허용하는 파트와 등이 있었다. 그러나 2009년에 제정된 메카의 '파트와 헌장'의 도움으로 향후 무슬림들이 이슬람법 전문가 그룹을 형성하고 그 지침서대로 파트와를 발행하자는 것이었다. 이 회의에서는 극악무도하게 이슬람 법을 어기지 않는 한, 동료 무슬림들을 함부로 '카피르'로 부르지 말라고 하고 또, 어떤 문제가 생기면, 이슬람법에 따라 재판을 받지 않고 법정 밖에서 법 집행이 시행(**ruling**)되는 것을 금지하였다. 물론 동료 무슬림들을 살해하라는 어떠한 파트와도 따르지 말 것을 권하였다. 파트와 헌장은 앞으로 파트와를 무슬림과 비무슬림이 이해하기 쉽게, 애매모호한 상황이 벌어지지 않도록

---

37) 모로코는 70% 이상이 베르베르 족이고 아울리야(수피들)의 땅이라고도 한다. 모로코 곳곳에 수피의 자위야(zāwiya: 수피 기도처)가 있고 티자니야나 까디리야, 샤딜리야 종단 등 여러 종단(형제단)들이 있다. 각 종단의 스승인 세이크들은 왕에게 충성 맹세를 하고 이슬람을 자랑스럽게 생각한다. 이처럼 고전적 수피와 오늘날 모로코의 수피가 다르다는 것과 모로코는 수피의 영향 하에 있어 정치적인 정당 안에 수피들이 들어가 이슬람을 전하는 일에도 온 힘을 다하고 있다. 모로코는 정치와 수피 이슬람이 결합된 예라고 볼 수 있다. 그런데 주술, 부적, 흉안 등 민간 신앙이 수피들과 혼합된 곳이 세네갈이고 중동은 대체적으로 민간신앙과 수피를 구별하려고 한다.

반드시 글로 써 줄 것을 당부하였다. 그리고 언론 매체에도 앞으로 권위가 없고 공인되지 않은 파트와가 확산되지 않도록 전문가들과 협의하고 그런 파트와가 퍼지지 않도록 주의하여 달라고 하였다.

파트와 헌장은 이슬람법을 해석할 수 있는 종교 법학자(religious jurist)인 무프티의 자격 요건들을 더욱 강화할 것을 요구한다. 즉 무프티는 무슬림 남자로서 파트와가 발행되는 상황과 그의 주변을 잘 알고 현명한 사람이어야 한다고 했다. 무프티는 또한 코란의 본문을 실제 삶의 현장에 적용할 수 있는 능력을 갖고 과거 무프티들의 방법론을 잘 알고 있어야 했다. 앞으로 이슬람 교육기관들이 지난 몇 년 간 발표된 파트와들을 모아 수업 교재로 작성하고 세미나를 열어 학생들에게 파트와의 유익과 위험성을 동시에 교육하여 달라고 주문하기도 하였다. 각 이슬람 국가들이 자격 있는 무프티들을 임명하고 이들이 이슬람법에 따라 무슬림들이 겪는 현대의 다양한 문제들을 해결하는 데 도움이 되어야 한다고 하였다.

오늘날 이슬람 세계에서는 코란과 순나[38]에 근거한다고 하면서 자격이 부족한 무슬림 학자들이 무책임하게 파트와를 발표해 왔다. 무슬림들은 이를 해결하고자 사우디 정부가 나선 것이다. 또 무슬림 여성들도 파트와를 낼 수 있다는 결정도 하였다. 2009년 '파트와 헌장'(Fatwa Charter)은 앞으로 전 세계 무슬림 학자들이 파트와를 발행할 때 하나의 지침서가 될 것으로 보인다. 41조로 되어 있는 이 헌장의 제8조에서는 "파트와를 선언할 수 있는 학자는 이슬람, 정의, 성숙, 지성, 이슬람법에 대한 심오한 지식이 있어야 한다"고 규정한다. 자격이 부족한 무슬림 학자들이

---

38) 무함마드가 말한 것을 그대로 무슬림들이 말하고(알라를 찬미한다) 무함마드가 행한 대로 무슬림이 행하고 사람들이 행한 것을 보고 무함마드가 옳다고 해 준 것을 그대로 오늘날 무슬림들이 행하는 것을 하디스라고 하고 순나는 무함마드가 행한 것을 오늘날 무슬림들이 행하는 것을 말한다.

무책임하게 내 놓은 파트와 때문에 그동안 이슬람 세계가 겪은 여러 문제들을 이제는 좀 막아보자는 의도였다. 앞으로 무슬림 학자들의 파트와는 이 지침서에 의지하되 각 나라별로 혹은 지역별로 파트와 위원회를 만들어 그 학자 그룹들이 파트와를 발표하게 한다는 것이다. 지금까지 이슬람 세계에서는 코란을 극단적으로 해석한 것이 문제가 되어 왔다. 그래서 이슬람 세계의 극단적인 코란 해설을 막고자 요르단에는 아알 바이트 대학교가 세워졌고 '세계 이슬람 대학교'(jamiah al-islamiyyah al-alamiyyah)들이 말레이시아, 이집트, 사우디, 요르단 등지에 세워져 이슬람의 온건화 그리고 파트와의 온건화(moderation)에 힘쓰고 있다.

격식체 아랍어와 비격식체 아랍어

아랍어로 이슬람의 경전을 Quran으로 영문 표기하는데 한글로는 (꾸르 안) 혹은 (코란)으로 표기한다. 그러나 첫 소리의 Q를 K의 강세음으로 생각한 영미 학자들이 Koran으로 적어 오늘날 우리는 이것을 "코란"이라고 부른다. 어떤 책에는 Q를 K로 고쳐 쿠란(Kuran)으로 쓰기도 하나 이 모두가 다 불완전한 표기라고 할 수 있다. 그냥 아랍어로 발음하면 그게 최상의 발음이다. Q는 목젖에서 나는 소리요, K는 목젖 앞 쪽에 있는 여린 입천장(연구개)에서 나는 소리인데 한국인은 Q 발음을 정확하게 발음하기 어렵다. 결국 "꾸란"이라고 발음해도 원래 "Quran"이라는 아랍어 발음과 동일하지 않고 "꾸르안(더 정확하게 표기하면 꾸 르 안)"역시 "으" 발음이 들어가 있고 "꾸"도 아랍어 Q발음과 다르다. 다만 이 책에서 "코란"이라고 한 것은 이미 한국인들에게 널리 익숙한 어휘이기 때문이다.

코란은 대체로 운율이 있어 낭독하기에 좋은 글이다. 각운이 있고 일정한 율격(meter)이 있어 시조 가락처럼 읊조리기에 적절하다. 코란 라디오 방송을 통하여 듣고 있노라면 외국인들에게는 금방 의미가 전달이 안 되고 시끄러운 소리로만 들린다. 아랍 무슬림에게 지금 코란 낭송이 되고 있는데 무슨 뜻이냐고 한 구절을 택하여 물어보면 대답을 못하는 무슬림도 많다.

이슬람은 모스크 안에서 세상 음악을 틀지 못한다. 거룩한 장소에서 세상 음악보다는 코란을 낭송하라고 한다. 이슬람 국가에서는 하루에 다섯 번 모스크에 기도하러 오라고 모스크 확성기를 통하여 아잔(기도하러 오라는 외침)을 하는데 동네 방네 그 확성기를 틀어놓아 매우 시끄럽다. 세네갈에는 아침 새벽 시간에 모스크 확성기에서 들려오는 아잔 소리가 30분 이상 지속되어 아침 시간에 조용히 들려오는 새소리를 감상하기가 어렵다. 그래서 이슬람 국가 이외의 국가에서는 주민들의 일상을 흩어놓지 않도록 모스크에서 확성기를 틀지 못하게 한다.

무슬림 택시 운전자들 일부는 코란 방송을 틀어 놓고 손님을 맞는 경우가 잦다. 코란이 낭송되는 택시 안에는 갑자기 이상한 기운이 돌기도 한다. 세상 음악을 듣는 것과 다르기 때문이다. 손님이 승차하면 손님에 대한 배려를 하는 것이 예의지만 상당수 무슬림들은 계속 시끄럽게 틀어놓는다. 그리고 자주 '이슬람은 이렇다' 고 하면서 이슬람을 자랑하고 종교가 무엇인지 승객에게 묻는다. 이슬람 대학교 교정에는 평상시에 코란을 읽지 않다가도 이슬람의 금식하는 달 즉 라마단 달(이슬람력 9번째 달)이 되면 곳곳에서 코란을 읽는 학생들이 눈에 띈다. 무슬림 교수들이 코란을 읽는 사람은 평상시에 보기 어렵다.

코란을 매일 읽는 무슬림들이 많지 않다. 오늘날 세속적인 무슬림들이 많아지고 있다. 코란을 읽지 않는 이유는 세상이 바빠지기도 하였지만 코란 자체가 읽어도 쉽게 이해가 가지 않으니 이제는 누군가 도움을 받아야 코란 본문의 정확한 의미를 알 수 있게 되었다. 어느 무슬림 가정에 들어가 코란의 어느 본문 내용을 이야기하고 그것이 무슨 뜻이냐고 물으면 시원한 답을 못한다. 그 이유는 아랍어 실력이 없다는 것이다. 매년 아랍 대학의 무슬림 학생들의 푸스하(격식체 표준 아랍어) 숙달 능력은 뒤떨어지고 있다. 그래서 격식체 표준 아랍어로 학생들이 숙제를 하여 오는 것을 보면 대부분 문법에 맞지 않게 써 온다. 아랍 이슬람 대학교 교수들이 격식체 표준 아랍어로 논문을 썼는데 한 사람만 빼 놓고 모두 맞춤법과 문법 교정을 받아야 했다.

코란을 많이 읽는 사람들은 턱수염을 기르고 뭔가 근엄하게 생긴 남자들로 인식되어 무슬림들은 이들을 쉐이크라고 부른다. 무슬림 여성들이 공개적으로 신랑감을 찾을 때 가장 좋은 자질 중의 하나는 남자가 이런 무슬림이기를 바란다고 하나 실제 혼인하는 남자는 이와 다른 남자를 택하기도 한다. 그 중 한 가지는 돈 많은 남자인데 어떤 여성은 신랑감으로 좋은 남자는 상대와 맞설 때 물러서지 않고 뭔가 자신의 권리를 야무지게 쟁취할 수 있는 남자이기를 바란다.

그런데 대부분의 무슬림들은 코란을 읽을 수 없다. 이슬람의 통계에 의하면 12억이 무슬림이라고 하는데 그 중 3억이 아랍인들이다. 전체 무슬림들 중 1/4이 아랍인인 셈이다. 마치 한국의 무슬림들 모두가 아랍어로 코란을 읽을 수 없는 것처럼 전 세계 3/4 이상의 무슬림들은 코란을 아랍어로 읽고 그 뜻을 해석할 수 없다. 그렇다면 아랍 무슬림들은 모두 코란을 읽고 코란을 바르게 해석할 수 있는가? 아랍어 글자로 되어 있어 아랍 무슬림은 코란을 읽을 수 있을지 모르지만 그 뜻을 바르게 주석할 무슬림들을 쉽게 만나기 어렵다. 이슬람 대학이나 일부 모스크의 이맘들을 빼 놓고 코란을 해석해 낼 능력이 없고 심지어 일부 이맘들도 코란을 자기 식대로 해석하여 간혹 물의를 일으키기도 하고 아예 코란을 잘 해석하지 못하는 이맘도 많다. 아랍어를 잘 하는 무슬림 대학생들에게 코란 구절 하나를 물어보면 아리송한 얼굴로 쳐다보면서 나중에 이슬람학 교수에게 물어보고 답을 주겠다고 한다. 무슬림들은 금요일 12시경부터 동네 모스크에 모여 이맘의 설교를 듣는다. 그런데 그 설교가 코란 본문을 주해하여 설교하는 이맘은 아주 적고 대부분 정치, 경제, 사회의 주요 문제 등을 이야기하거나 심지어 날씨 이야기나 간통에 대한 이야기를 한다.

'그(무함마드)를 가르친 분은 사람이라' 고 그들이 말하는 것을 우리(알라)는 잘 알고 있다. 그들이 주장하는 사람의 말은 분명하지 않으나 이것(코란)은 아주 분명한 아랍어로 쓰인 것이다(수라 16:103).

코란은 7세기에 무함마드가 전한 말을 알라의 말이라고 믿었던 일단의 서기들에 의하여 몇 년에 걸쳐 모아진 것이다. 처음에는 나무나 뼈, 돌 그리고 헝겊 등에 쓰어 있었는데 이것을 한 곳에 모았을 때는 오늘날 아랍어 자음 28개 아닌 15개 자음으로 기록되어 있었다. 아랍어 자모음이 완전히 확정된 것은 200년이 지난 뒤의 일이니 이런 불완전한 글자 체계로 일정 기간 무슬림들 사이에 코란의 텍스트들이 통용되고 있었다. 오스만 븐 압판이 칼리파로 재직하던 644–656년 사이에 코란 정경본이 결정되어 이를 '오스만본' 이라고는 하나 오스만본은 아까 설명한 대로 자모음 구별이 아직 불분명한 코란이었다.

오늘날 아랍의 대학교에서 무슬림 교수들이 수업 시간에 사용하는 아랍어는 코란이 기록된 아랍어 문체와 다르다. 코란의 아랍어는 고전 아랍어라고 부른다. 고문이라고 할 수 있어 현대문과 크게 다르다. 현대문은 일반적으로 현대 표준 아랍어(격식체 아랍어)라고 부른다. 코란의 아랍어와 현대 표준 아랍어 사이의 차이는 어휘와 문체가 크게 달라졌다는 것이다. 코란에 사용된 어휘들이 오늘날 사용되지 않거나 사용되더라도 지금 아랍인들이 사용하는 그 어휘의 의미와 다른 경우가 있다. 더구나 코란에 사용된 문체는 상당수가 간결한 사즈으(각운이 있는 산문)체로 되어 있어 오늘날 무슬림들이 쉬운 아랍어로 신문에 쓰이는 문체와는 크게 차이가 난다. 대부분 무슬림들에게는 축약된 코란의 문체를 해석하기란 쉽지 않다. 코란의 아랍어가 어렵기 때문이다. 그래서 아랍어를 아주 잘 하는 것이 코란을 읽기 위한 기본적인 입문 과정이 된다. 아랍 이슬람 국가에서는 아랍어를 잘 모르는 사람은 모스크에서 설교할 수 없다. 물론 이슬람과 코란을 잘 알아야 하므로 아랍어를 잘 아는 것만으로 금요 설교자가 되는 것은 아니지만 격식체 푸스하를 잘 아는 것이 금요 설교자의 한 조건이 되는 것만은 확실하다.

아랍 세계에서 현대 표준 아랍어는 뉴스나 강연, 연설 그리고 모스크 설교 등에 제한되어 쓰이고 대부분 일상생활에서 특히 집에서 학교에서 길가에서는 암미야('ammiyyah: 각 나라별 매일 사용하는 생활 아랍어)를 사용한다. 이 암미야가 실제 아랍인들의 생활 국어인 셈이다. 한국에서는 제주도 방언에 우리가 쉽게 이해하기 어려운 어휘들이 있다. 아랍어에도 제주도 방언과 표준어 간의 차이처럼 매일 사용하는 암미야와 현대 표준 아랍어 어휘가 서로 다른 경우가 많고 코란에 사용된 어휘와 동일한 어휘를 지금 사용하고 있더라도 코란에서의 의미와 오늘날 무슬림들이 사용하는 의미가 달라진 경우가 많다. 아랍 국가에는 코란 어휘 사전과 이슬람 신학 사전이 따로 있다. 그런데 같은 아랍 국가라도 아라비아 반도에서 멀어지면 아랍인들끼리도 서로 의사소통이 잘 안 된다.

모로코의 경우, 무슬림들이 다리자(모로코 아랍어 방언으로 프랑스어와 베르베르어 그리고 아랍어가 섞인 언어)와 프랑스어로 일상생활을 하고 있어 코란의 언어인 푸스하를 일상 생활에서 굳이 쓰려고 하지 않는다. 필자는 외국인으로서 푸스하 아랍어를 아랍인들에게 가르쳤기 때문에 푸스하 아랍어로 모로코의 아랍인들에게 이야기하면 쉬운 다리자나 프랑스어밖에 모르는 시골 아낙네나 청소년들은 필자와 의사교환이 쉽지 않았다. 필자만 그런 게 아니고 아라비아 반도에서 살고 있는 아랍인들이 모로코와 알제리에 가면 서로 의사소통이 잘 안 된다. 물론 얼마 동안 살면 그들의 말들을 상황 속에서 유추하므로 그럭 저럭 살아가지만 처음 대면할 경우에는 아랍인끼리도 상대방의 의중을 알기 어려울 때가 많다. 아랍어이지만 알제리와 모로코 방언이 아라비아 반도의 아랍어와 동떨어져 있기 때문이다.

요르단 사람들이 쿠웨이트나 두바이 등 걸프 지역에 사는 아랍인들과 의사교환할 때에도 어느 어휘에서는 전혀 통하지 않는다고 한다. 세네갈의 경우 월로프 등 주로 각 부족의 언어가 가족의 언어이고 정부 기관에서는 프랑스어를 사용하고 있어 세네갈이 이슬람 국가임에도 길거리에서는 아랍어를 사용하지 않는다. 세네갈은 모로코나 알제리처럼 프랑스어의 영향을 많이 받았고 아랍어를 공식적으로 학교에서 가르치기는 한다. 즉 푸스하 아랍어, 프랑스어, 다리자 아랍어가 혼재하고 있는 셈이다.

그런데 세네갈의 경우, 프랑스어나 각 부족의 언어를 배워야 하므로 아랍어는 무슬림 소수 부족들에게만 제한되어 있다. 물론 코란을 읽을 수 있는 푸스하 아랍어를 잘 하는 사람은 많지 않다. 그렇다면 푸스하 아랍어를 모르는 모로코와 세네갈에서 푸스하 아랍어로 된 코란이 제대로 읽혀질까? 대답은 아니라고 할 수 있다. 모로코 사람들은 푸스하 아랍어로 말하는 것을 꺼리고 세네갈 무슬림은 푸스하 아랍어를 잘 하는 사람이 극소수이기 때문이다. 이 말은 아랍어를 잘 모르는 무슬림들이 모스크의 이맘에게 코란의 해석을 의존하게 된다는 뜻이다. 만일 그 이맘이 코란을 바르게 해석하여 전해주지 않으면 크란의 뜻이 왜곡되기 마련이다. 전 세계 대부분의 무슬림이 코란을 바르게 해석할 수 없으니 코란의 의미가 쉽게 왜곡될 가능성이 높다.

2억 5천만의 인구를 가진 인도네시아는 단일국가로서 무슬림들이 가장 많은 국가인데 인도네시아는 국어가 인도네시아어이어서 아랍어를 아는 사람을 길거리에서 만나기 어렵다. 그런 인도네시아 사람들이 푸스하 아랍어를 모르는데 코란을 바르게 이해할 사람이 몇이나 될까? 결국 인도네시아 무슬림들은 모스크의 이맘들에게 의존하여 코란을 배울 수밖에 없다.

아라비아 반도의 아랍어 상황을 다시 살펴보자. 아랍의 어린이들은 취학을 하기 전에는 부모나 친구들에게서 비격식체 구어체(암미야)만 배운다. 일상생활의 대화와 생활을 위해서 암미야가 주로 사용되기 때문이다. 요즘에는 부모가 맞벌이를 나가 자녀들이 인도네시아, 스리랑카, 필리핀 가정부의 손에 자라다 보니 아랍어를 배울 기회가 더욱 적다. 그러다가 학교에 가면 격식체 현대 아랍어를 배우기 시작한다. 그런데 아랍어 문법의 예문이 옛날의 시나 코란의 구절을 가지고 공부하므로 아랍 학생들은 문법 시간이 지루하여 현대 아랍어 문법 공부를 소홀히 한다. 이들 학생들이 대학교로 들어오면 아랍어를 잘해야 하는데 대부분 초중고에서 아랍어 문법을 잘 배우지 못하여 대학교에 들어와도 문법과 철자법에 맞지 않는 레포트를 써 온다. 아랍인 학생들은 외국인보다는 아랍어의 직관이 있어 문장 구성은 무난하나 그 문장 구성을 이루는 문법 형식에 맞게 글을 쓰지 못하는 것이다. 2006년 요르단 대학교 학생들에게 부모님과 의사소통하는 데 사용하는 언어가 뭐냐고 질문하니 고향 사투리(lahjah)[39] 라고 한 학생이 29%, 그리고 비격식체 구어체('ammiyyah)라고 한 학생은 71%이었다. 아랍 학생들은 가정에서 자신들의 가족들과는 고향 사투리를 쓰거나 암미야를 사용하고 현대 표준 아랍어는 단 한 사람도 사용하지 않았다.

그러면 친구들과 의사소통하는 언어는 뭐냐는 질문에 고향 사투리를 쓰는 학생은 16%라 하고 비격식 구어체(암미야)를 사용한다는 학생은 84%였다. 그런데 외국인을 만나면 어떤 언어를 사용하느냐고 물으니 고향 사투리가 4%이고, 비격식 구어체가 17%, 그리고 현대 표준 아랍어가 79%이었다. 아랍인들끼리는 고향 사투리나 암미야를 사용하지만 외국인과는 현대 표준 아랍어를 사용한다는 것이다. 그러면 학교 선생님이나 교수들과는 어떤 언어를 사용하느냐고 물으니 고향 사투리 8%이고, 비격식체 암미야가 33%,그리고 현대 표준 아랍어가 59%였다. 그리고 아랍어 중에서 대화의 언어와 사고의 언어는 무엇이냐고 묻는 질문에는 고향 사투리가 4%이고, 비격식체 암미야가 50%, 그리고 현대 표준 아랍어가 17%이고, 코란의 아랍어는 29%였다. 아랍인들이 사고하는 언어 변종 그리고 일상생활의 대화하는 데 사용되는 변종을 묻는 질문의 답은 암미야가 가장 많고 그 다음이 코란의 아랍어 그리고 현대 표준 아랍어가 그 다음이었다. 이 말은 아랍인들의 사고를 움직이게 하는 언어 변종은 주

---

39) 라흐자는 엑센트이고 다리자는 지금 사용하고 있는 언어를 말한다. 암미야는 대부분의 사람들이 사용한다는 의미이다.

로 암미야이고 그 다음이 코란의 어휘들이라는 것이다. 글을 쓰는 언어와 알라에게 영광을 돌리는 언어는 무엇이라고 생각하는가에 대하여 고향 사투리는 0%이었고 비격식 암미야도 0%, 그리고 현대 표준 아랍어는 11%이었고, 코란의 아랍어는 89%이었다. 그러나 아랍인들이 코란의 아랍어를 이해할 수 있는 현대 표준 아랍어의 숙달 정도가 전문가 수준에 이르는 아랍인은 소수이다.

한국인이 아랍어를 특히 코란의 아랍어를 모르고서는 코란을 바르게 해석할 수 없다는 것이 자명하다. 코란의 어휘는 오늘날 아랍인들이 사용하지 않는 어휘가 많아 전문학자에게서 배우지 않으면 잘못 이해되기 때문이다. 아랍인들은 대체로 글 생활에서는 현대 표준 아랍어를 주로 사용하고, 말 생활에서는 모두 암미야를 사용하므로 한국인이 아랍어를 배울 때는 이 둘 다 배워야 한다. 오늘날 인터넷이나 핸드폰의 대화들에는 무슬림이 현대 표준 아랍어와 암미야를 섞어 쓴다. 또 청소년들의 대화 언어가 어른들의 대화 언어와 달라 어른들이 그들의 은어를 알아듣지 못한다. 만일 코란을 공부하려고 하는 사람이라면 암미야보다는 현대 표준 아랍어를 배울 것이고, 청소년과 시골 할머니와 대화를 한다면 암미야를 배워야 한다. 필자가 쿠웨이트 장관과 한국의 건설교통부 장관 간의 아랍어 통역을 하였는데 그런 경우에는 현대 표준 아랍어를 사용한다. 쿠웨이트 장관도 가능한 현대 표준 아랍어를 사용하여 준다. 그러나 길가에서 만난 아랍인에게 현대 표준 아랍어로 대화를 건네면 상당히 어색해 한다. 오히려 아랍 무슬림들이 현대 표준 아랍어를 하는 외국인에게 그것밖에 모르냐고 되묻는다. 그들은 암미야를 일상 대화체로 사용하기 때문이다.

아랍인들은 암미야로 매일 대화하므로 그들과 대화를 위해서는 암미야를 배워야 하고 만일 코란을 깊이 연구할 사람이라면 현대 표준 아랍어에 더 많은 시간을 기울여야 할 것이다. 그러나 코란을 배운다고 해서 현대 표준 아랍어를 잘 할 수 있다는 말에는 금방 동의하기 어렵다. 코란을 제대로 가르칠 만한 사람을 아랍인들 속에서 구하기 어렵고 오늘날 아랍인들은 현대 표준 아랍어를 전문가 수준에서 구사하는 사람이 많지 않기 때문이다. 그래서 오늘날 아랍 국가에 가서 아랍어를 배우겠다고 유학을 간 한국인들의 표준 아랍어가 크게 향상되지 않는 까닭은 길가에서 표준 아랍어를 제대로 구사하는 아랍인을 만나기 어렵기 때문이다.

비격식체 요르단 아랍어

요르단 사람들은 일반적인 인사말로 다음과 같은 말들을 사용한다.[40]

인 사 말	사용된 횟수	비 율
marhaba	60	27.3%
as-salāma ʻalaykum	49	22.3%
sabāh il kheer	34	15.5%
keef hālak	29	13.2%
yaʻtīk lʻāfyih	26	11.8%
salāmtak	12	5.5%
masā l-kheer	10	4.4%
총 계	220	100

아랍어 인사말에는 사회적 그리고 문화적 관행이 들어 있다. 아랍인들이 아랍어를 배우면서 익히게 되는 인사말의 인습(ādab al-tahiyyah)이

---

40) Ali Qasem Mohammed al-Abdul Halim, *Greetings in Jordanian Arabic: A Sociolinguistic study, MA thesis*, University of Jordan, 1994, 37.

다. 이런 관행은 자라면서 가족에게서 먼저 배우게 되는데 어느 특정 인사말이 어느 장소와 어떤 상대 쓰이는지를 배운다.

병원에서 환자가 의사에게 올 때에는 아랍인들은 환자가 의사에게 먼저 인사를 한다. 물론 아랍의 사회적 관습으로 연장자가 연소자에게 인사를 건네는 경우가 있는데 그것은 아직 말을 배우는 어린이에게 어른들이 인사를 건네는 경우이다. 또 환자와 의사 간의 만남에서도 의사가 환자를 더 안심시키고 친절하게 맞이하기 위해서 먼저 의사가 환자에게 인사하는 경우도 있다. 이런 경우 의사가 환자에게 **salāmtak**이라고 한다. 이런 인사말은 환자가 마음을 열고 자연스럽게 자신의 병세를 말하게 하는 의도가 있다.

연소자-연장자 간의 관계를 보면 의사가 환자에게 먼저 인사해야 한다. 그런데 어느 장소로 찾아 오는 사람이 이미 일정한 장소에 앉아 있는 사람에게 먼저 인사해야 한다는 아랍 인사법과 연소자 환자가 먼저 연장자 의사에게 인사를 해야 하는 아랍 인사법이 충돌하는 경우 아랍인은 연소자-연장자 관계를 우선한다.

또 다른 관찰로는 학생과 교수 간의 관계에서 학생들이 교수가 행한 인사말의 단어들보다 더 많은 어휘를 사용하여 인사를 건넨다. El-Hassan(1991:35ff)은 더 길게 응답하는 것이 더 공손하다고 말한다. 학생들은 교수들에게 공손하게 보이기를 바라고 사회적 지위를 확보한 교수는 그런 필요를 크게 느끼지 않는다.

아랍의 인사말은 언어적 구문의 변화와 사회 언어학적 표현법이 그 변수가 된다. 예를 들면 하나의 인사말에 그와 유사한 어휘들이 포함된 문장이 그 대답으로 등장하고 사회언어학적 상황을 반영하는 대답이 해당 인사말을 선택하는 데 영향을 준다.

요르단 아랍인들의 인사말 중에는 marhaba(안녕하세요: 비격식체)가 가장 많이 쓰이고 그 다음이 assalāmu 'alaykum(안녕하세요: 무슬림들끼리; 격식체) 그리고 세 번째 빈도가 많은 인사말은 sabāh ilkheer(안녕하세요; 아침 인사, 격식체)이다. 이 인사말의 답례를 빈도수가 많은 것부터 쓰면 다음과 같다.[41]

(1) sabāh innūr(32.4%)
(2) hala sabāh innūr(17.7%)
(3) ahleen ysabhak bi-nnūr(8.8%)
(4) sabāh il-kheer(11.8%)
(5) sabāh ilkheerāt(2.9%)
(6) ahlan sabāh innūr, sīdi(5.9%)
(7) sabāh il-kheer, sīdi(2.9%)
(8) ya sabāh innūr(2.9%)
(9) ahleen hala keefak(2.9%)
(10) allāh ysabhak binnūr(2.9%)

일반적으로 아랍어를 배우는 한국인은 sabāh ilkheer의 대답은 반드시 sabāh innūr이어야만 한다고 생각한다. 마치 How are you? 라는 인사에는 I am fine, thank you라는 답만 있는 것으로 생각하는 것과 유사하다. sabāh innūr보다 sabāh innūr, sīdi가 더 존경과 감사를 표현하는 말로 의식한다.

이와 비슷하게 sabāh ilkheer라고 인사하기 보다는 이 표현 앞 뒤에 다른 말을 넣어 인사하면 그 인사말이 더 공손하다고 생각한다. sabāh ilkheer보다는 sabāh innūr, sīdi라고 하거나 ahleen을 덧붙이기도 한다.

41) Ali Qasem Mohammed al-Abdul Halim, *Greetings in Jordanian Arabic: A Sociolinguistic study*, 41.

또, ahleen, hala, kīfak은 인사하는 사람들 간의 우정 어린 관계를 엿볼 수 있다. hala itfaddal, hala도 '어서와요 들어와요 어서와' 라는 표현도 있다.

대답은 일반적으로 질문의 인사말보다 더 길어지는 변이형이 되거나 더 정겨운 말 혹은 그 의미와 정도가 높아지는 어휘들을 사용한다. as-salāmu 'alaykum, wa rahmatu llāh은 as-salāmu 'alaykum의 변이형이고 hala hala 등의 어휘가 덧보태진다. sabāh innūr(빛의 아침)는 sabāh ilkheer(좋음의 아침)보다 그 의미와 정도가 높아진 어휘를 사용한 것이다. 좋은 일이 있을 것이라는 kheer보다는 빛이 되는 아침이라는 말이 의미의 강화가 된 것이다.

모음이 달라져서 음운론적 차이를 드러내는 인사말도 있는데 as-salāmu 'alaykum이 격식 아랍어이지만 as-salāmu 'aleekum은 요르단 비격식체이다. 이밖에 어근은 같으나 표현이 달라지는 예도 있다. sabāh ilkheer는 명사 형태 '좋음'(kheer)의 아침 즉 '좋은 아침이 되기를 바랍니다.' 라는 말이지만 sabhak bilkheer는 동사 형태 sabhak(ysabhak의 축약형)으로 시작하여 '그(알라)가 너에게 좋은 아침을 주세요' (기원문)라는 말이 된다. 아침 인사의 변이형은 아래와 같다.[42]

인 사 말	빈도수	비 율
sabāh alkheer	15	44.1%
sabāh alkheer daktōr	8	23.5%
allāh ysabhak bilkheer	5	14.7%
sabhak bilkheer	4	11.8%
sabhak	2	5.9%

42) Ibid., 39.

인사말의 구문적 특징 중의 하나로는 인사말 중에 반복되는 어휘가 있다는 것이다. 다음은 sabāh ilkheer의 답이 되는 인사말이다.[43]

인　사	대　답
sabāh ilkheer (아침인사)	sabāh innūr
assalāmu ʿalaykum (평안하길 바랍니다)	wa ʿalaykum issalām
masaʾ lkheer (오후 인사)	masa nnūr
yaṭīk ilʿāfyih (그가 너에게 건강을 주시기를 바랍니다)	allāh yāfīk (어근 ʿ-f-y)
salāmtak (건강하시기를 바랍니다)	allāh ysalmak (어근 s-l-m)

assalāmu ʿalaykum은 아랍 무슬림들에게 널리 쓰이는 표현으로서 요르단 무슬림들에게 'marhaba'보다 더 많이 사용될 것으로 기대하였으나 실제로는 'marhaba'보다 덜 자주 쓰인다. 다음은 assalāmu ʿalaykum의 변이형들이다.[44]

인　사	사용빈도	비　율
assalāmu ʿalaykum	38	77.6
assalāmu ʿaleekum	4	8.2
assalāmu ʿalaykum wa rahmat llāh	3	6.1
assalāmu ʿalaykum daktōr	3	6.1
assalāmu ʿalaykum, keef sihatak	1	2.0

앗살라무 알라이쿰 assalāmu ʿalaykum의 답례는 다음과 같다.[45]

---

43) Ibid., 73.
44) Ibid., 46.
45) Ibid., 47.

(1) wa ʿalaykum issalām(26.5%)

(2) wa ʿalaykum issalām wa rahmat llāh(18.4%)

(3) wa ʿalaykum issalām wa rahmat llāh wa barakātuh(14.3%)

(4) ahlan wa sahlan(12.2%)

(5) ahleen hala(8.2%)

(6) wa ʿalaykum issalām, sīdi(6.1%)

(7) wa ʿalaykum issalām wa rahmatu llāh ahleen(4.1%)

(8) ahleen wa ʿalaykum issalām(2.04%)

(9) hayyakallāh ahleen(2.04%)

(10) ahleen(2.04%)

전술한 바와 같이 assalāmu ʿalaykum이 요르단 무슬림들에게 marhaba보다 덜 자주 쓰이는 이유는 marhaba의 어휘가 assalāmu ʿalaykum보다 더 짧고 발음하기도 쉬우며 비격식체에 적합하기 때문이다. assalāmu ʿalaykum의 전형적인 답은 wa ʿalaykum issalām이고 이 대답의 앞이나 뒤에 다른 표현이 덧붙여진다. 즉 wa ʿalaykum issalām이라고 대답하지 않고 ahleen, 혹은 allāh ysallmak, 혹은 hayakallāh 등으로 대답한다. 위 10가지 대답 중에서 상대적으로 긴 문장은 학생들이 교수에게 대답하는 경우이다. 교수는 학생들에게 간단하고 형식적인 인사말을 하지만 학생은 교수에게 더 예의 바르게 그리고 더 많은 어휘를 넣어 인사말을 건넨다. hayyakallāh는 본래 의미는 "알라가 너의 생명을 유지하게 하기를 빈다"라는 말이다. 2009년 5월 교황의 요르단 방문 중 스포츠센터의 운동장에서 실시된 아랍 기독교인들의 예배(salah) 후에 요르단 기독교인들은 "viva papa"(교황 만세)를 외치고 나서 "yaʿiish jalaalat al-malik al-muʿazzam"(위대하신 왕 폐하여, 오래 사십시오)이라고 외치면 대중들은 "ya'iish"(오래 사십시오)라고 복창하였다. 그리고 덧붙여서 "yahya al-urdun"(요르단이여, 영원하라)이라고 하였다.

대학과 병원에서 조사한 결과, **sabāh ilkheer/masa lkheer**은 주로 여성 무슬림이 사용하고 **assalāmu 'alaykum**은 무슬림 남성이 주로 사용한다.[46] 그 이유는 전자가 후자보다 더 친숙한 의미를 전달해 주고 더 다정한 의미를 가져다 주기 때문이다. 그러나 성별뿐만 아니라 나이, 교육, 종교라는 변수가 작용한다.[47] **marhaba**는 '안녕'이라는 말인데 주로 비격식체에서 사용되고 격식체에서는 거의 사용되지 않는다. **marhaba**는 상대적으로 짧고 비격식체 용어라는 것 이외에 보통 사람들에게 더 가까움을 느끼게 하고 더 친숙한 의미를 주므로 사람들이 더 많이 사용한다. **marhaba**(마르하바)에 대한 대답은 아래와 같다.[48]

(1) ahleen(38.3%)

(2) ahleen hala(21.7%)

(3) ahlan wa sahlan(10%)

(4) ahleen ya hala(5%)

(5) ahleen sīdi(3.4%)

(6) ahleen wa 'alaykum issalām(3.3%)

(7) ya hala fīk(3.3%)

(8) ahleen fīk hala(3.3%)

(9) ahleen marhaba(3.3%)

(10) ahleen mīt marhaba(3.3%)

---

46) Ibid., 51.
47) Ibid., 80.
48) Ibid., 52.

(11) ahleen marāhib(3.3%)

(12) marhabtein

아랍어 marhaba의 전형적인 대답으로는 ahleen과 ahlan이다. ahleen 은 쌍수(dual noun)이어서 두배의 ahlan이란 의미를 준다. 격식 아랍어 로 쓰이는 ahlan wa sahlan은 '가족과 평지'라는 말인데 아랍어 문법에 서는 ji'ta ahlan wa waTi'ta sahlan(네가 나의 가족에게 왔고 평지에 왔다) 에서 온 말이다. 다시 말하면 평지에 사는 너의 가족으로부터 환영을 받 았다는 말이니 오신 것을 환영한다는 말이다.

마르하바와 아흘란 간의 음운 간의 유사점은 없다. 이 두 대답은 여느 인사말의 대답으로 다 통용이 된다는 사실이다. 이를테면 sabāh lkheer, masalkheer, assalamu 'alaykum, ya'tīk il'āfyih, keef hālak의 대답으로 위 두가지 답변이 자연스럽게 쓰인다. 마르하바를 반복하여 대답하는 사 례는 드물다. 한 가지 특징은 assalāmu 'alaykum이 이슬람의 인사말이 라는 점이다.[49]

그러나 어느 일정한 인사말에는 반드시 이렇게 답해야 한다는 답례의 인사말을 벗어나 다양하게 인사말이 쓰인 예를 보았다. 그 이유는 상대 가 인사하기 전에 미리 답하는 경우도 있을 수 있고 상대의 인사말에 주 의를 기울이지 않는 경우도 있다. 인사말이 갖는 고유의 의미를 생각하 지 않고 기계적으로 답하는 경우도 있다. 결국 아랍어 인사말에서 그 어 휘들이 갖는 의미론적 의미가 간과되는 것이다.[50] 의사교환에서 이들 어휘들의 중요성이 사라지고 그저 인사말에 불과한 것이다. 예를 들면 assalāmu 'alyakum를 '그대들에게 평안이 있기를'이라고 번역한 한국의

49) Ibid., 75.
50) Ibid., 75.

책들이 많은데 이 인사말을 하는 사람이나 듣는 아랍인이 '전쟁'의 반대가 되는 '평화'를 생각하면서 이 인사말을 하는 것은 아니다.[51] 그냥 인사말이 되어서 무슬림들 간에 '안녕하세요'라는 말이 된 것이다. 물론 이들 어휘들이 전쟁이 있었던 과거 이슬람 사회를 반영하는 말이 될 수도 있다. 전쟁보다는 평화를 바라는 인사말에서 연유할 수도 있으나 지금 이슬람 국가에서 이 말은 전쟁이나 평화라는 의미와 상관없이 그저 인사말에 불과하다.

이것은 인사말을 사용할 때 그 단어들이 함유하고 있는 메시지의 내용이나 정보에 관심이 있는 것이 아니고 그냥 어휘들이 발화된 것으로 인사말은 의사교환에서 첫 발화로서 대인관계의 접촉을 만들어가는 기능을 갖는다. 즉, 상황의 변화가 자연스럽게 넘어가는 것을 돕는다. 인사말은 대화 상대 간의 사회적 유대를 확인해 준다. 상대의 존재를 인식하고 관심을 갖는 상대에게 인사를 건네기 때문이다. 그래서 무례한 것으로 보일 수 있는 한국적 상황 혹은 서구인에게 공격이나 시비가 될 것으로 생각되는 침묵을 깨도록 인사말이 등장한다. 아랍인들은 상대와 인사를 주고받을 것을 기대하면서 말을 건넨다. 요르단 아랍인들은 상대가 인사를 하지 않는 것은 무례하고(impolite) 공격적(aggressive)이라고 생각한다.[52] 일반적으로 아랍어 교재에서 배운 대로 주요 인사말의 답변은 아래와 같다.

sabāh ilkheer - sabāh innūr
assalāmu ʿalaykum - wa ʿalaykum issalām
marhaba - ahleen

51) Ibid., 75.
52) Ibid., 77.

masa lkheer - masa nnūr
allāh yaʿtī ilʿāfyih - allāh yʿāfīk
keef hālak - ilhamdu lillāh
salāmtak - allāh ysallimak

그러나 위 공식이 지켜지지 않고 더 다양한 답변이 있다는 것도 앞서 살펴보았다. 어느 정도 친분이 있는 사람들에게는 인사말과 더불어 얼굴을 맞대고 인사한다. 물론 얼굴을 맞대는 것은 가족이 아니면 남자는 남자끼리, 여자는 여자끼리하고 가족 안에서는 어머니와 아들 그리고 아버지와 딸이 얼굴을 맞대고 인사하는 것이 가능하다.

이밖에 오후 인사말로 masa lkheer가 있는데 그에 대한 대답으로는 masa nnūr(60%), hala(20%), ahleen(10%), yahala ya masa nnūr(10%)가 있다. 요르단에서 택시를 타고 내리고 싶을 때는 '여기 세워주세요'라는 말을 쓰지 않고 yaʿtīk ilʿāfyih(그가 너에게 건강을 주시기 빕니다)라고 한다. 이 표현에 대한 대답으로 요르단대학 병원에서 조사한 결과는 다음과 같다.[53]

(1) allāh yʿāfīk(36%)
(2) allāh yʿāfīk, sīdi(16%)
(3) allāh yʿāfīk, daktōr(16%)
(4) ahleen(16%)
(5) ahleen yā hala(4%)
(6) ahleen allāh yʿāfīk(4%)
(7) ya hala(4%)
(8) allāh yʿāfīk hala(4%)

---

53) Ibid. 60.

이 인사말은 인사를 받는 사람이 노동(manual work)과 관련된 일을 하는 경우에 사용되는 인사말이다. 그래서 병원이나 대학에서는 노동이 아니므로 이런 표현은 자주 쓰이지 않는다. 물론 병원에서는 salāmtak(쾌차하기를 빕니다, 너의 무사를 빕니다)을 더 많이 쓴다. 그리고 존칭어 sīdi(sir)와 daktōr(교수)가 이들 표현 뒤에 같이 쓰인다.

영어의 "How are you?"에 해당하는 "keef hālak?"은 상대의 건강과 상태를 묻는 질문으로 인사말(greeting)이 아니다. 그런데 keef hālak이 그 발화의 본래 의미에 관심을 두지 않으면, 친교나 친하게 이야기를 나누려고 할 때 사용된다.[54] 그럼에도 많은 아랍 무슬림들은 자동적으로 항상 '알라에게 감사한다'(ilhamdu lillāh)고 대답한다. 자신의 상황과 상관 없이 실제로 자신이 건강한 상태인 것처럼 답하는 인사말이다. 그 다음으로 많이 대답하는 표현은 중립적인 반응을 보이는 ahlan, ahleen hala, ahleen 등이 있다.[55] hala는 welcome에 해당하는 말이다. 다음은 keef hālak에 대한 대답이다.

(1) alhamdu lillāh
(2) alhamdu lillāh (ya) sīdi
(3) ahleen
(4) alhamdu lillāh bekheer
(5) allāh ysalmak
(6) nahmud llāh ʿala kull shi
(7) alhamdu lillāh kwayyis
(8) alhamdu lillāh mishtāq
(9) milīh(minīh) alhamdu lillāh

---

54) Ibid., 67.
55) Ibid., 64.

(10) mithil ma inti shāyif

상대방의 건강을 묻는 답으로 '알라에게 감사한다'는 말은 위와 같이 다양하고 marhaba의 대답으로 쓰이는 ahleen과 무사함을 빈다는 allāh ysalmak 등의 대답들도 들어 있다. 원래 allāh ysalmak은 병원에서 환자에게 쾌차하기를 바라는 salāmtak의 대답이고 인사말은 아니다. salāmtak의 대답으로는 allāh ysalmak(알라가 너를 보호해 주시길 빕니다), shukran(감사해요), allāh ysallim 'umrak(알라가 너의 생명을 보호해 주시길 빕니다), shukran daktōr, allāh ytawwil 'umrak(알라가 당신의 생명을 연장시켜주시길 빕니다), allāh yikfīk sharr il'alam(알라가 너를 고통의 악으로부터 보호해 주시길 빕니다) 등이 있다. 위의 milīh(minīh)는 '좋다' 라는 말이다.

〈말하라〉의 의미

그러면 고전 아랍어로 된 코란의 본문을 원전에 근거하여 주석해 보자. 이슬람 학자들의 주석에 의하면 이슬람 초기 안사르(Ansār: 메디나에서 무슬림을 돕는 사람)들 중 일부는 유대인들이었다고 한다. 그런데 그들이 이슬람을 받아들였을 때 그들의 일부 자녀들이 기존의 유대교나 기독교에 잔류하고 싶어했다. 그들 부모들이 자녀들에게 기존 종교를 버리고 이슬람을 받아들이라고 압력을 행사하니 다음 계시가 내려왔다고 한다. 알라는 그들 자녀들에게 억지로 압력을 넣어 종교를 택할 것이 아니라 그들 스스로가 종교를 택하라고 한다.

종교(Dīn)에는 강요가 없다. 진리는 거짓을 아주 분명하게 밝혀준다. 우상을 거절하고 알라를 믿는 사람은 결코 부서질 수 없는 가장 확실하고 강한 것을 붙든 것이다. 알라는 모든 것을 듣고 모든 것을 안다(수라 2:256).

이 코란 본문에서 무슬림들은 일반적으로 진리는 이슬람이라고 하고, 알라를 믿는 사람은 무슬림이며, 가장 확실하고 강한 것이 이슬람이라고 해설한다. 그러나 무슬림들이 기독교인들에게 '너의 신과 우리의 신이 하나다'고 한 코란 본문을 여기에 적용하면 반드시 '알라를 믿는 사람'이 무슬림이 아니라 기독교나 유대인이 될 수 있다는 말이 된다. 코란의 어느 한 구절만 보고 그 앞 뒤와 전체를 읽어 보지 않으면 그 의미의 핵심을 놓치게 된다. 위 코란 구절에서 '딘'(Dīn: 종교)이란 단어는 각 개인의 실존적 태도와 행위를 가리킨다. 각 개인의 실존적 태도에는 강요가 없다고 하면서 나머지 위 코란 구절에서 이슬람을 믿어야 가장 강하고 확실한 것을 붙든 자라고 하는 것은 앞뒤가 안 맞는다. '딘'이라는 단어는 그냥 종교라는 말이기도 하다. 기독교에서도 우상을 거절하고 하나님을 믿는 사람은 가장 확실하고 강한 것을 붙든 것이다. 그런데 무슬림들은 다짜고짜 위 구절의 첫마디만 인용하여 이슬람이 다른 종교인들에게 이슬람을 강요하지 않는다고 말한다. 실제 오늘날 무슬림들은 외국인을 잠깐 만나도 이슬람을 믿느냐고 묻고 안 믿는다고 하면 이슬람을 믿으라고 하면서 '무함마드가 말하기를' 하면서 무함마드가 받은 계시를 이야기한다.

코란은 무함마드를 통하여 전해진 말이다. 코란에서 무함마드는 매우 중요한 위치를 차지한다. 무함마드가 없으면 이슬람은 성립되지 않는다. 코란의 계시는 성경의 계시의 성격과 다르다. 성경은 하나님이 성령의 감동으로 성경 기자들을 통하여 기록으로 남기어 그 성경 기자를 사용하시었으나 코란은 무함마드가 지브릴 천사의 계시를 받아 암송하였다고 하면서 코란에서 무함마드는 그저 타이프라이터(타자기)의 역할만 하였다고 한다. 그런데 상당수 코란 구절이 '꿀'(qul: 말하라)이라는 말로 계시가 시작된다. 코란에서 '꿀qul'(말하라)이란 말은 사람들이 질문한 것에 대하여 무함마드가 이 내용을 알라에게 묻고, 알라는 무함마드에게 그 답을 사람들에게 주라고 하면서 사람들에게 '말하라'고 할 때 사용되었다. 그런데 코란에 오직 한 구절만은 알라가 무함마드를 통하지 않고 알라가 당시 사람들의 질문에 직접 대답한 구절이 있다. 그것이 수라 2장 186절이다.

> 내 종들이 너(무함마드)에게 나에 대하여 질문하면, 나는 가까이 있다. 간구하는 자가 나에게 간구한 그 간구에 내가 답하겠다. 그들로 하여금 나에게 응하게 하라. 그들이 나를 믿게 하라. 그들이 인도함을 받을 것이다(2:186).

현 요르단 국왕의 삼촌 알하산 븐 딸랄은 알 두스투르 신문에 게재한 그의 글(2008.9.29)에서 "이 구절은 인간과 그의 알라 간의 직접적인 관계"를 가리킨다고 풀이하였다. 코란의 다른 구절들은 무함마드가 인간들을 대신하여 대리자 역할을 하였는데 이 구절에서는 인간이 직접 알라의 대리자라고 설명한다. 인간의 가치와 기준에 관련된 인간 관계의 모든 것을 해결하는 자는 무함마드이었다. 그러나 이 코란 구절에 근거하여 인간은 각자 우주와 관련되어 있다는 것이다. 이 구절의 본 뜻은 인간 각자가 인간의 가치와 높은 규준을 다시 활성화시켜야 한다는 것이라고 그는 설명하고 인간을 이 땅의 대리자로 다시 세웠으니 모든 무슬림은 성공, 선, 치안, 관용, 개혁, 지혜, 타끄와(알라를 두려워 함)를 행해야 한다고 하였다.

요르단 알하산 븐 딸랄은 무슬림들이 라마단 달에 코란 읽는 것을 강화하여 코란의 단어들 뒤에 숨어 있는 깊은 의미를 알아야 한다고 강조한다. 무슬림들이 살아가면서 코란의 깊은 의미를 알고 그가 이해한 것을 매일 생활과 연결지어야 한다고 했다. 코란의 깊은 의미를 깨달아 무슬림들이 매일 사회와 경제와 사상에서 그들의 잘못을 교정해 가길 바란다고도 했다. 그는 오늘날 아랍이 인류의 변방에 자리하고 있어 세계 문제에 본질적인 영향을 끼치지 못하고 있다고도 하였다. 그의 글은 오늘날 무슬림들이 인간의 가치와 기준에 못 미치는 일도 서슴치 않는 아랍 무슬림들에게 경종을 울리는 메시지가 되었다. 대부분의 무슬림 등은 오늘날 '이슬람은 없고 무슬림만 있다'고 하여 코란대로 무슬림들이 살지 못한 것에 대하여 자괴감을 갖는다.

코란은 개인과 사회에 유익을 주는 율법적인 자료들이 있다. 코란에는 현세와 내세에 무슬림 생활과 관련된 모든 율법이 담겨져 있다. 이슬람 율법에 의하면 십대의 무슬림들도 순례를 갈 수 있으나 요르단 정부는 40세 이하의 남자 무슬림들에게는 순례를 제한하고 있다. 이것은 이슬람 율법과 실제 무슬림 국가의 편의주의적인 행정이 서로 맞지 않는 사례이다. 또 다른 예로는 무슬림 남자는 금요일 정오쯤이면 상점의 문을 닫고 모스크로 모이는 것이 이슬람 율법이지만 요르단의 경우 그렇게 하지 않는 사람들이 더 많다. 시리아 드라마에 초등학생으로 보이는 소년이 등장하여 그의 대화 중에 거짓말을 하였다고 그가 말한다. 그는 자기가 거짓말한 것을 알라가 셈할 것이라고 걱정하면서 그의 누나에게 종말에 지옥에 갈 것이 분명하니 두렵다고 한다. 누나가 그를 안정시키면서 코란을 읽으면 마음이 안정될 것이라 하고서 같이 코란을 읽자고 한다. 그 어린 아이가 가장 두려워하는 것은 자신이 잘못한 것을 알라가 계산하고 있다는 것과 지옥에 갈 것이란 점이다. 그의 누나에게 코란은 두려움을 없애 주는 책이었다.

지금은 아랍 무슬림들도 코란대로 살지 않는다고 요르단대학교 이슬람 학자 암자드 교수가 말한다. 오늘의 아랍 무슬림들을 보고 이게 코란에서 말하는 무슬림이라고 생각하지 말라는 것이다. 그만큼 무슬림들이 양심을 저버리고 사는 경우가 많다고 한다. 어느 날 아침 택시를 타고 가다가 그 택시 운전수가 참 좋은 무슬림이라고 생각되어 그가 참 좋은 무슬림이라고 하니 그는 '오늘 무함마드가 이 세상에 오면 기절초풍할 일들이 많을 것이다. 무슬림들이 이슬람대로 살지 않는다' 고 하였다. 무슬림들 중에는 인간적으로 좋은 사람도 있고 나쁜 사람도 있다. 그러나 무슬림으로서 이슬람을 잘 지키는가 안 지키는 가와 사람이 좋다 나쁘다는 것과는 서로 다른 별개의 것이라고 했다. 무슬림들 중에 이슬람에 대하여 깊은 지식은 없지만 외국인에게 늘 편안하게 잘 대해 주는 무슬림도 많다.

코란은 무나피꾼(**munāfiqūn**; 위선자)을 가장 싫어한다. 이슬람을 믿는다고 하면서 겉과 속이 다른 사람을 위선자라고 한다. 어떤 무슬림들은 상대방 앞에서는 칭찬하다가도 상대방이 없는 곳에서는 그의 흉을 본다. 상대가 있는 곳에서는 체면 때문에 금방 반대를 못하다가도 상대방이 없는 곳에서는 안면 몰수하는 행동으로 바뀌기도 한다. 또, 자신이 행한 일을 다른 사람이 한 것이라고 돌려대면서 그의 체면을 손상하지 않고 상대와 관계를 끊으려 하는 사람도 있고 외국인들에게 여러 가지 도움을 받으면서도 외국인이 자신의 기호와 다른 방향으로 가면 그 관계를 단호하게 정리하기도 한다. 대학교 교수를 한 사람 추천하여 한국에 보낼 때에도 보직 교수들이 자신들과 코드가 맞는 사람만 골라서 보내기 때문에 아무나 추천하기 어렵다. 아랍인 장학생을 선발할 때에도 해당 교수와 같은 가문이나 친인척 관계가 많이 작용하므로 자신들에게 별로 이득이 없으면 적극적으로 도우려 하지 않는다.

어느 한국인이 현지 무슬림과 교통사고를 냈다. 가해자는 현지 무슬림이라고 현지 무슬림 교통 경찰이 확인하여 주어 그 현지인은 경찰 유치장에 들어갔다. 다음 날 그는 즉심 재판 중 판사 앞에서 '코란'에 손을 얹고 진실만을 말할 것을 서약을 하였다. 판사는 그 현지 무슬림에게 잘못이 있다고 판시하고 한국인에게 피해 보상을 해 주라고 판결하였다. 그런데 문제는 현지인 무슬림이 법정 판결 후 경찰에게서 풀려난 뒤 연락처를 한국인에게 주고 갔으나 그 전화번호가 울리면 전화를 받지 않아 결국 그 한국인은 아무런 피해보상도 받지 못하였다. 한국에서 발간된 책들 중에는 이슬람 사회가 범죄가 없다고 쓰여 있는데 이슬람 세계도 다른 나라 못지않게 여러 범죄들이 많이 일어난다.

한국의 일부 이슬람 관련 책들 중에서 이슬람 국가의 현실과 다른 내용 중 하나는 일부다처 문제이다. 일부 한국의 이슬람 학자들은 이슬람이 본래 일부일처라고 주장하는데 코란 본문과 이슬람 국가의 현실은 그렇지 않다. 2006년에 한국 유학생들을 대상으로 요르단 대학교에서 이슬람학 교수가 '이슬람의 혼인'에 대한 강의를 한 적이 있었다. 그때 한국인 여학생이 이슬람은 일부다처를 허용하는가 하고 물으니 그 무슬림 학자는 '이슬람에서 일부다처를 하는 것은 코란이 정해준 제도'라고 하였다.

여자들과 공정하게 대하지 못할 것이(마흐르와 생활비를 제대로 줄 수 없다) 염려가 되면 이들 중에 너희에게 좋은 여자와 혼인하되, 2명과 3명과 4명의 여성하고 혼인하라. (그들에게) 차별없이 대할 수 없다고 염려되면 한 여성하고만 혼인하라(수라 4:3).

코란이 가르치는 것이 일부일처라고 하더라고 일부 4처를 허용한다는 것이 코란 구절이다. 다만 공평하게 모든 부인들을 대하라고 하는 것은 재물과 선물의 공평이지 마음 씀씀이의 공평은 아니라고 했다.

너희(남자, 남편)들은 너희 아내(여성들)들을 결코 공평하게 대할 수 없다. 그렇게 하려고 바랄지라도 그 바램이 그들 부인들 중의 하나라도 등한시하지 마라. (결혼한 것도 아니고 이혼한 것도 아닌) 어정쩡한 상태로 내버려두지 마라(수라 4:129).

앞 코란 구절에 의하면 무슬림 남자는 4명의 여성과 혼인하는 것이 합법이다. 무슬림들 중에는 자신들이 원하는 내용이 코란 안에 쓰여 있으면 그걸 취하여 자신들의 욕망을 채우려는 사람도 있다. 코란은 여성 한 명에서 4명까지 가능하나 공정하게 대하라는 것이다. 만일 공평하게 대하지 못할 것으로 염려가 되면 한 명의 여성과 혼인하라는 것이다. 본질적으로 코란이 한 명의 여성과 혼인하는 것은 물론, 1부 4처를 허용하고 있다. 그래서 무슬림 사회에서는 4명의 부인과 사는 남자도 있고 여러 번 이혼을 거듭하더라도 항시 4명과 합법적으로 혼인한 사람도 있다. 순니 파는 물론 시아파 무슬림은 단 하루 혹은 1개월 혹은 1년만 혼인하는 것도 합법이라고 한다. 그래서 경제적으로 여유가 있으면 현지처를 두는 것도 마다하지 않는다. 한국 여성이 무슬림 남자와 혼인할 경우, 대부분 이런 일부다처제를 모르고 혼인하여 신랑의 나라인 이슬람 국가에 갔더니 다른 부인들이 있어 상당히 당황했다는 말을 하기도 했다.

코란은 당시 무슬림 남자들의 결혼 상대가 인륜을 저버리는 문제를 야기하고 있어 혼인 대상자를 제한하는 구절을 기록한다.

앞서 말한 대로 예외적인 경우를 제외하고는 너희 아버지가 혼인한 여성들과 혼인하지 말라. 그들과 혼인하면 부끄러운 일이요 나쁜 일이다(수라 4:22).

어머니, 딸, 누이, 고모, 이모, 형제의 딸, 여동생이나 누나의 딸, 유모, 같은 여성(어머니)에게 모유를 수유한 딸, 장모, 입양한 딸 그리고 너희가 혼인한 부인들이 낳은 자녀들을 부인으로 취하는 것은 금한다. 너의 아들들에게 이혼 여성은 가능하나 두 자매를 동시에 네가 혼인하는 것은 비난받는다. 알라는 용서하고 자비를 베푼다(수라 4:23).

지난 몇 년 전부터 요르단에서는 부모가 근친 결혼하여 생기는 탈라시미야 병을 미연에 방지하기 위하여 혼인 전 혼인 신고서를 관공서에 내기 전에 부모의 염색체 검사를 받도록 규정하고 있다. 부득이 사촌들끼리 혼인을 하더라도 미리 염색체 검사를 받으라는 것이다. 검사를 받으면 자녀들 중 절반이 이 병에 걸릴 위험을 미리 막을 수 있다는 것이다. 아랍인들은 대가족 안에서 서로 근친하면 서로를 잘 알아 아무런 거리낌이 없다는 것과 그 가문의 경제적 손실이 없다는 것을 대가족 간 혼인의 장점으로 꼽는다. 원래 남자가 혼인 전에 신부에게 주는 신부 값과 혹시 이혼이 될 때를 예비하여 나중에 줄 돈을 미리 결정하여 두는데 이 돈들이 다 가문 안에서 움직이면 경제적 손실이 적다는 것이다. 이런 근친 결혼이 자주 생기는 것을 보고 코란은 결혼을 해서는 안 될 여성들을 구체적으로 열거하였다. 이밖에도 무슬림 남자들이 여성의 동의 없이 여성들의 유산을 가로채는 일이 있었다. 그래서 무함마드는 다음 코란 구절을 통하여 부인이 간음하거나 알라를 불순종하거나 남편에게 매일 욕설을 퍼붓는 경우가 아니고서는 집에 가두거나 해악을 끼쳐서는 안 된다고 코란은 규정한다.

너희 무슬림 남자들아, 여성들의 것을 동의 없이 그들의 유산을 가로채는 것은 불법이다. 네가 그들에게 주었던 신부 값을 되돌려 받기 위하여 아내들을 벌하려고 집에 가둬두거나 육체적으로 심리적으로 해를 주지 말라. 너희에게 허락된 아내에 대한 벌은 아내가 분명하게 잘못(간음, 남편을 욕하는 경우)한 경우이다. 그리고 공평하고 친절하게 아내들과 살아라. 알라가 너희 증오를 선한 것으로 바꾸어 줄 것이다(수라 4:19).

여기서 무슬림들의 이혼 문제가 나오고 있다. 요즈음 한국 여성들이 무슬림 남자들과 혼인하여 이슬람 국가에 살 경우 그 여성이 혼인, 이혼, 상속, 자녀 양육에서 모두 이슬람법의 적용을 받게 된다는 것을 잘 모르고 혼인하는 것 같다.

이슬람의 상속 지분

이슬람법학파[56]마다 상속 지분이 다르다. 이슬람 법정에서는 남자 한 사람에게 해당하는 여성의 증언은 반드시 두 사람이다. 일반적으로 이슬람 국가에서 남편이 부인과 이슬람법 안에서 결혼을 하고 남편이 죽으면

56) 코란은 이슬람 입법의 첫째 근거이다. 코란의 전체 본문이 이슬람법의 자료로 쓰인 것은 아니다. 여러 상황에 따른 여러 판례를 위하여 하디스에서 인용하기도 하였다. 이슬람 종교에서 알라의 율법을 알기를 원하는 사람은 순나(무함마드가 행한 내용)나 (만장)일치를 구하기 전에 반드시 가장 먼저 코란을 조회한다. 이슬람 법의 종류로는 세 가지가 있다. 그 하나는 신앙의 법으로서 알라와 메신저들을 믿고 종말을 가르치는 이슬람의 교리가 있다. 그런데 이슬람의 여섯 가지 믿음(알라, 천사, 경전들, 메신저들, 부활과 심판, 운명론) 중에서 단 한 가지라도 믿지 아니하면 무슬림이 아니다. 두 번째는 윤리의 법으로서 마음을 깨끗이 하는 일인데 이슬람의 윤리가 기본 덕목이 된다. 세 번째는 실생활의 법으로서 둘로 나뉘는데 하나는 인간과 알라와의 관계를 규정하는 예배가 있고 다른 하나는 인간과 인간 간의 관계를 규정하는 대인 관계의 법이다. 후자에는 개인의 지위 법을 포함하여 금융에 관한 법, 형사 소송에 대한 법, 경제에 관한 법, 국제 법, 소송 법, 상법 등이 포함된다.

그의 아들은 상속의 한 지분을, 딸은 아들 지분의 절반을 그리고 부인은 1/8을 상속받는다. 그러나 순니 파에서도 법학파마다 상속의 내용이 다르므로 해당 국가가 순니 파 국가인지 시아 파 국가인지를 먼저 알아보고 순니 파의 경우라면 하나피, 한발리, 샤피이, 말리키(순니의 네 법학파) 등 어느 법학파가 해당 국가에 적용되는지 살펴야 한다.

하나피 파와 한발리 파는 아들이 없고 딸만 있는데 아버지가 죽으면 모든 재산 상속은 딸에게로 간다. 아들과 딸을 남겨 놓고 아버지가 죽었는데 아들이 장가갔으면 그에게는 1/6, 딸에게는 1/2, 나머지는 어머니에게로 돌아간다고 하는 것이 네 법학파의 동의 사항이다. 가족의 부양을 맡는 상속 자녀는 상속의 지분을 더 받는데 만일 장가가서 자녀들을 양육하는 두 아들과 두 딸이 있고 부인이 미망인으로 남아 있으면 부인은 1/8, 두 딸은 2/3, 그리고 두 아들은 1/3을 갖는다. 그러나 이것도 네 법학파마다 조금씩 다르다.

네 법학자가 동의하는 것은 아들이 없고 부인이 죽었으면, 남편은 아내가 남긴 재산의 1/2을 갖는다. 그러나 부인이 두 번 혼인하든 한 남편과 혼인하든 아들이 있으면 부인이 죽었을 때 남편은 아내가 남긴 재산의 1/4을 갖는다. 아들이 없이 남편이 죽으면 아내는 남편 재산의 1/4을 갖고 아들을 남긴 남편이라면 아내는 남편 재산의 1/8을 갖는다. 부인이 여럿인 남편이 죽으면 그 부인들 전체가 갖는 상속분은 1/4 혹은 1/8(아들이 있으면 1/8, 아들이 없으면 각각 1/4)을 각 부인들이 갖는다. 남편이 부인에게 '너 이혼이야'라고 하였으나 아직 3번 이혼 선언이 안 되고 잠시 이 문제를 기다리는 '잇다(이혼이 확정되기 전 기다리는 기간)' 기간에 남편이 죽으면 그 이혼되려는 여성은 남편의 재산을 상속받는다.

상속은 합법적인 혼인에 의하여 자녀들을 낳았고, 혼인이 합법적이어야 한다. 상속이 안 되는 경우는 종교가 서로 다를 때, 다른 사람을 살해한 살인범일 때 그리고 매매로 산 노예나 가사를 돕는 종은 상속을 받지 못한다. 일반적으로 순니 무슬림들은 비무슬림(예: 기독교인)에게 무슬림의 재산을 상속하지 않는다. 그러나 이란의 사아 파인 열두 번째 이맘 파에서는 비무슬림이 무슬림의 상속을 받는다고 규정한다.

그런데 무슬림이었다가 다른 종교로 개종한 사람은 네 법학파(하나피, 한발리, 샤피이, 말리키) 모두가 무슬림의 재산을 상속받지 못하게 한다. 심지어 무슬림 가정에서 태어났던 사람이더라도 이슬람을 버린 사람은 무슬림의 재산을 상속받지 못한다. 카피르(우상 숭배자, 유대인과 기독교인)로 태어났던 사람이 이슬람을 받아들였다가 이슬람을 버리고 다른 종교를 믿으면 그는 무슬림의 재산을 상속하지 못한다. 그러나 만일 그가 회개하고 이슬람으로 되돌아오면 재산 상속을 받을 수 있다. 그래도 이슬람으로 돌아오지 않으면 살해되는 것이 마땅하다고[57] 이슬람법은 전한다. 그리고 그가 이슬람을 버린 때로부터 그의 아내는 이혼의 잇다 기간에 해당한다. 그가 회개하고 이슬람으로 돌아오면 그의 부인도 원래대로 돌아간다. 그러나 그가 이슬람으로 돌아오지 않으면 그는 살해를 당하는 기간이 되므로 자연사 혹은 살해된 뒤에 상속이 이뤄진다. 이 말은 이슬람 법정이 그를 구속하여 사형에 처할 수 있으나 그가 체포되기 전에 누군가 이슬람을 버린 그를 죽여도 이슬람법은 그 살해자에게 허물을 묻지 않는다. 그러나 이슬람을 버린 남편의 부인은 살해를 당하지 않는다. 부인이 만일 이슬람을 버리면 그녀가 본래 이슬람 가정에서 태어났거나 다른 종교에서 이슬람으로 개종하였다가 이슬람을 버렸더라도 살해를 당하

---

57) 오늘날 극보수적인 국가를 제외하고 대부분의 이슬람 국가에서는 이슬람을 버리고 다른 종교를 받아들인 사람에게는 사형을 집행하지 않으나 가족이 있을 경우, 그 가족으로부터 유리당하고 혼인한 경우에는 배우자와 이혼이 되고 자녀 양육권을 몰수한다.

지 않는다.

또, 상속을 주는 피상속인이 죽었을 때 상속을 받게 될 상속인이 카피르[58]이었다가 피상속인이 죽은 후 무슬림이 되어도 상속을 받지 못한다 (샤피이 파, 말리키 파, 하나피 파). 그리고 입으로만 무슬림이 되었을 경우, 상속을 받지 못하고 말리키 파는 경전의 백성(기독교와 유대교), 무슬림과 기독교와 유대교를 제외한 사람들은 무슬림의 것을 상속받지 못한다고 하였다.

무함마드는 서로 다른 밀라(종교)끼리는 상속을 하지 못한다고 하였다. 다시 말하면 기독교인은 무슬림의 재산을 상속하지 못하고 무슬림은 유대교인의 재산을 상속하지 못한다. 말리키 파와 한발리 파 역시 다른 종교인들끼리는 상속을 받지 못하게 하였다. 그런데 시아 파의 12이맘 파와 하나피 파와 샤피이 파는 유대교인과 기독교인들은 무슬림이 아니므로 그들끼리는 서로 상속할 수 있다고 하였다. 12이맘 파는 무슬림이 상속받을 수 없는 경우에만 비무슬림이 상속받을 수 있다는 조건을 달았다. 무슬림 남자 개종자가 죽었을 때 그의 재산 중 그가 무슬림의 신분일 때 번 돈은 그의 무슬림 가족에게 돌아가고 개종한 후 그가 번 재산은 그의 무슬림 가족이 가져가지 못하고 바이트 알 마알(bayt al-māl; 국가 재산이나 공공재산 그리고 사유 재산이 아닌 재산을 국가가 받는 곳)로 간다. 그가 여성이라면 그 여성이 번 돈은 모두가 그의 무슬림 가족에게로 상속된다. 기독교 여성이 무슬림 남편과 혼인하였는데 그 여성이 죽으면 그

---

58) 순니 무슬림에게 카피르는 우상 숭배자이거나, 기독교와 유대인이거나, 시아 파 무슬림이다. 다시 설명하면 코란에 계시되었던 때 이슬람을 받아들이지 않았던 사람들은 모두 신의 계시를 거절한 것이 되므로 카피르이었다. 그리고 모든 카피르들은 내세에 지옥에 떨어지는 저주를 받는 것으로 인식되었다. 기독교인들과 유대인들이 카피르냐 아니냐에 대한 논의는 무슬림들 간에 일치되지 않고 있다. 이슬람 근본주의자들에게 코란의 엄격한 주석에 따라 이를 지키지 않는 무슬림이나 비무슬림 모두가 카피르이다.

여성의 재산은 모두 무슬림 남편에게 상속된다. 하나피 파에서는 무슬림이 이슬람을 버리면 그는 살아 있어도 죽은 자로 간주한다. 요르단에서 무슬림들은 이슬람 법정에서, 기독교인들은 교회 법정에서 상속을 결정한다.

코란의 극단적인 해석

오늘날 1억 8천만 명의 아랍 청소년들의 이념과 가치는 지금 중동에서 일어나고 있는 다양한 사건들에 의해서 많은 영향을 받고 있다. 대부분의 무슬림들은 이슬람법을 알라가 제정한 법이라고 생각하지만, 교육과 비즈니스와 행정과 같은 일시적인 필요에 도움을 줄 수 있도록 끊임없이 이슬람법을 재해석할 수 있기를 무슬림들은 바라고 있다. 코란에 대한 재해석은 아랍 에미리트에서는 78%가 필요하다고 하였고 모로코에서는 60%가, 이집트(40%)와 요르단(43%)에서는 국민들의 5분의 2가 코란의 재해석을 희망하고 있다.

2003년 미군의 이라크 점령 이후 이슬람권에서는 타크피르 물결이 파도를 치고 있었다. 타크피르는 상대방과 종교가 다르거나 이념과 사상이 다르면 상대를 카피르로 취급하는 것이다. 카피르는 무르탓드(murtadd)[59]와 다르다. 카피르라는 말은 알라와 무함마드를 믿고, 코란을 계시된 말씀으로 믿으며 이슬람의 여섯 가지 믿음과 다섯 가지 실천사항을 지켜야 하는데 이를 믿지 않거나 지키지 않는 사람들이다. 그러므로

---

59) 일반적으로 이슬람을 버리고 타종교인이 되면 그 무슬림은 카피르와 무르탓드가 된다. 카피르는 알라를 안 믿거나 신의 존재는 믿는데 이슬람을 믿지 않는 사람을 가리키고, 무르탓드는 이슬람 종교를 버린 사람이다.

카피르는 우상 숭배자이거나 기독교인 혹은 유대교인 혹은 무슬림들 중 이슬람의 근본 진리를 떠났다고 간주되는 사람들이다. 실제로 이슬람 국가에서는 아랍 무슬림들조차도 이런 타크피르 문화를 두려워한다.

대부분의 무슬림들은 테러를 일으키지 않으나 문제는 테러를 일삼는 근본주의자들이 지난 몇 년 간 크게 증가하고 있다는 점이다. 코란 구절을 극단적으로 해석하고 무분별한 파트와가 인터넷과 위성 텔레비전을 통하여 무슬림들에게 전달되면서 자신의 취향에 맞는 파트와를 택하여 상대방을 위해하는 일을 일삼고 있기 때문이다.

요르단에서 2005년 3호텔에서 알까에다의 테러가 일어나기 전에는 알까에다를 테러 조직으로 여기지 않았으나 그들이 2005년 테러를 당한 뒤에는 알까에다를 테러 조직으로 여기는 사람들이 78%가 넘었다. 무슬림들도 자신들이 직접 당하지 않고서는 그들 주위에 살고 있는 과격 극단 세력을 인식하지 못했다는 것이다. 물론 온건 무슬림들도 이들 과격 극단 세력들이 이슬람의 이미지를 망친다고 주장하고 극단 세력들의 자숙을 요청하기도 한다. 2008년에 사망한 팔레스타인의 마흐무드 다르위쉬 시인은 이슬람 근본주의자들과 폭력을 일삼는 사람들이 오늘날 이슬람 세계를 주도하고 있다고 하였다. 그때 한 참석자가 이슬람이 '한 손에는 칼, 한 손에는 코란'이라고 알려지고 있는데 그건 사실과 다르지 않느냐고 물으니 그는 '사실 이슬람의 창시자 무함마드가 죽고 난 뒤 무슬림들의 85%가 이슬람을 버리고 떠나려 하자 이들을 칼로 죽인 것이 역사에는 그렇게 전해지고 있다'고 하였다.

1970년대 이슬람의 부흥은 이슬람을 깨우는 일이었다. 무슬림들에게 자신의 정체성과 세상을 다시 보라는 것이었다. 그런데 무슬림이 동료 무슬림을 깨우는 일은 무슬림 스스로가 움마(이슬람 공동체)의 인적 자원을 동원하여 외부 세력이 휘두르는 경제, 군사, 교육, 정치적 헤게모니에 대항하자는 일로 바뀌어 갔다. 서구화가 이슬람 사회에 불어 닥치면서 무슬림들 사이에 이런 서구화와 대항하기 위하여 이슬람을 깨우자는 움직임이 더 활발해졌다.[60] 그런데 이런 움직임으로 인하여 아랍 국가들은 종교적 극단주의(religious extremism)가 종교적 부흥과 병행해서 나타나고 있는 것을 목격하게 되었다.[61]

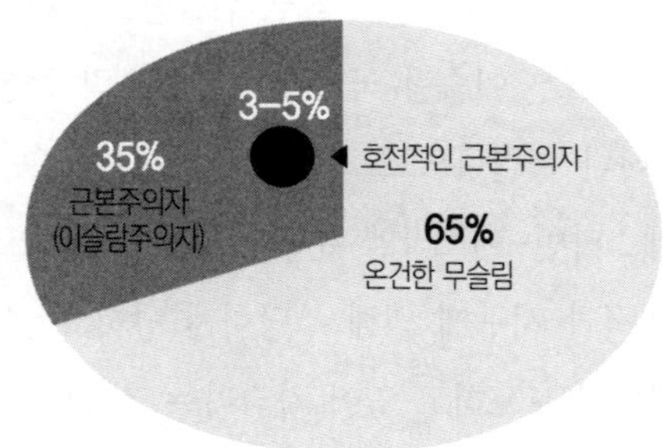

2009년 이슬람 국가 근본주의자 분포도

더구나 2009년 이런 극단주의가 더 확산되고 있고 이런 극단주의의 대표적인 특징은 광신적인 태도가 문제라고 보았다. 이걸 그대로 둘 수 없다고 판단한 이슬람 학자들은 2009년 메카에서 이런 극단적인 무슬림들의 파트와를 금하는 헌장을 제정하기에 이르렀다. 그리고 이런 극단주의와는 대조적으로 이슬람 사회에서는 온건(moderation)과 관용을 강조하는 이슬람 부흥 운동이 일어나고 있다. 압드 알마시흐는 근본주의자들의 수는 나라마다 각각 다르다고 한다. 2001년 그의 책에는 전체 무슬림의

---

60) Ahmad Sidqi el-Dajani, *"Auses of Religious Extremism in the Arab Countries"*, Arab Thought Form, 1993, 58-59.
61) Ibid., 59.

15-35%가 근본주의자들이라고 했다.[62] 2009년 이슬람 국가의 근본주의자들은 50%까지 이르는 나라도 있어 2001년보다 더 많아졌다.

　결국, 과격한 이슬람 근본주의자(원리주의자)들의 코란 해석을 온건 무슬림이 따르지 않아야 하는데 앞서 말한 대로 코란을 원전에서 읽고 해석할 수 없는 대부분의 무슬림들은 언론과 인터넷에 흘러 나오는 코란 해석에 의존하고 있다. 이것이 큰 문제이다. 코란의 원문대로 이해하지 못한 무슬림들이 극단적으로 선동하는 일부 무슬림들의 주장에 따를 수 있기 때문이다. 그래서 일부 이슬람 국가에서는 이슬람 근본주의자들의 활동을 제한하려고 하나 실질적으로 그들의 입을 막을 수 있는 길이 많지 않다. 더구나 팔레스타인-이스라엘 문제, 이라크와 아프가니스탄, 레바논 등 이슬람이 미국과 서구에 의해 부당하게 당하고 있다는 정치적 선전 구호를 매일 언론이 보도하고 있어 자라나는 청소년들이 쉽게 잘못된 행동으로 치닫게 한다.

---

62) Abd al-Masih, *Not Every Muslim Believes and Thinks the same*. Fellbach: 2001, 13.

Seeking to Understand the Quran

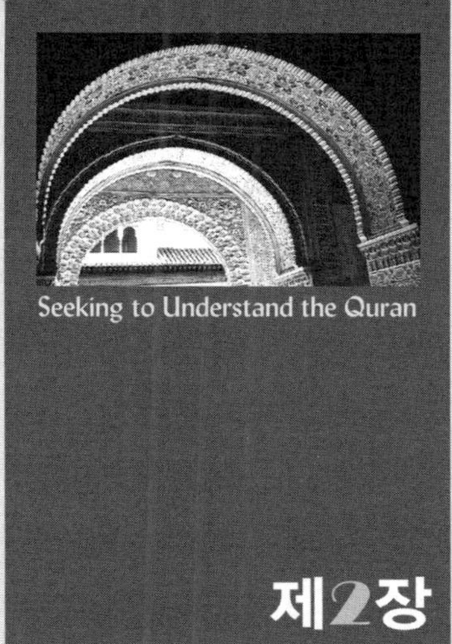

제2장

코란의 해석학적 의미

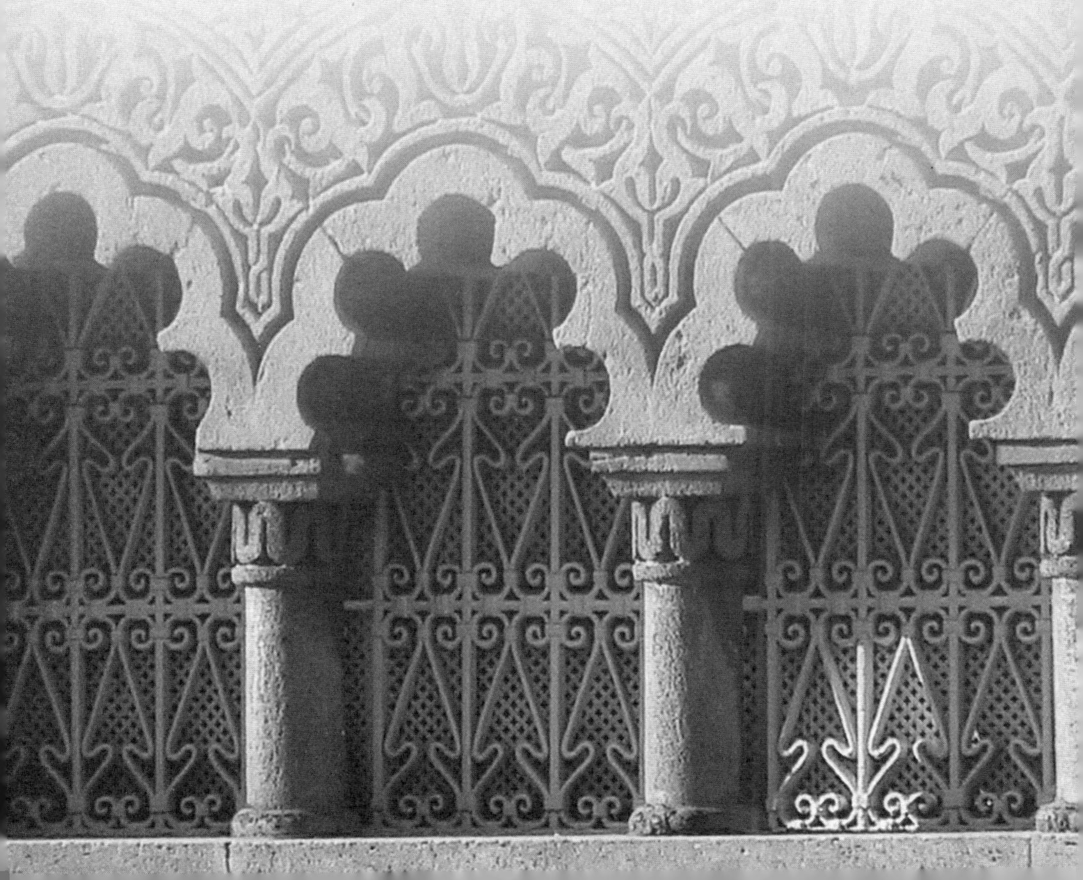

코란의 의미를 찾아

제2장 코란의 해석학적 의미

코란은 610~632년 사이에 메카와 메디나에서 사람들의 입을 통하여 구전되어 오늘날 21세기의 아랍어 어휘와 전혀 다른 의미를 갖는 동일 어휘들이 많아졌다. 코란을 이해하려면 7세기와 7세기 이전의 아랍어 어휘의 의미는 물론 전문적인 이슬람 용어 그리고 그 용어의 현대적 의미와 쓰임새를 알고 여러 참고도서를 서로 비교하면서 어휘들을 고찰(cross-reference)해야 한다. 고전적인 코란 주석서(잘랄라인, 이븐 압바스, 바이다위 등)는 물론 말레이시아의 우스만 바르크(Usman Bakr) 등 현대 코란 주석가들의 주석도 살펴보아야 한다.

코란을 바르게 주석하는 데 무슬림들은 고전 시기 그리고 고전 이후와 근대 시기의 코란 주석들을 참조한다. 코란 주석들을 시대별로 더 자세히 나눠보면 (1) 무함마드와 그의 동료들의 시기, (2) 그의 추종자들이 유대-기독교인들의 자료에 의존하던 시기, (3) 10세기 중반 코란의 전체 주석이 완성된 시기, (4) 아랍어 문법과 언어학과 법과 역사들이 코란 주석에 사용된 시기, (5) 전통적 주석과 개인적 의견이 덧붙여진 주석이 공론화된 시기, (6) 개혁적 현대 코란 주석 시기 등으로 나눠 볼 수 있다.[63]

고전적 주석으로 후세에 많은 영향을 끼친 주석은 알따바리(923)의 주

---

63) 공일주, 『코란의 이해』(서울: 한국외국어대학교 출판부, 2008), 48-55.

석서이고 그 뒤 기독교인들의 견해에도 상당히 신경을 쓰면서 역사적 사실에 더 많은 관심을 가진 이븐 카시르(1373)의 주석서, 그리고 분석적이고 다양한 질문을 갖게 하는 파크르 알딘 알라지(1209)의 주석서, 수피(sufi)들의 세계 평화와 우주적인 주석, 그리고 19세기 말 무함마드 압두흐(1849–1905)와 같은 근대 개혁자들의 주석들이 있다. 이런 다양한 주석들 중에서 어느 주석서를 활용하느냐에 따라 코란 본문의 이해가 달라진다.

코란을 바르게 주석하는 것은 이상과 같이 시대별 코란 학자들의 주석도 보아야 하나 이들의 주석이 코란의 원래 의미를 정확하게 전달하여 준다고는 볼 수 없다. 다만 이들 주석이 코란의 본문 이해를 도와주기 때문에 이들 책을 참조하나 주석서는 코란 그 자체는 아니다. 그럼에도 이 책에서는 무슬림들의 특정 코란 구절에 대한 이해가 어떠한지를 알기 위하여 역사 속의 여러 코란 주석서들을 참고하고 현대 코란 주석도 살펴보고자 한다.

역사적 배경

610년을 기점으로 하여 이슬람 이전에 아라비아 반도에 사용된 성경은 시리안어(아람어)로 되어 있었다. 아직 성경이 아랍어로 번역되지 않았다. 즉 아랍어로 된 성경이 없었고 기독교가 아랍인들에게는 외래 종교로 여겨졌다. 그 당시 중동의 아랍인들은 문화적으로 로마 제국에 속하였고, 기독교는 3세기에서 5세기 사이에 여러 지역으로 퍼져갔다. 이슬람 이전에는 시리아와 이라크 변방의 기독교가 아랍 문화에 큰 영향을 주었다. 그러나 아랍인들이 자신들을 기독교 민족이라고 인정할 정도는 아니었다. 그리고 기독교인들 사이에 새로운 종교를 대항할 만한 능력은 아직 없었다. 그런 상황에서 이슬람이 아라비아 남부에서 북쪽으로 밀고 들어오자 처음에는 시리아 기독교인들이 로마의 박해와 징치를 벗어나고 싶어 이슬람을 받아들였는데 그 중심에는 이슬람이 아리우스 이단으로 보였기 때문이었다. 당시 성육신한 메시야 문제로 기독교 교회가 서로 나뉘어 있었을 때, 시리아와 이라크 변방 지역의 기독교인들은 시리아 정교회(단성론자) 혹은 동방의 교회(네스토리아 파)에 속한 기독교인들이었기 때문에 비잔틴 제국의 박해를 받고 있던 때였다.

7세기 이슬람이 등장하기 전 300년 간은 아랍 기독교 역사에서 황금기였다. 로마 황제 콘스탄틴이 기독교를 공인한 이후였다. 그리고 4세기 이전의 300년 간은 아랍인들 사이에 기독교가 점차 퍼져 나가기 시작하던 때였다. 이슬람이 확산되면서 교회는 교파 간의 차이로 기독론 논쟁에 휘말려 있었다. 이런 상황에서 무함마드는 참 기독교를 결코 접하지 못하였다. 무함마드 생애 첫 12년 간은 메카사람들이 우상 숭배를 그만두고 한 분의 신을 섬기라고 하는 것이 무함마드의 메시지였으나 그가 메디나로 간 뒤에는 예언자와 정치가로 역할이 바뀐다. 무함마드 이후 무슬림들은 종교와 정치가 하나가 되는 정교 일치를 추구하였고 비잔틴 교회[64]들은 무슬림들이 만들어 놓은 딤마(보호받는 자의 지위) 제도에 종속되어 갔다. 그리고 무함마드가 메디나에 정착한 뒤에는 메카에서 온 무함마드와 그의 추종자들이 메디나 사람들과 46개 항목에 걸쳐 협약을 맺었는데 그 중 4가지는 다음과 같다.

---

64) 비잔틴 황제 헤라클리어스(Heraclius; c. 575 - 641)는 무함마드와 동시대 황제인데 그는 이슬람이 성장하고 기독교 교회가 박해를 받는 것은 일종의 신의 처벌이라는 생각을 가졌던 것 같다.

(1) 우리는 다른 사람들과 구별된 하나의 움마(커뮤니티)이다.

(2) 너희가 서로 의견이 달라지면 무함마드와 알라의 말을 참조하라.

(3) 무슬림들이 전쟁을 계속하고 있는 동안에는 유대인들이 무슬림들과 함께 그 전쟁 비용을 부담한다.

(4) 유대인(바누 아우프) 신자들의 커뮤니티를 따로 구분한다. 유대인들에게는 그들의 종교가 따로 있고 무슬림들에게는 그들의 종교가 따로 있다.[65]

이 협약을 통하여 메카에서 온 무슬림들과 메디나의 사람들은 엄정한 사회적 계약을 통하여 모두가 동등하게 대해 주기를 기대하였으나 유대인과의 좋은 관계는 그리 오래 지속되지 못했다. 당시 이슬람을 받아들이기를 거부한 유대인과 기독교인들은 그들의 신앙을 이어가도록 허락은 되었으나 우상 숭배자들은 이슬람을 받아들이든지 노예가 되든지 죽음을 택하든지 한 가지만을 선택해야 했다. 628년 무함마드는 메디나 북서쪽 카이바르의 오아시스를 공격하여 포위하고 유대인들이 항복하자 유대인과 딤마 협약을 체결하였다. 무슬림들은 유대인들의 농작물 수확의 절반에 해당하는 지즈야(Jizya) 세금을 부과하는 대신에 그들을 공격하는 사람들로부터 보호해 줄 것을 약속하여 주었다. 이것이 비무슬림과의 관계에서 한 선례를 만들었다. 632년 무함마드가 3만 명의 병사들을 이끌고 아까바 만의 타북(Tabuk)으로 진격했다. 그 지역을 진압하고 다시 딤마 협약을 체결하였다. 이슬람의 보호를 받은 사람들에 대한 과세 방식은 이슬람 확장 시기를 거치면서 분명하게 규정되어 갔다.

이슬람이 확장되면서 많은 사람들이 이슬람을 거절하자 기독교인과 유

---

65) Colin Chapman, *Cross and Crescent*, Ivp Books, 2007, 299-300.

대인에게 허락한 딤미의 지위를 배화교, 불교, 힌두교인에게까지 허용하였다. 딤미였던 기독교인들은 무슬림 통치하에서 특정한 보호를 받는 대신 복종의 표시로서 특별세인 지즈야(사람의 머리 수대로 세금납부)를 무슬림 정부에 납부해야 했다. 그러나 가난한 기독교인들은 이런 세금이 매년 큰 부담으로 작용하였고 무슬림 남자들이 기독교 여성들과 혼인이 증가되면서 기독교 가정들이 무너지기 시작하였다. 코란 구절은 이슬람을 받아들이기를 거부하는 기독교인들과 싸우라고 지시되었고 그 싸움은 기독교인들이 지즈야를 낼 때까지라고 계시되었다(수라 9:29). 아라비아에 살던 유대인과 기독교인들이 무함마드의 말대로 이런 딤마의 협약 하에서 딤미는 무슬림들의 치안 보호를 받는 대신 특별 세금을 내야했다. 딤미들은 무슬림과 동등하게 대접받기를 기대했다. 그러나 고위 관리나 군 장성 등 사회지도층은 무슬림이 아니고서는 그 자리에 앉을 수 없도록 진급이 금지되었다. 이것이 많은 비무슬림들로 하여금 이슬람으로 개종하게 되는 계기가 되었다. 심지어 나즈란[66]에서 기독교인과의 협약이 있었음에도 무함마드의 말이라고 하면서 칼리파 오마르(634-644 재위)는 유대인들과 기독교인들을 아라비아 땅에서 쫓아내 버렸다. 칼리파 오마르는 시리아와 팔레스타인 그리고 이라크 땅이 이슬람 통치하에 들어 온 뒤, 시리아의 기독교인들에게 다음과 같은 오마르 협약에 서명할 것을 요구하였다.

(1) 우리(기독교인들)는 우리의 도시들과 주변 지역에 새로운 교회들과 수도원들과 수녀원들을 새로 건립하지 않으며 그 건물들을 다시 수리하지 않는다.

---

66) 주전 1,000년 경 향신로 무역을 위한 무역로이었고, 500년 기독교 공동체가 들어섰고 635년 무슬림들이 장악하였으며 1934년 사우디아라비아에 편입되었다.

(2) 우리는 우리 자녀들에게 코란을 가르치지 않는다.

(3) 우리는 우리의 종교를 공개적으로 드러내지 않으며 다른 사람을 기독교로 개종시키려 하지 않고 우리의 가족 중 일부가 이슬람을 받아들이는 것도 금하지 않는다.

(4) 우리는 (짐승의) 안장 위에 오르지 않고 칼을 허리에 차지 않고 어떠한 무기도 휴대하지 않으며 무기들을 누구에게도 운반하게 하지 않는다.

(5) 우리는 어느 곳에 있든지 같은 식으로 옷을 항상 입는다.

(6) 우리는 무슬림들의 거리와 시장에서 우리의 책들이나 십자가를 진열하지 않는다. 우리는 우리 교회 안에서만 매우 작게 박수를 친다.

(7) 무슬림들 앞에서나 우리 교회 안에서 목소리를 높이지 않는다. 사람이 죽은 후에도 목소리를 높이지 않는다. 무슬림들의 길가나 그들의 시장 앞에서 불빛을 밝히지 않는다. 우리는 우리의 시신을 무슬림들 가까이에 묻지 않는다.

(8) 우리는 무슬림들의 집보다 높게 집을 짓지 않는다.[67]

코란에서 이브라힘은 유대인도 아니고 기독교인도 아니다

흔히들 유대교와 기독교 그리고 이슬람교가 아브라함의 종교라고 한다. 그러나 코란은 이를 정면으로 부인한다.

이브라힘은 유대인도 아니오 기독교인도 아니며 그는 하니프(일신론자)이며, 알

---

67) Colin Chapman, *Cross and Crescent*, Ivp Books, 2007, 302-303.

라에게 복종하는 자이었고 무쉬리쿤(우상 숭배자)이 아니었다(수라 3:67).

당시 유대인들은 이브라힘을 자신들의 종교에 속한 사람이라고 하고 기독교인들은 이브라힘이 믿음의 조상이라고 하니 알라가 계시를 내려 유대인들과 기독교인들이 한 말은 거짓이라고 하면서, 이브라힘은 하니프이고 알라에게 복종하는 자이며 우상 숭배자가 아니라고 하였다.

> 예수께서 이르시되 진실로 진실로 너희에게 이르노니 아브라함이 나기 전부터 내가 있느니라 하시니(요 8:58)
>
> 그러므로 상속자가 되는 그것이 은혜에 속하기 위하여 믿음으로 되나니 이는 그 약속을 그 모든 후손에게 굳게 하려 하심이라. 율법에 속한 자에게뿐만 아니라 아브라함의 믿음에 속한 자에게도 그러하니 아브라함은 우리 모든 사람의 조상이라(롬 4:16).

아브라함에 대한 내용은 창세기 11장 26절에서 25장 18절에 주로 언급되어 있으나 구약에서는 40여 차례, 신약에서는 70여 차례 아브라함의 이름이 등장한다. 성경에는 아브라함이 사우디아라비아에 갔다는 기록이 없으나 이슬람에서는 오늘날 사우디아라비아 메카의 카아바 신전을 세운 사람이 이브라힘이라고 한다.

여기서 한국어판 『성 꾸란』 해설과 비교하여 보면 『성 꾸란』에서는 이브라힘이 '무슬림이었으며 또한 우상을 숭배한 분도 아니었다' 고 번역한다. 아랍어 코란 원문에 나오는 '무쉬리쿤' 은 '알라와 동등한 자를 알라의 자리에 놓는 자' 를 가리키고 이 코란 본문에 나오는 '알라에게 복종하는 자' 를 '무슬림' 으로 번역해서는 안 된다. 이 코란 원문이 의미하는 것은 오늘날 우리가 아는 '무슬림' 이란 의미가 아니라 '알라에게 복종한 사람'(devoted to Allāh)이란 의미이다. 코란에 '무슬림'(muslim)이란 단어가 나온다고 하여 모두 무슬림으로 번역할 수 없다. 만일 이브라힘이 무슬림이라면 코란의 첫 계시가 내려온 610년 이전에 무슬림, 기독교인, 유대인의 종교 분류가 있어야 한다. 무함마드가 살아 있는 동안에 그는 '이슬람'이라는 새로운 종교를 만들 생각이 없었다. 무함마드는 이브라힘이 하니프라고 하면서 자신도 하니프(단일신교도)라는 것을 코란에서 강조한다. 무슬림 커뮤니티의 삶에 대한 그의 관심은 모든 정치적, 사회적 이해 관계와 얽혀 있었다. 그리고 궁극적으로는 모든 무슬림들이 무함마드의 모범(하디스와 순나)을 따를 것을 요구받았다. 알라에게 복종한 사람들의 모범은 곧 무함마드였다. 그래서 누군가 무함마드를 모욕하면 그것은 이슬람 사회의 삶 전체를 모욕하는 것으로 인식하였고 각 무슬림들을 모욕하는 것으로 받아들였다.

다음은 성경과 전혀 맞지 않는 코란 구절과 코란에서 자체적으로 모순이 되는 구절들을 성경과 코란의 주해를 통해 적확한 의미를 살펴본다.

코란과 성경의 유사한 내용 : 서로 다른 해석

무함마드가 살아 있는 동안 일부 무슬림들이 에티오피아 지역으로 피신하였을 때 그들은 그곳에서 기독교인들을 만났다. 또 나즈란에서 온 기독교인 대표단과 무함마드가 만났는데 이와 관련된 코란 구절은 수라 아알 이므란 장의 첫 8개 절(수라 3:1-8)에 등장하고 있다. 이 구절들은 기독교인들의 주장에 대하여 무함마드가 반박하도록 알라가 내려준 코란 구절들이다.

1. 알리프, 라암, 미임

2. 알라; 그 분 이외에 신이 없고 살아계시고 영존하신다.

3. 그(알라)는 이 전에 보낸 것을 확증하면서 너(무함마드)에게 진리와 함께 경전(al-kitāb)을 내려보냈다. 그(알라)가 타우라와 인질을 내려 보냈다.

4. 이전에는 인도함을 사람들에게 (내려주었다), 그(알라)는 알푸르깐 (옳고 그름 사이의 구별)을 내려주었다. 알라의 표적을 믿지 않았 던(kafarū) 사람들은 심한 고통을 받을 것이다. 알라는 보복하시고 전능하시다.

5. 땅 위와 하늘에 있는 어떤 것도 알라에게 숨겨질 수 없다.

6. 그가 뜻한 대로 너를 자궁에서 만들어 주신 분이다. 그분 이외에 신 이 없고 그분은 전능하시고 가장 지혜로우시다.

7. 너(무함마드)에게 이 경전을 내려 주신 분은 그분이다. 경전 속의 일 부 구절들은 그 의미가 분명하여 경전의 핵심이 된다. 다른 구절들 은 모호하다(mutashābihat). 마음이 강퍅한 사람들은 모호한 구절 을 따르고 혼란을 추구하고 그 의미를 추구한다. 알라만이 그 의미 를 아신다. 지식에 확고한 뿌리를 둔 사람들은 말한다. 우리가 그것 을 믿었다. 그것 모두가 우리의 주님에게서 왔다. 깨닫는 지식을 갖 는 자만이 이해한다.

8. 우리의 주님, 당신이 우리를 인도하신 뒤에 우리의 마음이 빗나가지 않게 해 주시오. 우리에게 당신의 자비를 허락해 주세요. 당신은 항 상 주시는 분이다.

위 코란 구절은 알라와 경전에 대한 설명인데 알라 이외에 신이 없다고 한다. 즉 코란이 진리의 경전이고 4절에서는 무엇이 옳고 그른지를 분별해 주는 책이 코란이라고 한다. 알라는 보복하시고 전능하시고 지혜롭다고 하고 항상 선물을 주시는 분이라고 한다. 7절에서 코란 경전에는 애매한 구절이 있고 그 뜻이 분명한 구절이 있는데 이 구절들이 모두 알라에게서 왔다고 믿는다. 그런데 무슬림들은 분명한 구절에 관심을 두는데 비무슬림들은 애매한 구절에 관심을 두어 문제를 일으킨다고 한다.

코란의 주장대로 비무슬림은 코란의 애매모호한 구절에 초점을 둔다고 말하고 있지만 사실 코란의 여러 내용들이 성경과 들어 맞지 않는다. 코란은 성경이 나온 뒤에 기록되었고 코란은 모세오경을 복음서보다 더 많이 인용하고 있다. 모세오경에서 따온 내용들이 코란에 쓰이고 있다고 할지라도 전체 줄거리를 다 인용한 것이 아니고 단편적인 부분만을 옮겨 쓰고 있다.

그 예로 "피르아운(Pharaoh)의 아내가 무사(모세)를 양자로 삼다"(수라 28:9)라고 쓰여 있는데, 성경 히브리서는 "믿음으로 모세는 장성하여 바로의 공주의 아들이라 칭함을 거절하고"(히 11:24)라고 하였고, 출애굽기 2장 10절에서는 "그 아이가 자라매 바로의 딸에게로 데려가니 그의 아들이 되니라. 그가 그 이름을 모세라 하여 가로되 이는 내가 그를 물에서 건져내었음이라 하였더라."라고 한다. 모세가 바로 왕의 딸의 아들로 자라났으나 그가 법적 상속이 될 나이에 이르러 모세는 양자가 됨을 거절하였다는 것이 성경의 말씀이지만 코란은 피르아운의 아내가 무사(모세)를 양자로 삼았다고 한다. 피르아운의 아내가 무사를 양자로 삼았다는 것은 무사가 이집트의 왕권을 계승했을지도 모른다는 것을 시사한다.

코란 28장 38절에서 "피르아운이 무사의 신에게 이를 수 있도록 하만(Hāmān)에게 진흙을 구워 높은 탑(sarh)을 쌓으라."고 한다. 이 줄거리에서 무사가 거짓말쟁이라는 것을 밝히겠다는 것이 코란 본문인데, 바벨탑(2100 BC)은 창세기 11장에 나오는 것으로 바로왕(출애굽 1446 BC)이 성경에 나타나기 오래 전에 있었고 하만(474 BC)은 바벨론의 에스더 이야기에 등장하므로 바로 왕의 이야기보다 훨씬 뒤에 나타난다. 무함마드가 당시 성경을 아는 사람들로부터 들은 내용이 코란에 기록되다 보니 그 정확성과 사건의 일관성이 무시된 채 코란에 쓰여 있다. 그러므로 코란이 성경의 내용을 직접 인용했다고 보기 어렵다. 당시 책으로 완성된 아랍어 성경이 없었기 때문이다.

왕을 모신 내시 중에 하르보나가 왕에게 아뢰되 왕을 위하여 충성된 말로 고발한 모르드개를 달고자 하여 하만이 높이가 오십 규빗 되는 나무를 준비하였는데 이제 그 나무가 하만의 집에 섰나이다. 왕이 이르되 하만을 그 나무에 달라 하매(에 7:9).

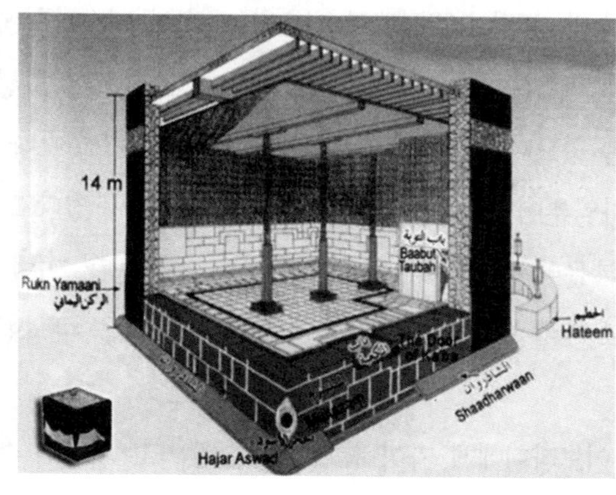

메카의
카아바 신전

코란 20장 87~88절에서는 "사미리(Samiri) 인이 송아지를 신상으로 만들었다. 그들이 '이것은 무사의 신이고 너의 신이다' 고 하였다."고 하여 코란은 이스라엘 사람들이 호렙산에서 숭배한 송아지를 사미리 인이 만들었다고 하나, 성경에서 사마리아(사미리)라는 말은 주전 722년 이전에는 나타나지 않고 있다. 성경에서 송아지를 신으로 모신 사건은 출애굽기 32장 8절에 "그들이 내가 그들에게 명령한 길을 속히 떠나 자기를 위하여 송아지를 부어 만들고 그것을 예배하며 그것에게 제물을 드리며 말하기를 이스라엘아, 이는 너희를 애굽 땅에서 인도하여 낸 너희 신이라 하였도다."라고 쓰여 있다.

이슬람의 전통은 이브라힘-이스마일의 계보를 따른다. 그래서 아랍 무슬림들은 자신들을 이스마일의 후손이라고 한다. 코란의 37장 102절은 이브라힘의 아들이 희생제물로 바쳐진 이야기가 나온다. 그의 아들이 걸음마를 할 나이에 이르자 "내 아들아, 내가 너를 희생제물로 바치는 꿈을 꾸었는데 어찌 생각하니? 아버지, 명령받은 대로 행하세요. 제가 잘 참을 거예요."라고 한다. 이 구절에는 '이스마일' 혹은 '이스마엘'이란 단어는 나오지 않는다. 수라 37장 112절에서 이스학(이삭)이 이브라힘에게서 태어날 것이라는 기쁜 소식이 쓰여 있다. 코란에는 이스마일이 희생제물이 될 것이라는 말은 없으나 문맥으로 보아 무슬림들은 이스학보다 먼저 낳은 아들이 이스마일뿐이었으므로 이스마일을 희생제물로 바쳤다고 해설한다. 그러나 코란 본문에서는 그의 이름이 등장하지 않는다. 이런 내용으로 보아 무슬림 코란 주석가들이 구약을 참고하여 코란을 주석했다는 것을 알 수 있다.

알라는 이스마일과 이브라힘에게 카아바 신전을 세우라고 명한다(수라 2:125). 오늘날 13억의 무슬림들이 메카의 카아바 신전을 순례하는데 이

순례의 과정도 이브라힘을 기억하기 위한 것이라고 한다. 그러나 성경은 창세기 22장 9절에서 "하나님이 그에게 지시하신 곳에 이른지라. 이에 아브라함이 그 곳에 단을 쌓고 나무를 벌여 놓고 그 아들 이삭을 결박하여 단 나무 위에 놓고"라고 하여 이스마일이 아니라 이삭이 바쳐진 것을 확실히 한다.

성경에서 이삭이 바쳐진 곳은 모리아 산인데 이슬람교의 전승에서는 메카에 있는 카아바라고 한다. 서로 전혀 맞지 않는 내용들이다. 신약성경은 아브라함에 대하여 "하나님께서 모세에게 이르시되 나는 아브라함의 하나님이요, 이삭의 하나님이요, 야곱의 하나님이로라 하신 말씀을 읽어 보지 못하였느냐"(막 12:26b)라고 하고 바울은 로마서 11장 17–18절에서 "또한 가지 얼마가 꺾이었는데 돌감람나무인 네가 그들 중에 접붙임이 되어 참감람나무 뿌리의 진액을 함께 받는 자가 되었은즉 그 가지들을 향하여 자랑하지 말라. 자랑할지라도 네가 뿌리를 보전하는 것이 아니요, 뿌리가 너를 보전하는 것이니라."고 하여 유대인이 아닌 사람들도 아브라함의 자손이 될 수 있다는 것을 감람나무를 통하여 설명하고 있다.

뿌리는 아브라함의 믿음이고 유대인들은 이 나무의 가지들이다. 믿음이 없는 유대인들이 이 가지에서 꺾여지고 이방인 신자들이 돌감람나무 가지처럼 접붙임이 된다. 이제 유대인과 이방인들이 그 나무의 양분을 공유하게 되었으니 구원은 혈육이 아니다. 갈라디아서 3장 16절은 "이 약속들은 아브라함과 그 자손에게 말씀하신 것인데 여럿을 가리켜 그 자손들이라 하지 아니하시고 오직 한 사람을 가리켜 네 자손이라 하셨으니 곧 그리스도라."고 하여 그리스도를 구주로 믿는 성도들이 모든 민족의 복의 근원이 될 아브라함의 후손이 되었다.

그러나 코란은 "이브라힘이 유대인도 기독교인도 아니었으며 알라께 복종하는 자로, 하니프이었고 무쉬리쿤도 아니었다"(수라 3:67)고 하여 이브라힘이 기독교인도 아니고 유대인도 아닌 하니프(일신론자)라고 한다. 무함마드가 이슬람 이전부터 아라비아에 있었던 일신론(하니프)을 자신의 일신론 신앙을 확립하는 데 그 자료로 삼고 있다.

> 우리(알라)가 너(무함마드)에게 계시하였다. 무쉬리쿤(우상 숭배자)이 아닌 하니프(일신론자), 이브라힘의 종교(Millah)를 따르라(수라 16:123).

위 코란 구절은 무함마드가 알라에게서 받은 계시라고 하면서 일신론자 이브라힘의 종교와 교리를 따르라고 한다. 이브라힘은 알라 자리에 다른 신을 두지 않는다고 한다. 무함마드가 주목한 것은 이브라힘이 우상을 버리고 단일신을 믿었다는 것을 포착하고 이브라힘의 종교적 특징이 한 분 알라를 믿는 신앙이라고 강조한다. 더구나 기독교인들은 예수를 하나님의 아들이라고 하니 하나님 자리에 예수를 두어 기독교인들을 우상숭배자(무쉬리쿤)로 간주하는 사람들이 무슬림이다. 오늘날 무슬림 주석가들은 코란에 등장하는 무함마드 이전의 모든 예언자들이 무슬림이라고 하나, 이미 전승한 대로 무함마드 자신도 '이슬람'이라는 종교를 따로 세우고자 한 것은 아니었다. 무함마드 이전의 사람들 중에 '무슬림'이 있었다고 한다면 그때 '무슬림'은 '알라' 혹은 '신에게 복종하는 사람'이란 뜻이다.

말하라(무함마드야), '우리(무슬림들)는 알라와 우리에게 내려온 것과 이브라힘, 이스마일, 이스학, 야으꿉, 지파들, 무사, 이싸와 그들의 주님에게서 온 예언자들에게 내려온 것을 믿는다. 우리는 이들 예언자들 사이에 어떠한 차별도 하지 않는다. 그 분에게만 우리가 복종한다(Muslimūn).' (수라 3:84)

위 구절을 보면 '우리'가 무슬림들을 가리킨다고 하고 '우리가 복종한다'는 말은 아랍어 원문 그대로 '무슬리문(무슬림들)'이라고 하는데 사실 이 본문에서 이브라힘, 이스학, 야으꿉, 무사, 이싸 등은 '무슬림들'이라기 보다는 '신에게 순종한 사람들'이라는 말이 본문에 더 적합하다. 코란 10장 104절에서 무함마드는 자신의 신앙을 전해준다. 무함마드는 인간을 죽게 할 수 있는 알라를 믿는 참 신자들 중의 한 사람이 되었다고 말한다.

말하라, 사람들아, 나의 종교에 대하여 의심이 간다는데, 알라 이외에 너희들이 예배하는 것을 내가 예배하지 않는다. 그러나 나는 너희를 죽게 하는 (yatawaffākum) 알라를 예배하고 내가 무으민(mu'min)들 중의 한 사람이 되도록 명받았다.

위 구절은 무함마드가 알라만을 숭배하고 당시 그의 주변 사람들이 믿었던 종교를 믿지 않는다고 하면서 무으민들 중의 한 사람이 되라는 내용이다. 무으민은 이슬람의 교리를 믿는 참 무슬림이란 뜻이다. 그러고 보면 무함마드는 이 코란 구절에 따라 무슬림이기도 하고 무으민이기도 한 것이다. 그러나 무으민(mu'min)이 성경에 쓰이면 '예수를 구주로 믿는 신자'라는 말이 되고 코란에서는 '이슬람을 믿는 신자'라는 말이 된다. 모든 것을 알라에게 맡기는 사람이 무으민이므로 무슬림보다 더 넓은 개념으로 인식한다. 무함마드는 이브라힘의 계보에 속한 사람으로서 기존의 타우라와 인질을 떠나 그의 정체성을 새롭게 정립하고 있다. 알라는 이브라힘을 사람들의 지도자(Imām)가 되게 하겠다(수라 2:124)고 말한다.

> 우리(이브라힘과 이스마일)의 주님, 우리를 당신에게 복종하는 사람(muslim)이 되게 하여 주시고 우리의 후손들 중에서 당신에게 복종하는 민족(Ummah muslimah)이 되게 하여 주세요(수라 2:128a).

오늘날 무슬림 공동체를 아랍어로 흔히 움마(Ummah)라고 하는데 이브라힘은 알라에게 기도하기를 자신과 이스마일이 무슬림 공동체의 한 사람이 되게 하여 달라고 하는 것으로 위 구절을 해석한다. 이브라힘과 이스마일이 이슬람 움마의 한 일원이라는 것이다. 그러나 위 구절에서 '무슬림'은 '알라에게 복종하는 사람'을 가리키므로 '우리를 무슬림이 되게 하여 주시고'라고 번역해서는 안 된다. 모든 인류가 모두 무슬림들 공동체가 아니라 '우리들의 후손들 중'(min dhurriyatinā)이라고 하여 세상 사람들 중의 일부만이 알라에게 복종하는 사람들이 될 것을 코란은 말한다. 움마는 공통된 신앙을 갖고 있는 사람들의 집단으로서 이 움마로부터 모든 삶의 문제와 관련된 제도가 생겨난다. 움마는 인종, 언어, 국적, 역사와 상관없이 하나의 신앙을 받아들인 사람의 공동체이다. 그러나 오늘날에는 이런 '움마'의 개념이 '무슬림 공동체'에 국한되어 이슬람 국가에 살고 있을지라도 이슬람을 믿지 않는 사람은 '이슬람 움마'의 구성원이 아니다. 위 코란 구절을 아랍어 원문 그대로 번역하면 오늘날 우리가 종교 구분으로 나눈 '무슬림'들과는 전혀 상관없는 본문이다.

> 우리(이브라힘과 이스마일)의 주님, 우리를 당신에게 복종하는 사람이 되게 하

여 주시고 우리의 후손들 중에서 당신에게 복종하는 민족이 되게 하여 주세요
(수라 2:128a).

위 구절은 기독교인이나 유대교인이 '우리가 하나님께 복종하는 사람이
되게 하여 주시고 우리의 후손들 중에서도 하나님께 복종하는 사람들이
되게 하여 주세요.'라고 이해할 수 있기 때문이다.

너희가 아브라함과 이삭과 야곱과 모든 선지자는 하나님 나라에 있고 오직 너희
는 밖에 쫓겨난 것을 볼 때에 거기서 슬피 울며 이를 갊이 있으리라(눅 13:28).

코란은 "알라의 나라" 혹은 "알라의 왕국"이라는 말을 언급하지 않는
다. 그러나 성경은 세례 요한과 예수 그리스도가 "회개하라, 하나님 나라
가 가까웠다."고 하시면서 하나님 나라는 이미 시작되었으나(막 1:15) 아
직 완성되지 않았음을 알려준다. 오늘날 교회는 하나님 나라를 위해 '부
르심을 받고'(고전 1:2,9), '세우심을 입고'(엡 2:20-22), '세상 속에 보내
심'(요 20:21)을 받은 공동체이다.

그런즉 믿음으로 말미암은 자들은 아브라함의 아들인 줄 알지어다(갈 3:7).

성경은 아브라함의 자녀를 누구라 하는가? 유대 민족만을 가리키는가?
코란에 나오는 "야후드(yahūd)"는 유대인들이란 뜻이고, 히브리어 예후
디 "yehūdiy"(יְהוּדִי)는 유대인(a jew)이란 민족을 가리키는 말이다. 본래는
유다(Judah)에 살고 있던 이스라엘 사람이나 바벨론 유수 이후 유다 족
속을 가리켰다. 그러나 성경은 믿음으로 말미암은 자들이 아브라함의 아

들이라고 한다.

> 유대인들과 기독교인들은 '우리들이 알라의 자녀들(abnā' allāh)이고 그의 사랑받는 자들이다'라고 말하는데, 너희들이 법을 위반(Dhunūb[68])한 것을 알라가 왜 벌하시는지 말하라. 너희는 단지 인간이고 그의 피조물이다. 그가 원하는 사람은 용서하고 그가 원하는 사람은 벌하신다. 하늘들과 땅의 소유는 알라에게 있고 이 둘 사이에 있는 모든 것은 그에게 속한다. 모든 여정은 그에게로 통한다(수라 5:18).

무함마드는 유대인들과 기독교인들이 알라의 자녀들이라고 하는 말을 듣고나서 그런데 왜 알라가 너희들을 벌하시느냐고 묻는다. 너희가 알라의 자녀들이라기보다는 단지 인간이고 피조물일 뿐이라고 한다. 알라는 그가 원하면 용서하고 그가 벌하고 싶으면 벌을 내린다. 하늘과 땅의 모든 것이 알라의 통제 하에 있다.

또 성경과 코란에 언급한 유사한 구절이 전혀 다르게 기록된 것을 살펴보자. 코란 2장 247절에서 딸루트가 왕이라고 하고 249절은 기드온의 군대 이야기가 나온다. 사사기에 나오는 기드온(삿 7:3-23)은 사울 왕(주전 1047~1007 재위)보다 훨씬 이전의 이야기이다. 사사기 7장 5절은 "이에 백성을 인도하여 물가에 내려가매 여호와께서 기드온에게 이르시되, 무릇 개의 핥는 것같이 그 혀로 물을 핥는 자는 너는 따로 세우고 또 무릇 무릎을 꿇고 마시는 자도 그같이 하라 하시더니"라고 하고 사무엘상은 "모든 백성이 왕의 만세를 외쳐 부르니라(10:24b)."고 말한다. 그러나 코란은 딸루트(Tālūt: 사울)가 군대를 이끌고 말하기를 "알라가 이 강물로 시험할 것이다. 이 강물을 마신 자는 내게 속한 자가 아니고, 손으로 마시는 자

---

68) 대개는 카띠아와 단브가 같은 의미라고 하나, 카띠아가 단브보다 더 큰 의미이다. 강간, 살해는 카띠아라고 하고 단브는 카띠아보다 더 작은 죄를 말한다고도 한다.

가 내게 속한 자이다. 적은 수효가 이 시험에서 성공하고 강을 건너고 나서 그들이 잘루트(jālūt 골리앗)를 대적할 군대의 수가 부족하였다.”(수라 2:249)고 한다. 성경의 사사기 7장에 나오는 300명의 용사를 거느린 기드온의 이야기와는 사뭇 다른 이야기가 코란에 실려 있는 것이다.

무함마드는 모세오경 중에서 창세기를 코란에 더 많이 언급하고 다우드, 잘루트, 유누스, 누흐, 이브라힘, 무사, 유수프의 역사를 반복한다. 그런데 코란에 유누스, 유수프, 이브라힘, 마르얌, 누흐가 모두 메디나 장이 아닌 메카 장의 제목에 등장하고 있다. 이들은 요나, 요셉, 아브라함, 마리아, 노아 등 성경 인물과 비교될 수 있으나 동일인물인지 분명하지 않다. 코란에는 이브라힘과 무사의 이야기와 창조의 기사가 자주 반복되고 있기 때문에 코란에 모세오경의 내용이 대단히 많이 들어 있는 것처럼 느껴질지 모르나 실제로는 그리 많지 않다.

코란의 쌀리흐와 잘림

무함마드는 그가 메카에 있을 때 유대인들과의 만남을 통해 그리고 가끔 기독교인을 만나 그들의 성경에 나오는 인물들과 그들의 이야기를 들었을 수도 있다. 시편 37편 29절에 “의인이 땅을 차지함이여 거기 영영히 거하리로다.”에서 전반부와 유사한 내용이 코란 21장 105절의 후반부에 나온다.

우리가 (이전의) 경전에 쓴 것처럼 자부르(al-zabūr)에 썼다; 좋은 일을 많이 하는(Sālih) 종들이 땅을 물려받을 것이다.

위 코란 구절에서 무함마드는 성경의 구약을 타우라(모세오경)와 자부르(시편)로 구분한다. 아랍 기독교인들은 시편을 'mazmūr'(마즈무르)라고 하고 코란은 시편을 'zabūr'(자부르)라고 하여 서로 다른 용어를 사용한다. 또, 아랍어 성경과 코란에 나오는 'Sālih'(쌀리흐)는 어휘가 같더라도 그 의미는 각각 다르다. 일반적으로 무슬림이 사용하는 '쌀리흐'는 '좋은 일을 많이 하는 선한 사람'이란 의미이지만 코란에서는 이 단어가 알라에게 사용되지 않고 인간 무슬림이 '쌀리흐'가 되어야 한다는 말만 나온다. '쌀리흐'는 선행을 하고 다른 사람에게 해를 끼치지 않는 사람이다.

그러나 아랍어 성경에서는 하나님이 '쌀리흐'라고 하면 하나님이 '흠이 없고 최고로 완전한 분'이라는 뜻이다. 바나바가 착한 사람(쌀리흐)이라고 사도행전 11장 24절에서 말하는데 '최고 수준의 가치관과 미덕을 갖춘 사람'을 가리킨다. 성경의 '쌀리흐'는 하나님의 속성 중의 하나이고 구약에서는 윤리적인 행동 혹은 법적인 의미를 갖고 있고 이에 상응한 히브리어 단어 사닥(sādaq)은 '옳다(right), 바르다(just), 순진하다(innocent)' 등의 의미를 갖는다. 신약에서 이와 상응하는 단어는 디카이오스(δικαιος)인데 최고 수준의 올바름을 지키는 존재라는 면에서 '올바른 행동과 알라에 대한 책임감 사이에 연결됨'을 강조한다. 결국 분명한 것은 코란에 나오는 '쌀리흐'는 '의로운'이란 의미가 아니라는 것이다.

무함마드에게 이브라힘과 무사는 단일신론을 선포한 가장 대표적인 인물이다. 코란에는 무사가 불타는 나무에 가까이 왔을 때 알라가 나타난다. 수라 20장 10절에는 "그가(무사) 불을 보고 그의 백성들에게 말하였다. '여기 머물라, 내가 불을 보았으니 불타는 나무를 너희에게 가져올 수 있고, 거기서 인도함을 받을 수 있을 거야'(수라 20:10)", 수라 20장 11절에는 "무사가 불 가까이에 왔을 때 '무사야' 하고 부르는 소리가 있었다. 12~13절에는 내가 너의 주님이니 네 신발을 벗어라. 너는 뚜와(샴 지역의 계곡 이름 혹은 심심산천의 계곡, 혹은 무사가 밤에 지나갔던 곳)의 거룩한 계곡에 있다. 내가 너를 택하였다. 그러므로 계시(wahy)되는 것을 들어라.", 그리고 수라 20장 14절은 "나는 알라다. 나 이외에 신이 없다. 나를 예배하고 나를 기념(dhikrā)하기 위하여 기도를 행하라."라고 나와 있다.

이 코란 구절과 비슷한 성경본문은 출애굽기 3장 4-5절에 나온다.

 여호와께서 그가 보려고 돌이켜 오는 것을 보신지라. 하나님이 떨기나무 가운데 서 그를 불러 이르시되 모세야 모세야, 하시매 그가 이르되 내가 여기 있나이다. 하나님이 이르시되 이리로 가까이 오지 말라. 네가 선 곳은 거룩한 땅이니 네 발 에서 신을 벗으라.

위 성경 구절에서는 하나님이 불과 함께 계서서 사람이 가까이 할 수 없다는 것을 가르쳐 준다. 코란에는 무사가 불타는 나무에 가까이 가니 알라가 그를 택하고 알라는 먼저 예배와 기도를 하라고 그에게 명한다. 그런데 성경은 애굽에서 고통 받고 있는 하나님의 백성을 구하라는 소명을 주시는데 반하여, 코란은 20장 15절에서 "그 시간(그때)이 다가오고 있다. 각 영혼이 그들의 수고로써 상을 받으려 하므로 내가 시간을 계속 감춰두고 있다." 수라 20장 16절에서 "그때를 믿지 않고 자신의 욕망대로 따라가는 사람들로 하여금 너를 딴 데로 돌리게 하지 말라. 네가 망하지 않도록"라고 하는데 여기서 "그때"은 부활의 때를 말하고 무사가 그때를 위한 준비를 하고 있었는데, 그런 무사를 곁길로 가지 않게 하려고 알라가 무사에게 당부하는 내용이다. 그리고 코란은 이어서 막대기가 뱀이 되는 이야기를 전개한다. 코란에서는 무사가 주인공이 아니고 무함마드의 소명이 무사의 이야기 속에 투영되어 있다.

코란에서 세 가지 주요 주제는 무함마드의 예언자 됨과 심판(부활)의 날 그리고 알라가 한 분이라는 것이다. 위 수라 20장 10-16절까지만 보아도 그 내용 중에 '알라 이외에 신이 없다'고 하여 한 분 알라에 대한 이야기가 있고 16절에 '그때'라는 심판의 시간이 언급되고 있다. 더구나 불이 타는 나무 가까이 갔을 때 무사야 하고 부르는 소명은 무사를 부르는 것이 아니라 무함마드가 예언자로 택함을 받았다는 것을 상징한다고 무슬림들은 주석한다.

사실 무함마드의 초기 설교의 특징은 심판의 날이 다가왔다는 것이다. 무함마드는 코란에서 심판의 날을 전하는 바쉬르(bashīr: 좋은 소식을 전하는 자)와 나디르(nadhīr: 나쁜 소식을 전하는 경고자) 등 두 가지의 역할을 갖는다.

> 알라 이외는 예배하지 않는다. 나(무함마드)는 경고하고 기쁜 소식을 전하기 위하여 그로부터 너희에게 보냄을 받았다(수라 11:2).

이 코란 구절에서는 '나'는 무함마드를, '그'는 알라를 가리키고 무함마드는 좋은 소식을 전하는 자이고 나쁜 소식으로 경고하는 자라고 말한다. 코란이 알라의 말이라고 하면서, 이 코란 구절은 무함마드가 스스로 자신이 바쉬르와 나디르라고 한다. 코란은 무함마드의 사명과 밀접한 관계가 있다는 것을 스스로 증명한다. 그런데도 코란이 오직 알라의 말이라고 하는 것은 코란의 내적 증거와 어긋난다.

수라 26장 10절에서 무사는 애굽에 있는 이스라엘 백성에게 가는 것이 아니라 "너의 주님이 무사를 불러 잘림(zālim: 상대의 권리에 합당하게 그 온전한 권리를 주지 않은 사람, 나와 상대 사이를 공정하게 판정하지 않는 사람, 부당한 대우를 하는 사람)에게로 가라"고 하였다. 알라가 무사에게 불의나 부당한 일을 하는 사람에게로 가라는 소명을 주신다. 수라 26장 10-11절에서 부당한 일을 행하는 사람들은 '피르아운의 사람들'이다. 알라는 피르아운(바로)의 백성들이 알라의 벌을 두려워하지 않는 백성(lā yattaqūn)이라고 칭한다.

수라 20장 49절에서는 "무사야, 너의 주님이 누구냐?"라고 물으니 수라 20장 50절에서 무사는 "우리 주님은 모든 것에 그 형태를 주신 분이고 인도하심을 주신 분이다."라고 답한다. "무사야, 너의 주술로 우리를 우리 땅에서 쫓아내려고 우리에게 왔느냐?"라고 그(파라오)가 묻는다(수라 20:57). 그런데 주술사들은 "우주의 주님, 무사와 하룬의 주님을 믿는다."고 한다(수라 26:46-47). "그(파라오)가 말했다. '내가 허락하기 전에 그(주님)를 믿었다는 말이냐? 너희에게 주술을 가르쳐 준 자는 너희들 중 큰 자이구나.'"(수라 26:49a)라고 하여 주술사들의 주님이 주술사의 우두머리라고 한다. 그러나 성경은 "바로도 박사와 박수를 부르매 그 애굽 술객들도 그 술법으로 그와 같이 행하되(출 7:11)" 바로가 마음이 강퍅하여 이스라엘 백성이 이집트에서 떠나기를 거절한다(출 7:14). 결국 성경과 코란의 내용이 달라지고 있다. 코란의 20장과 26장에서도 피르아운과 주술사, 무사에 대한 이야기가 반복되어 있다.

> 알라, 영존하시고 피조물을 생존케 하는 그분 이외에 신이 없다. 그는 졸지도 않으시고 주무시지도 않으시며 하늘들과 땅에 있는 모든 것이 그에게 속해 있다 (수라 2:255).

수라 2장 255절은 가장 좋은 보좌의 구절(ayat al-kursī)이라고 하여 무슬림들에게는 아주 귀한 코란 구절이다. 알라가 졸지도 주무시지도 않는다는 말은 알라가 졸거나 주무시면 하늘과 땅이 무너질 것이라고 무슬림 주석가는 해석한다. 그런데 "이스라엘을 지키시는 자는 졸지도 아니하고 주무시지도 아니 하시리로다(시 121:4)."라고 하신 성경의 시편 말씀은 하나님이 무관심하거나 등한시하지 않고 빈틈없이 보호하신다는 말이다. 코란(수라 2:255)은 알라가 누구신가를 설명하지만 성경(시 121:4)은 하나님이 그의 백성에 대하여 관심을 갖는다는 인간과의 인격적인 관계를 표현하고 있다. 수라 50장 16절은 "우리(알라)가 인간을 창조하였다. 인간의 각 영혼이 속삭이는 것을 우리가 다 안다. 우리가 경동맥보다 그 (인간)에게 더 가깝다."고 한다. 알라는 인간이 속삭이는 것에 대하여 알라가 경동맥보다 먼저 알게 된다고 한다. 즉 인간의 모든 생각 그리고 속삭이는 것까지도 알라가 알고 있으므로 인간이 조심해야 한다는 것이다. 한국어로 된 일부 코란 해설에서는 이 구절을 '알라가 인간처럼 보기도 하고 듣기도 하는 신'이라고 하였으나 이슬람의 알라는 '인간과 전혀 다르다'는 것이 이슬람 신개념의 중심 개념이다.

내 양은 내 음성을 들으며 나는 저희를 알며 저희는 나를 따르느니라(요 10:27).

예수의 제자들은 그의 목소리를 듣고 예수와 친밀한 관계를 가지며(저희를 알며), 그들은 구원의 메시지를 이해하고 그를 따른다. 그를 따른다는 말은 예수가 아버지의 뜻에 순종한 것처럼 예수의 제자들도 아버지의 뜻에 복종한다는 말이다.

코란에서는 "유대인들은 자랑스럽게 자신들이 알마시흐, 이싸 븐 마르얌, 알라의 메신저를 죽였다고 하나 유대인들이 그를 죽이지 않았고 십자가에 못 박지도 않았다."(수라 4:157)고 한다. 무함마드는 유대인들이 이싸를 죽였다는 말을 부인한다. 지금까지 인용된 코란 구절들을 보더라도 주로 모세오경의 내용과 엇비슷하나 모세오경과 전혀 다른 내용들이었다. 코란은 복음서보다는 모세오경의 역사와 전승에 가까운 이야기가 더 많다. 사실 일부 코란 구절은 모세오경 없이는 이해가 안 가는 대목도 있다. 코란에 나오는 복음서에 대한 이야기와 비교하여 보면 모세오경의 전승이 훨씬 더 많다. 무함마드에게 내려온 계시 중에는 "너에게 계시된 내용 중 모르는 것이 있으면 너보다 먼저 계시를 받은 사람들에게서 물어보라."는 코란 계시가 있었음에도 무슬림 코란 주석가들은 유대인들과의 단절을 꾀하며 무함마드만의 독특한 세계를 형성한다. 무함마드는 유대인들에게는 경전이 있는데 아랍인들에게는 경전이 없다는 것을 알고 아랍인들에게 그들의 모국어 아랍어로 된 경전을 알라가 선물로 주었다고 생각하였다. 무함마드의 계시는 상황이 바뀔 때마다 계속 바뀌고 있었다. 그래서 메카에서 받은 내용과 메디나에서 받은 내용이 달라졌다. 메카에서는 종말론적 내용이, 그리고 메디나에서는 이슬람 공동체의 설립과 운영을 위한 이슬람법의 내용이 부각되었다.

코란의 아흐마드

코란의 모든 내용이 이슬람 법의 자료로 사용되지는 못하고 전체 내용 중 1/12만이 이슬람법으로 사용되었다. 코란에서 이싸는 무함마드가 앞으로 올 것이라는 것을 미리 알려주는 사람으로 소개된다.

마르얌의 아들, 이싸가 말했다. '이스라엘 자녀들아, 나는 알라가 너희에게 보낸

메신저이다. 나보다 먼저 온 타우라를 확증하고 내 뒤에 아흐마드(' Ahmad)라
는 이름을 가진 메신저가 온다는 기쁜 소식을 전한다.' 그가 분명한 표적(명증)
을 가지고 그들에게 왔을 때 그들은 '이것은 분명한 주술(sihr)이다'고 말하였
다(수라 61:6).

여기에서 '이싸가 말하였다'는 말이 코란 구절에 나온다. 위 구절에서 보
듯, 그 당시 이싸가 갖고 있던 타우라를 이싸가 확실하다고 인정하고 이싸
뒤에 올 사람의 이름은 아흐마드라고 확인해 준다. 이슬람의 창시자 이름
은 무함마드이지만 무함마드의 어릴 적 이름은 아흐마드이었다고 한다. 그
런데 일부 무슬림들은 성경에 "아흐마드"라는 단어가 나온다고 주장한다.
물론 기독교인들은 그런 단어가 성경에 없다는 것을 잘 알고 있다.

보혜사 곧 아버지께서 내 이름으로 보내실 성령 그가 너희에게 모든 것을 가르
치시고(ho de paraklētos to pneuma to hagion ho pempsei ho pater en
to onomati mou ekeinos humas didaxei panta)(요 14:26a) 내가 아버지
께 구하겠으니 그가 또 다른 보혜사를 너희에게 주사 영원토록 너희와 함께 있
게 하리니 그는 진리의 영이라 세상은 능히 그를 받지 못하나니 이는 그를 보지
도 못하고 알지도 못함이라. 그러나 너희는 그를 아나니 그는 너희와 함께 거하
심이요 또 너희 속에 계시겠음이라(요 14:16-17).

위 구절에서 그리스어를 영어로 음역한 'paraklētos'는 본래 그리스어
로는 'παρακλητος'인데, 그 뜻은 '다른 사람 대신에 나타난 사람, 중
개자, 중보자, 돕는 자'이다. 성경에는 보혜사라는 말로 번역되었는데 보
혜사라는 말은 요한 복음 14장 16, 26절; 15장 26절; 16장 7절에 나온
다. 일부 무슬림들은 요한복음 14장 26절에 나오는 보혜사가 아흐마드
라는 의미라고 한다. 성경에는 아흐마드라는 이름을 생각나게 하는 어휘
는 없다. 코란에 나오는 'Ahmad'는 'more laudable(더 칭찬할 수 있는),

more commendable(더 추천할 수 있는)’이라는 의미이고 ‘muhammad’
는 ‘praised(찬양받는), commendable, laudable’이란 의미이어서 서로 다
르다. 더구나 코란에는 요한복음의 전승이라고 할 수 있는 내용들이 거
의 들어 있지 않아 무슬림들이 보혜사가 아흐마드라는 주장은 전혀 걸맞
지 않는다.

> 이 세상과 다음에 올 세상에서 우리에게 좋은 것으로 정해 주세요. 우리가 너에
> 게 향하니 그가(알라) 말하기를 ‘내가 원하는 사람에게 벌을 주지만 나의 자비
> 가 모든 것을 포용한다. 알라를 마음 속에 새기고 있는 사람들과 규정된 구빈세
> (zakah)를 내고 우리의 표적을 믿는 사람 그리고 그들의 타우라와 인질에 기록된
> 문맹의(’Ummī) 예언자인 메신저를 따를 사람에게 나의 자비를 내가 정해 줄 것이
> 다. 그는 옳은 일을 하라고 명하고 나쁜 일은 금하라’ 고 한다(수라 7:156–157).

위 구절에서 ‘움미’(’Ummī)는 무함마드가 글을 읽거나 쓰지 못한다는
것을 의미한다고 하는 것이 전통적인 무슬림 주석가들의 의견이다. 그 이
유는 코란에 무함마드의 생각이 들어가 있지 않다는 것을 강조하기 위함
이다. 그러나 ‘움미’ 는 ‘이방인’ 즉 유대인이 아닌 다른 민족의 예언자라
는 의미 혹은 유대교와 기독교 성서에 대한 지식이 없는 사람이란 뜻을
갖는다. 다음 코란 구절에서는 ‘움미’ 라는 단어는 기록된 경전이 없는 사
람들(수라 3:20; 3:75; 62:2)이란 의미이다.

> 그들이 만약 너에게(무함마드) 논쟁을 하면 ‘내가 알라에게만 헌신했더니 나를
> 따르는 자들이 있다.’ 라고 말해 주어라. 경전을 가지고 있는 사람들과 경전이 하
> 나도 없는 사람들(’Ummiyyin)들에게 물어 봐라(수라 3:20a).

위 구절에서는 경전을 가지고 있는 사람이란 말 다음에 오는 ‘움미’ 는

경전을 가지고 있지 않는 사람들을 가리킨다. 아랍인들은 무함마드 이전에는 아랍어로 된 경전을 갖지 못하였다.

이싸가 죽기 전에 그를 믿지 않은 경전의 백성은 없었다. 부활의 날에 그는 그들을 반대하는 증인이 될 것이다(수라 4:159).

이싸는 위 구절에서 심판의 날에 증인이 될 것이라고 한다. 성경은 누가복음에서 "사람 앞에서 나를 부인하는 자는 하나님의 사자들(angels of God) 앞에서 부인함을 받으리라. 누구든지 말로 인자를 거역하면 사하심을 받으려니와 성령을 모독하는 자는 사하심을 받지 못하리라(눅 12:9-10)." 코란은 4장 137절에서 "믿다가 안 믿고 또 믿다가 안 믿어 불신앙이 점점 커졌다. 알라는 그들을 용서하지 않을 것이며, 알라는 그들에게 바른 길로 인도하지 않을 것"이라고 한다. 성경은 용서받지 못할 죄는 성령을 거스르는 죄인데 반하여 코란은 여러 차례 알라를 믿는다고 하면서도 알라를 안 믿는 것이 용서받지 못할 죄라고 한다.

메신저에게 순종하는 자마다 이미 알라에게 순종한 것이다. 관심 없어 하는 사람에게는 우리(알라)가 너(무함마드)를 그들의 지킴이로 보내지 않았다(수라 4:80).

이 구절에 대하여 코란 주석가 알꾸르뚜비는 "메신저는 무함마드를 가리키는데 무함마드에게 순종하는 자는 이미 알라에게 복종한 자라고 하면서 무함마드에게 불순종한 자는 알라에게 불순종하는 자"라고 말한다. 그러나 알라에게 관심을 보이지 않는 자는 알라가 그들을 보호해 줄 무함마드를 보내지 않았다고 한다. 이것은 무슬림들이 이슬람에서는 알라만을 믿는다는 말을 뒤집는 코란 본문이다. 무함마드에게 순종하는 자마다 이미 알라에게 순종한 것이다.

> 누구든지 사람 앞에서 나를 시인하면 나도 하늘에 계신 내 아버지 앞에서 그를 시인할 것이요(마 10:32).
> 예수께서 대답하여 이르시되 하나님께서 보내신 이를 믿는 것이 하나님의 일이니라 하시니(요 6:29).

성경은 성도들에게 필요한 것은 하나님 아버지가 보낸 자, 예수 그리스도를 신뢰하는 것이라 했다. 사람들은 선행을 해도 그들의 죄 때문에 하나님을 기쁘시게 할 수 없다. 인간은 스스로 구원받을 수 없다.

> 신자(무슬림)들아, 너희들이 전쟁터에서 카피르를 가까이 만나거든 결코 그들에게서 도망하지 말라. 만일 그때 누군가 도망한다면 그리고 싸우려고 전략을 세우고 전투에 참여하지 않으면, 알라의 진노를 부르는 일이다. 지옥이 그의 집이 될 것이고 종국에는 비참해질 것이다. 그들을 살해한 사람은 네가 아니고 알라이다. 그리고 네가(무함마드) 그들에게 모래를 던질 때 (그들이 패배하도록) 네가 던진 것이 아니고 알라가 던진 것이다(수라 8:15-17a).

무슬림들이 카피르를 전쟁터에서 서로 가까이 만나면 그들에게서 도망하지 말고 싸우라고 한다. 카피르를 속이는 경우와 자기 군대의 다른 대열에 참가할 경우를 제외하고는 도망하지 말라고 한다. 카피르를 죽인 자는 무함마드나 무슬림들이 아니고 코란에서는 알라가 한 것이라고 한 것을 유념할 필요가 있다. 그래서 이라크와 아프가니스탄, 예멘에서 무슬림들이 외국인 혹은 기독교인들을 살해한 것은 해당 무슬림이 한 것이 아니라 알라가 한 일이라고 말하기도 한다.

예루살렘 : 통곡의 벽과 황금돔

코란의 희생제물

코란은 이브라힘이 그의 아들 이스마일과 함께 카아바를 세웠다(수라 2:125-127)고 하나, 이스마일이 이스학 대신에 희생제물로 바쳐졌다는 구절은 없다.

무함마드가 유대인들과 메카에서는 좋은 관계를 가진 것으로 보이나 메디나에서는 유대인들과 결별을 한다. 그래서 유대인처럼 예루살렘을 향해 기도하던 것이 메카로 향하게 되었다. 이런 일은 유대인들이 무함마드를 예언자로 인정하지 않은 뒤부터 일어난 것이다. 이슬람 초기 무함마

드가 유대인과 사이가 좋았을 때는 유대인들이 지켜온 대 속죄일('욤 키푸
르'[69])에 무슬림들도 금식을 하였고 기도의 방향도 유대인들처럼 예루살
렘을 향하고 있었다. 그러나 유대인들과 사이가 나빠지던 메디나에서는
기도의 방향을 메카로 바꾸었고 금식도 라마단 달로 바꾸었다. 여기 언급
된 라마단이라는 말은 이슬람력 9번째 달 이름에서 나온 어휘이다. 이슬
람에서 금식은 이슬람력(9번째 달) 라마단 달에 해가 떠서 해가 질 때까
지 금식을 한다. 금식이라는 말은 먹고 마시고 부부관계 그리고 담배 피
우는 것을 금한다. 코란은 무슬림들의 기도의 방향을 바꾼 과정을 잘 설
명하고 있다. 아래 코란 구절에서 '너'는 무함마드를 가리키고 '우리'는
알라를 가리킨다.

여러 차례 네가(무함마드) 하늘을 향하여 네 얼굴을 돌리는 것을 우리(알라)가
보아왔다. 그래서 우리는 너를 기쁘게 해줄 기도의 방향을 너에게 바꾸어줄 것
이다. 거룩한 모스크로 너의 얼굴을 돌려라. 너희들(신자들, 무슬림들)이 어느
곳에 있든지 너의 얼굴을 그곳으로 향하게 하라. 경전이 주어진 사람들은 분명
코 이것이 그들의 주님에게서 온 진리라는 것을 안다(수라 2:144).

이스마일은 무함마드의 초기 7년 동안에는 이브라힘과 연결되어 등장

---

69) 2008년 10월 8일은 해가 지면서 시작된 유대인들의 대 속죄일('욤 키푸르') 금식이 10월 9일 해
가 지면서 끝났다. 신년절이 시작되는 티슈린월 1일부터 시작된 회개가 제 아홉째 날 저녁에 울
려 퍼지는 '양각 나팔' 소리와 함께 24시간의 금식이 시작되면서 회개는 그 절정에 이르게 된다
고 정연호 박사가 다음과 같이 전한다. 구약 성경에는 대 속죄일에 금식하라는 규정이 없다. 대
속죄일을 규정하고 있는 레위기 16:29, 23:27, 민 29:7에는 한결같이 이 날에 "마음(혹은 영혼,
히브리어로는 '네페쉬')을 괴롭게" 할 것을 명하고 있다. "마음을 괴롭게" 하라는 명령을 랍비들
이 금식으로 해석한 것이다. 남자는 13살 여자는 12살 이상이면 의무적으로 금식을 하게 된다.
병자일 경우는 의사나 랍비의 권고에 따라 금식을 하지 않을 수 있다. 대 속죄일에는 안식일과
마찬가지의 노동과 불의 사용이 금지되는 것 이외에 5가지의 금지 사항이 추가되는데, 금식 (음
식은 물론 물도 마시지 않음), 성관계 금지, 가죽 신발 착용 금지, 화장품 사용 금지, 손 가락과 눈
외에 신체의 일부를 씻는 것도 금지되었다. 일부 정통파 유대인들은 금식에 앞서 정결 욕조에 몸
을 잠그기도 한다. 대 속죄일에는 총 5번의 회당 예배가 있다. 다섯 번의 예배 중에 공통적으로
들어 가는 것이 '죄의 고백'이다.

하지 않는다. 이슬람 전설에 의하면 이브라힘이 메카에 가서 그의 아들 이스마일을 희생제물로 드리려고 하였고, 이 희생제물을 드리려 한 장소가 이브라힘과 이스마일이 카아바를 세웠던 메카라고 하였다. 예루살렘을 향해 기도하던 유대인과 다르게 무슬림들이 메카의 카아바를 향해 기도했던 것과 같이 희생제물을 드린 장소도 유대인과 다르게 무슬림은 메카의 카아바라고 했다. 성경은 분명히 아브라함이 이삭을 바치려고 한 곳이 모리아 산이라고 하고 그 위에 솔로몬 성전이 세워졌다고 한다.

> 여호와께서 가라사대 네 아들 네 사랑하는 독자 이삭을 데리고 모리아 땅으로 가서 내가 네게 지시하는 한 산 거기서 그를 번제로 드리라(창 22:2).
>
> 솔로몬이 예루살렘 모리아 산에 여호와의 전 건축하기를 시작하니 그 곳은 전에 여호와께서 그 아비 다윗에게 나타나신 곳이요 여부스 사람 오르난의 타작 마당에 다윗이 정한 곳이라(대하 3:1).

무슬림 전승에서는 이브라힘이 하자르(하갈)[70]와 이스마일을 쫓아내지 않았고 대신 이브라힘이 그들과 같이 메카까지 동행했다고 한다. 그들을 각자 운명에 맡기고 이브라힘은 부인 사라에게로 돌아갔고, 목마르다고 하는 이스마일을 위하여 하자르가 물을 찾느라 알사파(al-safā)와 알마르와(al-marwah) 사이를 헤맸다고 한다. 이스마일이 발뒤꿈치 혹은 손으로 모래를 판 곳에서 샘물이 나와 두 사람이 물을 마셨다. 오늘날 메카 대사원 안의 잠잠(Zamzam) 우물이 바로 그 장소라고 하고 이 물을 마시면 만병이 낫는다고 믿는다. 하자르가 이 두 언덕 사이를 헤맸던 것이 오늘날 무슬림들의 순례 여행 중 알사파와 알마르와를 오고 가는 순례 의무 사

---

70) 코란에는 '하자르(하갈)'라는 단어가 등장하지 않는다. '하자르'라는 어휘는 이집트 상형문자에서 '하(꽃) + 자르(땅. 이집트 땅)'이란 말의 합성어이다.

항이 되었다.

무함마드는 다신 숭배 아랍인들의 신앙과 실천을 몰아내려고 했으나 아랍 무슬림들은 다신 숭배 문화를 이슬람으로 들여왔다. 그 예로 메카 순례와 관련된 여러 의식들이다. 잠잠 우물에서 물을 마시고, 카아바 신전의 돌에 입맞춤하며, 사탄을 상징하는 돌기둥에 돌을 던지고, 순례 후에는 머리를 깎는다. 무슬림들에게 내려오는 유명한 이야기 중의 하나는 일부 유대인들이 무함마드에게 주문을 걸었을 때 그가 코란 113장과 114장을 암송하여 그가 치유를 받았고, 무함마드의 머리칼로 묶은 유대인들의 매듭을 무함마드가 풀었다고 한다.

> 우리(알라)가 믿는 자들에게는 치유(shifā')와 자비(raḥmah)가 있는 코란을 내려 보내 준다. 잘림(ẓālim)들에게는 손실만 더해질 것이다(수라 17:82).

위 코란 구절에서 무슬림들은 치유는 육체에 해당된다고 믿었다. 그래서 일부 무슬림들은 물을 떠 놓고 코란 구절을 암송한 뒤 그 물을 마시거나 얼굴을 씻는다. 시리아에 새 도읍지를 정한 우마위야조(661~750)의 무아위야 븐 아비 수프얀(661~680)은 그가 임종할 때 그의 눈과 입에 무함마드의 손톱과 머리칼을 넣어달라고 지시하였다고 전한다.

이스마일은 남부 아라비아의 주르훔(Jurhum) 가문 출신의 아랍 여성과 혼인하였고 하자르의 허락으로 이웃 동네에 거주하였다. 그런데 어느 날 이브라힘이 이스마일을 만나러 갔으나 이스마일은 없고 그의 부인만 집에 있었다. 그녀가 이브라힘에게 불친절하게 대하였고 그는 그녀에게 '텐트의 말뚝을 바꾸라' 라는 말을 이스마일에게 전해 달라고 했다. 이스마일이 이 말을 부인에게서 듣고 아버지가 남긴 말에 순종하여 그의 아내와 이혼하고 다른 부인과 혼인하였다. 혹자는 이스마일이 혼인한 첫째 부인이 아이샤라는 모압 여성이라고 하고, 둘째 부인은 가나안 출신의 파띠마라고 한다. 새 부인은 이브라힘을 극진히 대접하여 이브라힘은 아들에게 '텐트 말뚝이 좋다' 고 했다고 한다. 이브라힘이 이스마일과 함께 카아바를 세운 것은 그의 세 번째 방문 때라고 한다.

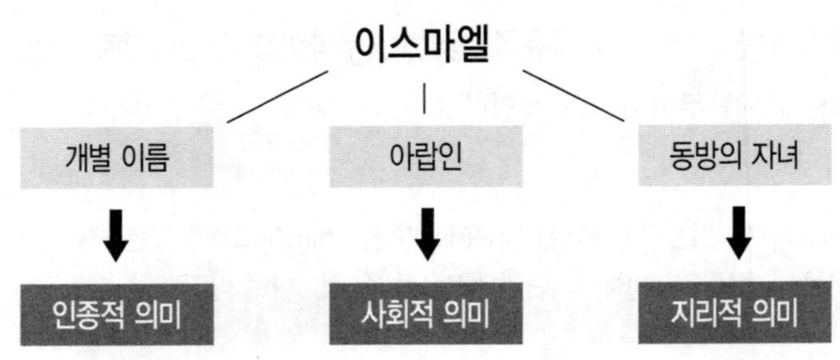

성경에 나오는 아브라함은 메카를 방문한 적이 없다. 성경은 아브라함, 이삭, 야곱의 하나님이라고 하고, 코란은 이브라힘, 이스마일, 무함마드의 알라라고 한다. 성경은 오늘날 아랍인들이 이스마엘의 자손이거나 아브라함의 처 그두라의 자손 혹은 이스라엘 백성과 혼인한 이스마엘 자손들(대상 1:29-33; 대상 2:16-17)이라고 한다. 그러므로 오늘날 아랍인들이 이스마엘 혹은 이스마일 자손이라고 하는 것은 완벽한 답변은 아니다.

이스마엘의 족보는 이러하니 그의 맏아들은 느바욧이요, 다음은 게달과 앗브엘과 밉삼과 미스마와 두마와 맛사와 하닷과 데마와 여둘과 나비스와 게드마라 이들은 이스마엘의 자손들이라(대상 1:29-31).

아브라함의 소실 그두라가 낳은 자손은 시므란과 욕산과 므단과 미디안과 이스박과 수아요 욕산의 자손은 스바와 드단이요 미디안의 자손은 에바와 에벨과 하녹과 아비다와 엘다아니 이들은 모두 그두라의 자손들이라(대상 1:32-33).

그들의 자매는 스루야와 아비가일이라 스루야의 아들은 아비새와 요압과 아사헬 삼형제요 아비가일은 아마사를 낳았으니 아마사의 아버지는 이스마엘 사람 예델이었더라(대상 2:16-17).

너희가 그리스도의 것이면 곧 아브라함의 자손이요 약속대로 유업을 이을 자니라(갈 3:29).

코란의 알마시흐

코란에는 '알마시흐'라는 단어가 15개 구절에서 93번 나온다. 코란은 알마시흐가 예언자(수라 6:85; 19:30), 동정녀에게서 태어남(3:45-47), 루후의 지원을 받음(5:110), 하늘로 올라감(3:55-58; 4:158), 기적을 행한 자(5:19; 30-33,114), 알라의 칼리마(4:171), 알라로부터 온 루후(4:171)로 불린다. 코란은 성경과 다르게 알마시흐가 흙에서 창조되었다(수라 3:59)고 하고 알마시흐가 알라의 노예(수라 19:88-93)라고 한다.

천사들이 말했다. 마르얌아, 알라가 그(알라)로부터 칼리마를 주었다. 그의 이름은 알마시흐, 마르얌의 아들이고 그(알라)에게서 온 칼리마이며, 그는 현세와 내세에서 높은 품위를 지닌 사람이고 알라에게 가까이 있는 자이다(수라 3:45).

알라에게서 칼리마가 왔다. 그 이름은 알마시흐이고 마르얌의 아들이다. 그가 이싸였다. 코란에서 이싸는 알라에게 가까이 있는 자이다.

(유대인들이) 말하기를, 우리가 알마시흐, 이싸, 마르얌의 아들, 알라의 메신저를 죽였다. 그들이 그를 죽이지 않았고 그들이 그를 십자가에 달지 않았고 다만 그들에게 그처럼 보였을 뿐이다. 이와 의견이 다른 사람들은 의심이 가득하고 그들에게는 지식이 없어 이것이 상상일 뿐이다. 그들은 그를 절대로 죽이지 않았다(4:157).

위 코란 구절에서 알마시흐, 이싸, 마르얌의 아들 세 단어가 연이어 나오고 이어서 알라의 메신저라고 한다. 위 구절은 유대인들이 이싸를 죽이지 않았다고 하고 십자가에 못 박지 않았다고 한다.

경전의 백성들아, 너희 종교의 한계를 넘지 마라. 알라에 대하여 진리 이외의 것은 말하지 마라. 알마시흐 븐 마르얌은 알라의 메신저이고, 마르얌에게 주신 알라의 칼리마이며 알라로부터 온 루후이다. 알라와 그의 메신저들을 믿어라. 너희들은 셋이라고 하지 마라. (그것을) 그만두고 (이것이) 너희들에게 가장 낫다. 단지, 알라는 한 분의 신이다. 그분에게 찬미를 드린다. 그는 자손(walad)을 갖는 것 (이상)이다. 하늘과 땅에 있는 모든 것이 그의 것이다. 그는 신뢰하기에 가장 좋은 분이다(수라 4:171).

경전의 백성은 주로 유대인과 기독교인을 두고 하는 말인데, 무함마드는 이들에게 진리 이외에는 말하지 말라고 한다. 알마시흐, 마르얌의 아들(이븐 마르얌)은 알라의 메신저라고 한다. 이싸는 알라의 칼리마이고 알라에게서 온 루후라고 한다. 코란 주석가 알따바리는 '루후 민후'(Rūhun minhu)는 '나프카 민후'(nafkhah minhu: 그로부터 온 호기(바람), '하야 민후'(hayāh minhu: 그로부터 온 생명), '라흐마 민후'(rahmah minhu: 그로부터 온 자비)라고 풀이한다. 그러나 오늘날 무슬림들은 루후가 무언지 잘 모르겠다는 사람들과 '루후' 와 '나프스'(Soul, 혼)가 같다고 하는 사람 그리고 이 둘 사이 의미가 다르다고 하는 사람들로 의견이 분분하다. '루후'는 대부분 '하야'(생명, 생기)를 의미하나 자비나 지브릴 천사를 가리키기도 한다.

그래서 우리(알라)가 우리의 명령으로 너(무함마드)에게 루후(생명)를 내려 주었다(수라 42:52a).

즉 루후로 인하여 몸이 생명을 갖는다고 한다. 그런데 알나프스(soul)는 코란에서 "알라는 그들이 잠자고 있어 살아 있는 동안의 산 자의 영혼(나프스)들과 죽은 자의 영혼들을 가져 가신다."(수라 39:42a)고 하여 '영혼'이라는 의미 이외에도 여러 의미들이 있다. 결국 '루후'와 '나프스'는 서로 동의어로 쓰이기도 하고 그 의미를 구분하기도 하므로 코란 주석에서는 해당 문맥에 따라 그 뜻이 달라진다고 보면 된다.

알라에게서 온 칼리마(칼리마 민 알라; **kalimah min Allāh**, 수라 3:45)는 '하나의 칼리마'(**kalimah**: <u>a word</u>; 하나의 메시지)라는 부정관사로 쓰여 성경 요한복음 1장의 "태초에 그 말씀(ho logos: <u>the Word</u>)이 계시니라."에 나오는 '그 말씀'과는 다르다. 성경의 '로고스'는 신(god)이 아니고 신성(divine)도 아니고 하나님(God)이시다. 로고스는 영원하고, 하나님(아버지)과 관계를 갖고 있으므로 코란의 칼리마와 성경의 알 칼리마는 서로 다르다. 코란에 나오는 '칼리마'는 알따바리 주석에서 알라로부터 온 '메시지'(리살라 민 알라: **risālah min Allāh**) 혹은 알라에게서 온 '소식'(카바르 민 인다후: **khabar min 'indahu**)이라고 하였다. 또, 코란 4장 171절에 나오는 '그의 칼리마'(**kalimatuhu**)는 알따바리 주석에서 '알라가 천사에게 명했던 메시지'를 가리킨다고 풀이한다. 여기서도 칼리마는 말씀이 아니고 메시지이며 수라 3장 45절과 다르게 여성 명사이다. 여성명사라는 말은 '알라'가 아니고 피조물이란 뜻이다. 알라라는 단어는 아랍어에서 항상 남성명사이다. 여기서 알라가 천사에게 준 메시지는 마르얌이 아들을 낳는다는 기쁜 소식이었다.

알마시흐는 알라의 종이므로 경멸하지 않고 천사들도 알라에게 가까이 있으므로 경멸하지 않는다. 알라에게 예배하는 것을 무시하는 교만한 사람들을 그 앞에 모을 것이다(수라 4:172).

알마시흐가 알라의 종이라는 말은 이싸, 알마시흐는 인간이지 알라가 아니라는 말이다. 그러나 성경은 타락한 인간이 스스로의 능력으로는 참 인간의 본성을 깨달을 수 없고, 오직 참 하나님이요 참 인간이신 예수 그리스도를 통해서만 그것을 발견할 수 있다고 한다.

알라가 알마시흐 븐 마르얌이라고 말하는 사람들은 카피르(알라의 존재를 부인하는 자)이다. 말하라. 누가 알라를 지배할 수 있겠느냐? 알라의 뜻으로 준비되어 있다. 알마시흐와 그의 어머니와 땅에 있는 모든 것을 멸망시킬 수 있다. 하늘과 땅과 그 사이에 있는 모든 것을 그가 지배한다(수라 5:17).

코란은 알라를 알마시흐라고 하는 사람은 카피르라고 하여 만일 기독교인들이 알라와 이싸가 같은 분이라고 하면 그들은 카피르라는 것이다.

알라가 알마시흐 븐 마르얌이라고 말하는 사람들은 카피르이었다. 알마시흐가 이스라엘 백성들에게 말하였다. "너희는 나의 주, 너의 주, 알라를 예배하라. 알라와 동등한 자를 두는 자는 알라가 그를 잔나(파라다이스)에 못 가게 할 것이다. 지옥이 그의 집이다. 아무도 이 잘림(zālim)을 안 돕는다." (수라 5:72)

알라가 알마시흐라고 하는 사람은 카피르이고 코란에서 알마시흐는 알라를 '주'라고 부른다. 알라와 동등한 자를 두는 자는 '무쉬리쿤'이라고 하는데 기독교인들도 코란에 따르면 무쉬리쿤에 해당된다. 그러나 성경은 성육신하신 하나님의 아들 예수 그리스도를 통해서만 우리의 구원이 가능하다는 것을 가르쳐 준다.

알마시흐 븐 마르얌은 메신저일 뿐이다. 그보다 먼저 왔다가 간 메신저들과 같다. 그의 어머니는 고결하다. 이들도 음식을 먹었다. 그들에게 우리가 준 이런 분명한 표적을 보였으나 그들은 길을 잃은 자들이다(수라 5:75).

알마시흐는 그보다 먼저 왔다가 간 알마시흐와 같다. 알마시흐와 그의 어머니가 음식을 먹었다는 것은 그들이 인간이라는 말이다. 성경에서 예수의 호칭은 그리스도(메시야), 선지자, 사람의 아들, 대제사장, 구세주, 주, 하나님의 아들 등이다.

유대인들이 말하였다. "우자이르는 알라의 아들이라고 하고, 기독교인들은 알마시흐가 알라의 아들이라고 말하는 데 이것은 말로 한 것이고 (증거가 없다). 그들보다 먼저 있던 카피르들의 말을 반복하고 있다. 알라여, 그들을 멸망시켜 주세요. 그들이 얼마나 잘못된 길을 가는지요." (9:30)

알마시흐를 알라의 아들이라고 하는 자들은 '카피르'이다. 또 알마시흐의 십자가 죽음을 부인한다(수라 4:157-158). 코란은 알마시흐가 죽었다는 것은 그렇게 주장하는 사람들의 생각일 뿐이라고 한다. 그러나 성경은 메시야가 이 세상을 구원할 자이심을 분명하게 가르쳐 준다.

오늘 다윗의 동네에 너희를 위하여 구주가 나셨으니 곧 그리스도 주시니라(눅 2:11).

그가 먼저 자기의 형제 시몬을 찾아 말하되, 우리가 메시야를 만났다, 하고 (메
시야는 번역하면 그리스도라)(요 1:41).

여자가 이르되, 메시야 곧 그리스도라 하는 이가 오실 줄을 내가 아노니 그가 오
시면 모든 것을 우리에게 알려 주시리이다(요 4:25).

코란에서 알라는 인간의 운명을 정한다(수라 17:13; 2:284). 코란에서
피의 희생과 속죄는 거부된다. 코란에서 용서는 희생제물이 아니라 회개
에 의한다(수라 4:110; 11:114). 코란에서 궁극적인 용서는 선행에 근거
하나 지옥에서 구원될 확신은 없다. 코란에서는 알라가 사람과 진(Jinn)
으로 지옥을 채우겠다고 강조한다(수라 11:119; 32:13; 19:71). 코란은
신의 개념, 인간의 타락, 죄의 성격, 파라다이스, 계시의 개념 등에서 성
경과 다른 의미를 갖는다.

코란은 무함마드에게 610년에서 632년 동안 점진적으로 계시되었다고
한다. 지브릴은 라마단달 매일 밤에 무함마드를 찾아와 그에게 코란을 재
낭독 할 시간(review session)을 가졌다고 한다. 그때 무함마드는 코란 구
절을 천사 앞에서 재낭독해 주었다. 지브릴은 코란을 무함마드에게 일 년
에 한 번씩 낭송해 주고 무함마드가 죽은 해에 지브릴이 무함마드에게 코
란을 두 번 낭송하여 주었다고 한다.

이슬람에는 알라가 메시지를 전달하는 두 가지 방법을 제시하는데 하
나는 중개자를 통하여 구두로 낭송되는 것(matlī)으로써 이것은 인간의
언어로 알라의 실제 메시지가 전달되는 것을 의미한다. 또 다른 하나는
인간의 마음이나 생각 속으로 알라의 메시지가 주어지는 즉 사고를 통한
감명(ghayr matlū)인데, 이것은 메시지의 본질을 이해하고 그것이 명령인
지 금지인지 혹은 진리를 설명하는 것인지를 밝혀준다. 이슬람은 전자가

계시[71]의 최상 형태라고 하고 천사 지브릴이 알라로부터 가져온 것은 언어적 메시지라고 하였다. 무슬림들이 주장하는 계시에는 다음 세 가지 주요 특징이 있다.

첫째, 구술 과정에서 인간이 전적으로 피동적이다. 그러나 성경 계시에서는 인간 저자에 대한 존중이 있고 그의 성품, 문체, 서술 방식이 분명하게 드러난다. 성경의 단어들은 하나님으로부터 시작되었다. 사도 베드로는 "먼저 알 것은 성경의 모든 예언은 사사로이 풀 것이 아니니 예언은 언제든지 사람의 뜻으로 낸 것이 아니요 오직 성령의 감동하심을 받은 사람들이 하나님께 받아 말한 것임이라(벧후 1:20−21)."고 했다.

둘째, 이슬람의 계시 구술은 무함마드가 새로운 계시를 받고 있다고 생각한다는 점이다. 그러나 구약 예언자들은 그들이 쓰고 있는 내용이 하나님께로부터 온 계시이었다는 것을 알고 있었다.

천사가 내게 말하기를 기록하라. 어린 양의 혼인 잔치에 청함을 받은 자들은 복이 있도다, 하고 또 내게 말하되 이것은 하나님의 참되신 말씀이라, 하기로(계 19:9).

신약의 기자들은 그들이 성령의 감동으로 쓰고 있다는 것을 알고 있었다.

셋째, 무슬림들이 복음서의 계시를 거부한 이유 중의 하나는 예수가 살아 있는 동안에 그 말씀들이 기록되지 않은 점을 그 이유로 들었다.

그러하나 내가 너희에게 실상을 말하노니 내가 떠나가는 것이 너희에게 유익이라 내가 떠나가지 아니하면 보혜사가 너희에게로 오시지 아니할 것이요, 가면 내가 그를 너희에게로 보내리니(요 16:7).

---

71) 코란의 '계시'는 성경의 계시 개념과는 다르다.

성경은 예수가 떠나면 성령이 일하시므로 이슬람에서 생각하는 것처럼 중단되는 것은 아니다. 구약은 사울과 삼손에게 하나님의 영이 왔다가 특별한 목적이 달성되면 그 영이 사라졌으나 신약에서는 성령이 성도와 영원히 함께 하시기 때문이다.

> 내가 아버지께 구하겠으니 그가 또 다른 보혜사를 너희에게 주사 영원토록 너희와 함께 있게 하리니 그는 진리의 영이라. 세상은 능히 그를 받지 못하나니 이는 그를 보지도 못하고 알지도 못함이라. 그러나 너희는 그를 아나니 그는 너희와 함께 거하심이요 또 너희 속에 계시겠음이라(요 14:16-17).

그리고 코란은 계시를 다음 세 가지 수단으로 한정하는데 마음 속의 감명, 간접적인 의사소통, 그리고 천사를 통하는 것(수라 42:51-52)이었다. 무슬림 주석가들은 인간은 알라에게서 얼굴을 맞대고 정보를 받을 수 없다고 생각했다. 그래서 코란은 알라가 지브릴 천사를 통하여 무함마드에게 전하였다고 믿는다. 코란의 계시에는 구속적 내용(redemptive content)이 없어 계시에 대하여 성경과 서로 다른 이해를 해 왔다.

코란 자체가 모순이 되는 구절

성경은 역사 속에 들어오신 하나님을 계시한다. 하나님 스스로가 인간의 역사로 들어오실 만큼 타락한 인류를 사랑하신다. 그러므로 오직 예수만이 우리를 사랑하시고 우리와 역사 속에 함께 하시는 하나님을 알 수 있는 유일한 길이다.

코란은 코란 이전의 역사를 통한 알라의 계시를 반영한 것이 아니다.

610년부터 632년 사이에 하늘에 있는 코란 모경을 알라가 지브릴 천사를 통하여 무함마드에게 읽어 주었다는 것이다. 코란에는 연대기 순서대로 기록되지 않아 역사적인 사건에서 서로 모순된 구절들이 많다.

코란 43장 4절은 "그것은 우리와 함께 한 그 책의 모경에 있다."고 하여 코란이 그 책의 원본대로 라고 하면서 코란을 잘 이해하도록 아랍어로 만들어 주었다는 것이다. 사람들이 이해할 수 있도록 아랍어로 만들었다는 것은 아랍어 코란만이 코란이라고 부를 수 있다는 것과 아랍어로 된 코란만이 예배에 쓰인다는 것을 의미한다.

코란은 타우라의 한정된 구절들만 반복하고 있는데 이들 구절들도 타우라와 연속성이 없이 부분 부분 나타날 뿐이다. 복음서와 모세오경 간의 관계는 코란과 타우라 간의 관계와 크게 다르다. 하늘에 있는 모경에서 무함마드에게 내려온 알라의 말씀이 코란에 기록되어 있으므로 이 코란을 믿는 사람들에게는 인질(복음서)과 타우라(모세오경)가 필요 없다고 주석한다.

경전의 백성들아, 너희가 어찌하여 진리를 거짓과 섞어 놓았느냐?(수라 3:71)
우리가 무사에게 그 책을 보냈는데 그 안에 의견 차이가 있다(수라 11:110).

무함마드가 받은 계시는 유대인들이 알고 있던 무사(모세)를 통한 하나님의 말씀과 달랐다. 그래서 무함마드는 유대인들이 진리를 거짓으로 섞어 놓아 그들과 무함마드가 서로 의견이 달라진 것이라고 했다. "일부 유대인들이 경전에 나온 말의 의미를 왜곡하였다(수라 4:46)."고 하면서 유대인들에게 경전의 의미를 왜곡한 책임이 있다고 주장했다. 코란은 "이스라엘 자손들 중에서 다우드와 이싸 븐 마르얌의 말을 믿지 않는 사람들은 저주를 받았다(수라 5:78)."고 하여 유대인들에 대해 가장 적대적인 말을 퍼붓고 있다. 다우드(다윗; 주전 1037~970)는 이스라엘 통일왕국의 두 번째 왕이었다. 유대교에서는 예루살렘에 세운 다윗의 유대 왕국이 무너지자, 영원한 다윗 왕조가 이어지기를 메시야의 개념 속에 표현했다.

초대 기독교인들은 다윗의 삶이 그리스도의 삶의 그림자라고 생각했다. 둘 다 베들레헴에서 태어났고, 둘 다 목자였으며, 신약에서는 예수 그리스도를 다윗의 자손으로 지칭하기도 했다. 이슬람에서는 다우드가 예언자들 중의 하나일 뿐이다. 성경에서 다윗은 밧세바와 간음하고 살인한 분으로 나타나지만 코란에서는 간음과 살인하는 자로 기록되지 않았다. 하디스(무함마드의 언행록)에서는 다우드를 금식을 가장 완벽하게 잘 한 분으로 전해온다.

유대인들이 말하기를 '우자이르(Ezra)는 알라의 아들이라'고 하고 기독교인들은 말하기를 '알마시흐가 알라의 아들'이라고 한다. 그들은 그들 이전의 카피르들이 하는 말을 반복하고 (증거 없이) 있을 뿐이다(수라 9:30).

믿는 자들(무슬림들)에게 가장 강한 적은 유대인들과 무쉬리쿤(우상 숭배자들)이다. 믿는 자들에게 가장 가까이 우정 어린(mawaddah) 사람들은 '우리가 기독교인'이라고 말하는 사람들이다. 그것은 그들 중에 목회자들(Qasīsīn)들과 수도사들(ruhbān)이 있고 거만하지 않기 때문이다(수라 5:82).

이 코란 구절을 보면 무함마드는 기독교인들에 대해 유대인들보다는 적대감이 적었다. 실제로 오늘날 무슬림들은 이스라엘 사람들을 철천지원수로 보고 이스라엘을 돕는 미국을 싫어한다. 아랍 무슬림들과 세상 이야기를 하다보면 오늘날 세상 문제들의 근원은 이스라엘이라고 한다. 2008년부터 세계 경제가 나빠진 것도 이스라엘 때문이라고 한다. 팔레스타인과 이스라엘 문제의 책임은 항상 이스라엘이라고 무슬림들은 주장한다.

(경전의 백성들에게 무함마드야) 말하라, 알라에게 가장 심한 벌을 받아야 할 사람을 내가 알려줄까? 알라가 저주했고 진노한 사람들, 알라가 그들 중에서 원숭이와 돼지로 만들어버린 사람들, 우상들을 숭배한 사람들, 그들은 등급에서 나쁘고 옳은 길에서 멀리 벗어난 사람들이다(수라 5:60).

코란에서 경전의 백성(Ahl al-kitāb)은 유대인과 기독교인을 가리키고 가끔 사비교인이나 조로아스터교를 지칭하기도 한다. 위 코란 구절에서는 알라가 저주하고 진노한 사람들 중 일부는 원숭이와 돼지로 만들어버렸다고 한다. 오늘날 무슬림들은 코란에서 원숭이가 된 사람들은 유대인이라고 풀이한다. 무슬림들이 유대인들을 증오한다. 특히 팔레스타인 땅에 이스라엘 국가를 건설한다는 시온주의를 거부한다. 그래서 오늘날 기독교 선교사들을 '시온주의자' 로 낙인 찍어 선교사 추방이 아닌 이슬람 국가의 안녕과 질서를 어긴 범법자로 몰아 추방한다. 선교사를 추방했다고 하면 '종교탄압' 혹은 '타종교에 대한 관용이 없다' 는 비난을 모면하기 어렵기 때문이다.

이슬람이 들어가서 국민의 다수가 된 나라에서는 기독교인들이 이등국민이 된다. 지금도 이슬람 국가에서 이슬람 국가의 국적을 갖고 조상 때부터 살고 있는 아랍 기독교인들은 군과 정보부, 대학의 총장 등 각 기관장이 될 수 없다. 그리고 기독교인들을 언제든 전도한 혐의를 씌워 해당 기관에서 쫓아내 버릴 수 있기 때문에 이슬람 국가에서 현지인 기독교인들은 무슬림들에게 전도를 하지 않는다.

또, 코란 자체가 모순이 되는 이야기 중에 누흐(노아)의 아들 이야기가 있다. 수라 11장 43절에서는 누흐의 아들이 익사했으나 수라 21장 76절에서는 누흐가 알라에게 소리칠 때 알라가 누흐와 그의 가족들을 구하여 주었다고 한다. 성경은 창세기 7장 7절에서 노아가 아들들과 아내와 자부들과 함께 홍수를 피하여 방주에 들어갔다고 하여 모두가 안전하게 살아서 방주에 들어간 것을 알 수 있다.

코란 자체가 모순이 되는 또 다른 예로는 수라 24장 2절에서 간음한 남자와 여자에게 각각 100대의 태형(막대기가 아닌 가죽이나 줄)을 가하라고 하다가 수라 4장 16절에서는 간음한 남자와 여자에게 벌을 주어야 하나 둘이 회개하면 놓아 주라고 한다.

또 모순이 되는 코란 구절로, 인간이 죽으면 인간의 혼을 데려가는 것은 알라, 죽음의 천사, 천사들 셋을 제시한다. 수라 32장 11절은 "죽음의 천사가 (네 혼을) 가져 간다."고 하고, 수라 47장 27절은 "천사들이 (네 혼을) 데려가고 얼굴과 허리를 때린다."고 하고, 수라 39장 42절은 "네 혼을 데려가는 분은 알라이다."라고 하여 코란 자체가 모순을 보인다. 무슬림들이 죽으면 그들의 영혼이 하늘로 간다고 하기도 하는데 그렇다고 해서 그들의 영혼이 구원을 받았다는 것을 의미하는 것은 아니다.

성경은 영혼은 그의 창조주에게로 돌아간다고 가르친다.

> 흙은 여전히 땅으로 돌아가고 영은 그것을 주신 하나님께로 돌아가기 전에 기억하라(전 12:7).

이 본문의 아랍어 성경은 "육체는 땅으로 돌아가고 영(al-rūh)은 하나님께로 돌아간다"고 되어 있다.

코란은 하늘과 땅의 창조에 대하여 수라 2장 29절에서 땅의 모든 것을 먼저 창조하고 나서 7개의 하늘을 창조하였다. 그러나 수라 79장 27~30절에서는 하늘을 높게 하고 나서, 밤의 어둠과 낮의 빛을 창조하였다. 성경은 "태초에 하나님이 천지를 창조하시니라(창 1:1)"고 하시고 "하나님이 궁창을 하늘이라 부르시니라. 저녁이 되고 아침이 되니 이는 둘째 날이니라. 하나님이 이르시되 천하의 물이 한 곳으로 모이고 뭍이 드러나라, 하시니 그대로 되니라. 하나님이 뭍을 땅이라 부르시고 모인 물을 바다라 부르시니 하나님이 보시기에 좋았더라(창 1:8-10)."고 하여 둘째 날 하늘을 먼저 창조하시고 나서 땅을 창조하셨다.

코란은 인간의 태아가 어떤 과정과 발달 단계를 거치는 지를 자세히 설명한다. 수라 23장 12절 "우리(알라)가 흙의 본체에서 인간을 창조하였다."고 하고, 수라 23장 13절에서는 "남자의 정액(씨)이 안전한 곳(자궁 난자)에 붙게 하였다."고 하고, 수라 23장 14절에서는 "남자의 정액으로 핏덩이가 생기며 이 핏덩이로 인하여 모양이 없는 태아가 생기고, 뼈가 되고 그 뼈에 살이 붙는다. 우리(알라)는 그것을 다른 모양으로 만들었다. 알라에게 찬미가 있고 이것이 피조물 중의 가장 좋은 것이다."라고 한다.

하나님이 자기 형상 곧 하나님의 형상대로 사람을 창조하시되 남자와 여자를 창조하시고(창 1:27)

성경에서 인간은 하나님의 형상대로 창조되었다고 하나 코란은 인간이 하나님의 형상대로 창조되었다고 하지 않는다. 코란의 인간 창조론은 성경의 구원론과 연결될 수 없다는 것을 암시한다. 성경에서 인간이 하나님의 형상으로 지음을 받았다는 말은 하나님과 인격적인 관계를 갖는다는 말로써, 알라의 절대적인 초월성을 강조하는 코란의 신관과 크게 다르다. 성경에는 지혜가 하나님이 세상을 창조하기 이전에 존재하였다고 한다. 지혜는 모든 생명이 빚어지는 근본이라고 하고 성경에서 지혜는 하나님의 지혜 속성이 의인화되어 상징적으로 잠언서에 기록되어 있다. 잠언 8장 22절에서 "여호와께서 그 조화의 시작 곧 태초에 일하시기 전에 나를 가지셨으며"라고 하고, 잠언 8장 12절에서는 "나 지혜는 명철로 주소를 삼으며 지식과 근신을 찾아 얻나니", 잠언 3장 19절에서는 "여호와께서는 지혜로 땅을 세우셨으며 명철로 하늘을 굳게 펴셨고"라고 하여 지혜가 창조에 동참하고 있다.

또 코란과 성경에서 차이가 나는 단어로 '에메르'(ēmer)가 있는데 구약에서는 '말'을 의미하나 아람어 '아마르'(amar)는 '말하다, 명령하다'(스 5:3; 단 2:4; 3:24-26)라는 의미이다. 그런데 코란 10장 3절에서 "너의 주는 6일 동안에 하늘들과 땅들을 창조한 알라이다. 그리고 나서 보좌 위에 그 자신을 세우셨고, 그가 아므르(amr)를 다스린다. 그분과 중보할 수 있는 사람은 아무도 없다." 그리고 수라 32장 5절에서 "그는 하늘부터 땅까지 그가 아므르(amr)를 경영한다."라고 한다.

코란의 아므르는 '모든 것, 표시, 운명, 계시의 직접 전달(wahy), 명령'이란 뜻이지만 여기서 아므르는 '어떤 문제'를 가리킨다. 수라 65장 12절에서는 "알라는 일곱 하늘과 일곱 땅을 창조한 분이다. 하늘들과 땅들사이에 그분의 명령(amr)이 내려온다."고 한다. 우주의 모든 것이 알라의명령에 복종한다. 이슬람에서 인간은 우주의 법에서 유일한 예외다. 이슬람에서 인간만이 알라의 명령을 순종하거나 불손종하는 자유 선택을 부여받았기 때문이다. 이슬람에서 자연의 법칙은 알라의 명령을 표현한다고 한다. 자연은 알라의 명령을 불순종할 수 없다. 모든 것이 알라의 운명 하에 있는 것처럼 모든 것이 알라의 명령 하에 있다. 코란에서는 우주의 창조에 아므르(운명)가 있었다.

코란의 파라다이스

창조는 구원과 관련되는데 성경은 실낙원한 죄인들이 회개하고 용서함을 받아 성화의 길을 걸으면서 다시 하나님과의 관계가 회복되는 복낙원을 지향한다. 누가복음 23장 43절은 "낙원(피르다우스)을 신구약의 의인들이 죽은 뒤 부활을 기다리는 곳"이라고 보았다. 아브라함에게 천국은 하나님이 경영하시고 지으실 터가 있는 성(히 11:10)을 생각하였지만 바울은 고린도후서 12장 2절에서 "내가 그리스도 안에 있는 한 사람을 아노니 십사 년 전에 그가 셋째 하늘에 이끌려 간 자라."고 하고 4절에서는 "그가 낙원으로 이끌려 가서 말할 수 없는 말을 들었으니 사람이 가히 이르지 못할 말이로다."고 하였다. 성경에서는 의인들의 영들이 있는 곳이 낙원이었다.

> 귀 있는 자는 성령이 교회들에게 하시는 말씀을 들을지어다. 이기는 그에게는 내가 하나님의 낙원에 있는 생명나무의 열매를 주어 먹게 하리라(계 2:7).

그러나 코란에서 피르다우스는 나무가 많고 과일이 많고 후르 아인(hūr ayn; 아름다운 여성)이 있는 곳이다. 히브리어 파르데스(סֹרדֵפ)는 나무들과 울창한 관목이 뒤덮인 지역(느 2:8), 아름다움과 즐거움을 위한 장소(전 2:5), 인간이 만든 것이라면 잘 정돈되어 조경이 좋은 장소, 그리고 과일들이 가득한 과수원이나 정원(아 4:13)을 가리킨다. 성경은 예수님이 오신 뒤에 썩을 몸으로 낙원에 가는 것이 아니고 변화된 몸으로 낙원에 간다(고전 15:51-56)고 가르친다.

너희는 세 그룹이었다. 오른쪽에 있는 사람들은 어떤 사람인지 보라, 왼쪽에 있는 사람들은 어떤 사람인지 보라. 그리고 앞선 사람들은 정말 앞선 자이다. 이들은 축복의 잔나(파라다이스)에서 알라에게 가장 가까이에 있는 사람들이다(수라 56:7-12).

그들이 고른 과일이 있고 그들이 좋아하는 새들의 고기, 숨겨진 진주와 같은 (아름다운 여성) 후르 아인이 있다(수라 56:20-23).

알라를 두려워하는 사람들(muttaqīn)에게는 (잔나에서) 최고의 성취가 있다; 정원들, 포도원들, 가슴이 부푼 소녀와 나이가 어울리는 반려자, 차고 넘치는 잔이 있다(수라 78:31-34).

히브리어 사전에 나온 '파르데스'의 설명이 코란에 기록된 잔나의 묘사와 거의 비슷하다. 아름다운 반려자가 있고 나무, 과일이 있으며 과수원이나 정원을 가리키고 있다. 그러나 성경에서 천국은 하나님이 통치하시고 하나님이 지배하는 것이며, 하나님 나라는 현재적인 영적 실제로서 작고 보이지 않는 권위이지만, 예수를 따르는 자들이 들어가는 영역으로서, 그것은 여기 지금 그리고 거기 미래 모두가 되므로 코란의 파라다이스 묘사와 다르다.

이슬람에서는 수라 2장 62절(수라 5:69 참조)에서 "믿는 자와 기독교인, 유대인, 사비인이 알라와 종말을 믿고 선행을 하면 그들 주님에게서 상이 있을 것이고 슬픔과 두려움이 없을 것이다."고 하고서 수라 5장 72절(참조 3:85)에서는 "알라 이외에 다른 분을 알라 자리에 놓는 자는 잔나(파라다이스)에 가는 길이 금지되고 지옥 불이 그의 거처다."라고 한다. 위 수라 2장 62절에 의하면 기독교인도 파라다이스에 갈 기회가 있으나 수라 5장 72절에서는 기독교인들은 파라다이스에 가는 길이 막혀 있다. 오늘날 무슬림들은 기독교인들은 지옥 간다고 서슴없이 말한다.

그 둘 사이에(파라다이스와 지옥) 칸막이가 있다. 알아아라프(격벽 혹은 담) 위에는 그 특징으로 각자를 알아보는 사람들이 있다. 그들이 잔나에 있는 사람들을 불러 '안녕하세요' 라고 한다. 그들은 (잔나에) 들어가지 못 했지만 들어가고 싶어 한다. 그들의 눈길이 지옥에 있는 사람들에게 머물 때 그들이 말하였다; '주님 우리의 권리를 침해하는 백성과 함께 하지 않도록 해 주세요.' 알아아라프에 있는 사람들이 그 특징으로 알아보는 사람들을 불러냈다(수라 7:46-48b).

지옥에 있는 사람들이 잔나에 있는 사람들을 불렀다; '물 혹은 알라가 너희들을 생존하게 한 것의 일부를 주세요.' 그들이 말하였다; '알라가 카피르들에게는 이 두 가지를 금하였다.' (수라 7:50)

성경은 누가복음 16장에서 "불러 가로되 아버지 아브라함이여, 나를 긍휼히 여기사 나사로를 보내어 그 손가락 끝에 물을 찍어 내 혀를 서늘하게 하소서. 내가 이 불꽃 가운데서 고민하나이다(24절). 이뿐 아니라 너희와 우리 사이에 큰 구렁이 끼어 있어 여기서 너희에게 건너가고자 하되 할 수 없고 거기서 우리에게 건너올 수도 없게 하였느니라(26절)."고 한다.

코란과 누가복음의 내용 중 비슷한 것이 있다고 하여 무함마드가 누가복음에 의존한 것이라고 단정할 수 없다. 그보다는 누가복음과 무함마드가 갖고 있는 저 세상에 대한 공통된 표상들 때문에 유사하게 보일 뿐이다.

코란의 종말론

성경에서 죽은 자들의 부활에 관한 사상은 다니엘서 12장 2절 이하에 나온다.

땅의 티끌 가운데서 자는 자 중에 많이 깨어 영생을 얻는 자도 있겠고 수욕을 받
아서 무궁히 부끄러움을 입을 자도 있을 것이며(단 12:2).

마가복음 13장 27절은 "또 그때에 저가 천사들을 보내어 자기 택하
신 자들을 땅 끝으로부터 하늘 끝까지 사방에서 모으리라."고 하고 요한
계시록 21장 3절은 "내가 들으니 보좌에서 큰 음성이 나서 가로되 보라!
하나님의 장막이 사람들과 함께 있으매 하나님이 저희와 함께 거하시리
니 저희는 하나님의 백성이 되고 하나님은 친히 저희와 함께 계신다."고
하여 그리스도인들이 친히 하나님과 함께 거한다고 쓰여 있다. 마가복음
13장 17절 "그 날에는 아이 밴 자들과 젖 먹이는 자들에게 화가 있으리
로다."는 구절은 코란의 22장 2절 "그 날에 너희가 볼 것은 젖을 먹이는
어머니가 갓난아이를 더 이상 생각하지 못할 것이고 임신한 여성은 유산
할 것이요, 술 취하지 않았는데 술취한 사람들을 볼 것이다. 알라의 환난
이 크다."와 비교가 된다.

또 "(환란의) 말이 이루어지면 우리(알라)는 땅에서 답바(dābbah: 네발
달린 짐승)란 짐승을 보내겠다(수라 27:82)." 그리고 "곡(ya'jūj)과 마곡
(ma'jūj)의 사람들이 풀려나면 그들이 각 고지로부터 재빨리 한 곳으로
모여든다(수라 21:96)."고 하였다. 코란의 곡과 마곡을 알라가 산에 가두
어 지금은 산 속에서 나오려고 땅을 파고 있다고 한다. 곡이라는 아랍어
단어 '야으주즈'는 '힘과 강함'의 의미이고 '마으주즈'(마곡)는 '나감과
퍼짐'을 의미한다. 곡과 마곡이라는 말은 힘 센 두 민족이 세상을 부패시
키려고 나가서 널리 퍼진 것을 의미한다.[72]

성경은 요한계시록 20장 8절에서 "나와서 땅의 사방 백성 곧 곡과 마

---

72) Husam al-Baytar, *i'jaz al-kalimah fi al-quran al-karim*, Amman, 2005, 93

곡을 미혹하고 모아 싸움을 붙이리니 그 수가 바다 모래 같으리라."라고 나와 있다. 일부 기독교인들은 사탄이 천 년 간 옥에 갇혀 있다가 사탄이 그 옥에서 풀리면 곡과 마곡이라는 백성을 유혹하여 그리스도와 성도들과 싸우게 하려고 도시 주위를 포위한다고 말한다. 이때 하늘에서 불이 내려와 저희를 소멸한다.

신약성경과 코란 사이의 종말론에는 본질적인 차이가 있다. 그리스도가 결정적으로 중요한 위치를 차지하는 신약성경의 종말론은 현재 지향적이고 미래 지향적이지만 코란의 종말론은 미래 지향적이다. 아랍 텔레비전에는 아랍 무슬림 여성이 남편의 학대가 심하다고 하니 무슬림 종교 지도자가 그 여성에게 참으라고 하면서 심판의 날에 복이 있다고 최후의 심판에 초점을 맞춘다.

믿는 자들아, 너에게 생명을 주려고 너를 부를 때 알라와 그의 메신저(무함마드)에게 응답하라. 알라는 사람과 그의 마음 사이에 온다는 것을 알라. 너희들이 알라에게로 모아질 것이다(수라 8:24).

이슬람의 종말에는 믿는 자들이 알라에게로 모아지고 알라와 무함마드가 초청할 때 바로 응하라고 권면한다.

코란 14장 48절에서 "그 날에 땅이 다른 땅으로 대체되고 하늘들도 그러하며 그들이 한 분이신 알라에게 나타날 것이다."라고 나와 있다. 코란은 그날에 새 하늘로 바뀌고 새 땅으로 대체된다고 하나 그 새 하늘과 새 땅에 있는 사람들은 변화가 될지 그대로 있을지 구별해 주지 않는다.

알라가 창조를 시작하고 창조를 반복할 것이며 너희들은 그에게로 돌아갈 것이다(수라 30:11; 10:4).

요한계시록 21장 1절에서 "또 내가 새 하늘과 새 땅을 보니 처음 하늘과 처음 땅이 없어졌고 바다도 다시 있지 않더라."고 하면서 전혀 다른 새 하늘과 새 땅을 말한다. 성경에서는 사탄에게 종노릇하던 죄의 생활을 버리는 성도는 그리스도를 알고 그를 닮아가는 삶을 산다.

수라 3장 144절은 무함마드와 무함마드 이전에 온 모든 메신저들이 죽임을 당하거나 자연사한다. 이싸도 무함마드도 그들과 같이 죽는다. 그런데 수라 4장 157절은 "그들(유대인들)이 그(이싸)를 죽이지 않았고 그들이 그를 십자가에 못 박지도 않았다. 그러나 그들에게 그렇게 보였을 뿐이다."라고 말한다. 코란 주석가들은 이 본문에서 누가 죽었는가에 대한 답을 내놓고자 하였는데 그 중 하나는 이싸와 외형이 유사한 자가 십자가에 죽었다는 설과 다른 하나는 자원자가 나타나 십자가에서 죽었다는 설로 나뉘었다. 그러나 앞의 3장 144절은 메신저들이 죽임을 당하거나 자연사한다고 했고, 4장 157절은 코란에서 메신저이었던 이싸가 안 죽었다고 하여 코란 자체가 모순이 되고 있다.

코란의 칼리마

수라 3장 144절에서 보듯이 무함마드는 자신이 알라의 메신저들 중 하나라고 생각하였다. 무함마드 자신은 특히 유대인들에게 자신이 유대인들의 계보에 나오는 그런 예언자라고 믿고 그들도 그렇게 받아주기를 기대하였다. 코란의 이싸는 4복음서에 나오는 예수와 유사한 부분도 있지만 전혀 다른 시각에서 기록되고 있다. 코란의 이싸가 성경의 예수의 모습과 전혀 일치하지 않기 때문이다. 무함마드는 기독교인들이 예수의 이미지를 조작하였다고 하고 후대 이슬람 학자들은 바울이 예수의 복음을 왜곡하였다고 한다. 더구나 기독교인들이 말하는 성부, 성자, 성령이라는 삼위일체론을 이슬람에서는 알라, 이싸, 마르얌이라고 잘못 주석하여 오늘날까지 기독교를 오해하는 내용 중의 하나가 되었다. 실제 코란 본문에는 삼위일체란 단어는 안 나오고 오직 '셋' 이라는 단어만 나온다.

> 경전의 백성들아, 너희 종교의 한계를 넘지 마라. 알라에 대하여 진리 이외의 것은 말하지 마라. 알마시흐 븐 마르얌은 알라의 메신저이고, 마르얌에게 주신 알라의 칼리마[73](메시지, 기쁜 소식)이며 알라로부터 온 루후[74]이다. 알라와 그의 메신저들을 믿어라. 너희들은 셋이라고 하지마라. (그것을) 그만두고 (이것이) 너희들에게 가장 낫다. 단지, 알라는 한분의 신이다. 그분에게 찬미를 드린다. 그는 자손(walad)을 갖는 것 (이상)이다. 하늘과 땅에 있는 모든 것이 그의 것이다. 그는 신뢰하기에 가장 좋은 분이다(수라 4:171).

위 코란 구절에서 칼리마는 영원한 알라의 말(**word of Allah**)이란 의미가 아니고 신약성경의 로고스(**logos**)와도 상관없다. 성경에는 예수가 인자, 하나님의 아들, 그리스도, 주님, 말씀, 구주, 다윗의 자손이라는 칭호들로 언급되지만 코란에 나오는 알마시흐는 성경의 그리스도가 갖는 모든 의미를 갖지 못하고, 단지 이싸의 별칭으로서 알마시흐라고 할 뿐이다. 코란의 알마시흐는 구주라는 의미는 아니다. 코란에서 이싸는 선지자일 뿐 하나님의 아들이 아니고 인간일 뿐 신이 아니라 했으며, 이싸는 십

---

73) 〈되라 하니 되었다〉고 하는 것처럼 이것을 알라의 말이라고 해석하는 무슬림들도 있다.

74) 코란 주석가 알따바리는 "루후 민후(Rūhun minhu)"는 "nafkhah minhu(그로부터 온 호기(바람)", hayāh minhu(그로부터 온 생명), rahmah minhu(그로부터 온 자비)라고 풀이한다. 코란 58:22절에서는 "ayyadahum bi-rūhin minhu(그가(알라) 그로부터 온 루후로써 그들을 도왔다)"가 나오는데, "알라가 이싸를 믿고 따르는 사람들에게 이싸가 그들의 자비가 되게 했다"고 풀이하였고 또 다른 무슬림들은 "알라가 루후를 창조하여 모양을 갖게 한 다음 이 루후를 마르얌에게 보냈다. 루후가 마르얌의 자궁(fīhā)에 들어가 이싸의 루후가 되게 하였다"고 풀이한다.

자가에 죽지 않았으나 예수는 십자가에 돌아가시어 부활하시었고, 이싸
가 코란에서는 알마시흐라고 하나 기름부음 받은 자들로서 제사장과 왕
의 의미는 없다. 이렇게 보면 코란의 이싸와 성경의 예수가 상당히 다른
것을 알 수 있다. 코란은 줄곧 이싸가 인간이라는 것을 강조한다. 이싸가
구주라는 말은 코란에 안 나오고 칼리마(a word)라고는 하나 이 단어에
는 성경이 말하는 '말씀(logos)'이란 뜻이 없다. 알라의 칼리마(기쁜 소식)
가 마르얌에게 전해져서 이싸를 창조하였다. 이싸는 알라의 루후이고 이
루후는 알라에게서 왔다.

> 경전의 백성들아, 너희 종교를 뛰어 넘지 마라. 진리인 것을 제외하고 알라에 대
> 하여 말하지 마라. 마르얌의 아들, 이싸, 알마시흐는 알라의 메신저이고 알라의
> 칼리마(기쁜 소식)가 마리아에 전해져 이싸를 창조했다. 이싸는 알라의 루후이
> 다. 알라가 모든 것을 하실 수 있다(수라 4:171).

위 코란 구절에 나오는 칼리마는 알라가 마르얌에게 전한 기쁜 소식이
나 메시지를 의미한다. 요한복음 1장 1절은 "태초에 말씀이 계시니라. 이
말씀이 하나님과 함께 계셨으니 이 말씀은 곧 하나님이시니라."고 하고,
2절에서는 "그가 태초에 하나님과 함께 계셨고", 3절에는 "만물이 그로
말미암아 지은 바 되었으니 지은 것이 하나도 그가 없이는 된 것이 없느
니라."고 하고, 14절에서는 "말씀이 육신이 되어 우리 가운데 거하시매
우리가 그 영광을 보니 아버지의 독생자의 영광이요 은혜와 진리가 충만
하더라."고 하였다.

요한복음에서 '말씀' (알칼리마)은 하나님이시고 그 말씀이 육신이 되
었다. 결국 코란의 칼리마와 요한복음의 알칼리마는 의미가 서로 다르다.
요한복음에서 하나님 아버지와 로고스(성자)는 창조에 참여하시고, 로고

스는 육신이 되었고(요 1:14), 성도들에게는 기쁜 소식(good news)이 되었다. 요한복음에는 하나님의 창조와 계시와 구원의 수단인 로고스가 성육신하여 하나님을 계시하고 구원을 이루어 우리가 하나님을 알고 구원을 얻게 되었다고 선포한다. 위 구절에서 태초에 말씀이 계셨고, 이 말씀이 하나님과 함께 계셨으며, 이 말씀이 하나님이셨다. 이는 곧 로고스가 하나님과 함께하는 신적 존재이자 창조주와 계시자였다. 이런 의미가 코란의 이싸에게는 전혀 없다.

> 천사들이 말했다. "마르얌아, 알라가 '그에게서 온 칼리마'를 주었다. 그의 이름은 알마시흐, 이싸 븐 마르얌이고, 그는 현세와 내세에서 높은 품위를 지닌 사람이고 알라에게 가까이 있는 자이다." (수라 3:45)

위 코란 구절에 나오는 칼리마(Kalimah)는 부정관사이고 요한복음의 말씀(al-kalimah: 로고스)이란 단어는 정관사가 접두되어 있다. 코란에 나오는 칼리마(a word)는 '말씀'(logos)이란 뜻이 아니고 메시지나 기쁜 소식을 가리킨다.

> 이싸가 그들에게서 쿠프르(kufr)[75]를 느꼈을 때 이싸는 '누가 알라를 위하여 나를 돕는 자들이냐'고 물었다. 제자들이 대답하기를 '우리가 알라를 따르는 자이다. 우리가 알라를 믿었고 우리는 (알라에게) 복종하는 사람(muslim)이라는 것을 증거하라(수라 3:52).

위 구절에서 알라에게 복종하는 사람(muslim)이란 말은 오늘날에는 무슬림이라고 주석할 수 있으나 코란이 기록될 당시에는 종교 간의 분류

---

75) 쿠프르는 알라가 존재하심을 믿지 않거나 알라가 존재한다는 것을 믿더라도 이슬람식 기도와 금식을 지키지 않는 것을 가리킨다.

가 오늘과 같이 분명하지는 않았다. 그러므로 알라에게 복종하는 사람으로 번역하는 것이 맞다. 이싸의 제자들이 알라를 믿는다고 하면서 그들 역시 알라에게 복종하는 사람들이라고 말한다.

또 요한복음 1장 14절에서 '독생자'라는 말은 희랍어 '모노게누스' (monogenous)인데 '그 종류에서 유일한 자' 라는 말이다. 말하자면, 종류로서 하나밖에 없는 유일한 분이라는 의미이다. 요한복음 3장 16절 "하나님이 세상을 이처럼 사랑하사 독생자를 주셨으니 이는 저를 믿는 자마다 멸망치 않고 영생을 얻게 하려 하심이니라."에서 독생자 역시 위와 같은 의미이다. 무함마드는 이싸가 생물학적인 방법으로 인간의 몸에서 태어났다고 하는 것을 강조하고 독생자라는 말에 대하여 오늘날 무슬림들은 그가 마르얌에게서 '태어났다'고 하는데 초점을 맞춘다. 코란 112장 3절은 "알라는 아무도 낳지도 않았고(lam yalid) 알라는 태어남을 당하지 않았다(lam yulad)"고 한다. 여기서 사용된 아랍어 단어 얄리드(yalid) 혹은 율라드(yulad)는 '왈라드' (walad; 아들, 소년)라는 단어와 어근이 같다. 코란의 어휘로 등장한 왈라드(walad)는 자손이라는 말이다. 남녀 구분이 없고 단수의 의미가 아니라 복수의 의미다. 그러므로 아들이라는 말이 아니고 소년이라는 말도 아니라 자손이라는 말이다.

하늘들과 땅의 창조주가 배우자가 없는데 어떻게 자손을 갖는다는 말인가? 그는 모든 것을 창조하셨고 모든 것을 가장 잘 아신다(수라 6:101).

아랍어 성경에서는 '하나님의 아들'이 '이븐 알라' 라고 한다. 앞서 말한 '왈라드 알라' 라고 하지 않는다. 성경에서 '하나님의 아들' 은 메시야와 예수의 호칭이었다. 악한 영들이 그를 하나님의 아들(마 8:29; 막 3:11;

5:7; 눅 4:41; 8:28) 그리고 제자들이 그를 하나님의 아들(마 14:33; 16:16)이라고 하고, 예수 자신이 하나님 아들(마 28:19)이라고 한다. 하나님의 아들이란 표현은 기독교 이전에 흔하지 않았다. 바울은 예수가 약속된 메시야이고 구세주이고 '하나님의 아들' 임을 선포한다(행 9:20). "하나님이 세상을 이처럼 사랑하셔서 그의 독종자(獨種子-독특한, 그 종에 있어 하나뿐인 아들)를 주셨다."(요 3:16)[76] 성경에서 '독생자' 와 '하나님의 아들' 이란 말은 몸을 통하여 태어난 것을 가리키지 않는다. 독생자는 본래 의미가 그 종류에 있어서 독특한 분이라는 것이고 '하나님의 아들' 은 메시야의 호칭이었기 때문이다.

> 시몬 베드로가 대답하여 이르되 주는 그리스도시요 살아 계신 하나님의 아들이 시니이다(마 16:16).
>
> 다 이르되 그러면 네가 하나님의 아들이냐 대답하시되 너희들이 내가 그라고 말 하고 있느니라(눅 22:70).

성경의 예수는 하나님 우편에 높임을 받아 하나님 나라와 권세를 위임 받는 분으로서 '하나님의 아들' 이라 불린다. 성경에서 '아들' 이란 말의 기본적 의미가 상속자이다. 성경에서 '아들' 이란 근본적으로 '상속자' 를 나타내는 그림 언어였다.[77] 그래서 하나님에게서 하나님의 대권을 상속받는 그 사람의 아들이 하나님의 아들이다. 아랍어에서는 오늘날 아랍인들이 '이븐 발라드' 라고 하면 그가 그 지역을 잘 안다는 표현이거나 그 지역에서 태어나서 그 지역을 아주 잘 알게 되었다는 의미다. 여기서 '이븐' 이란 아랍어 단어는 '아들' 이란 뜻이 아니다.

---

76) 김세윤, 『복음이란 무엇인가』, (서울:두란노, 2003), .157.
77) Ibid., 183.

레바논 : 예배 전의 아랍 기독교인들

예수 그리스도는 다니엘서의 예언으로부터 '사람의 아들'(Son of Man; 인자)이라는 말을 취하여 자신을 가리킬 때 자주 사용하셨다(막 8:31; 요1:51).

> 내가 또 밤 환상 중에 보니 인자 같은 이가 하늘 구름을 타고 와서 옛적부터 항
> 상 계신 이에게 나아가 그 앞으로 인도되매(단 7:13)

성경에서는 인자가 옛적부터 항상 계신 자에게 나아오면 모든 권세와 영광과 주권이 그에게 주어져, 사람들이 그에게 예배드렸다. 인자는 영원한 나라를 세우실 것이다(단 4:34; 7:27). 그리스도가 영원한 하나님 나라의 통치자로 임명된 후에는 그 왕국을 하나님 아버지께 내어드릴 것이다.

하나님 나라는 예수 안에서 또는 예수를 통하여 실재화된 것이다. 예수는 종말의 하나님 나라와 구원을 역사(또는 이 시대) 속으로 들여온 자이다. 예수의 제자가 되는 것이 하나님 나라에 들어갈 수 있는 조건이다. 예수는 하나님 나라의 대리자(agent) 또는 담지자(bearer)로서 하나

님 나라의 백성을 창조하고 모으는 이다. 하나님에 대한 예수의 독특한 호칭 '아바(Abba)'[78]뿐 아니라, 그의 자기 칭호 '그 사람의 아들'과 그의 성전(temple)에 대한 가르침이 모두 이 사실에 귀결된다.[79] 이 같은 의미를 갖는 인자(사람의 아들)라는 어휘가 코란에는 등장하지 않는다.

무함마드의 하늘 여행

요한복음 1장 51절에서 "또 가라사대 진실로 진실로 너희에게 이르노니 하늘이 열리고 하나님의 사자들이 인자 위에 오르락 내리락하는 것을 보리라 하시니라."에서 유대 랍비들은 야곱–이스라엘이 하나님 어좌에 앉아 있다고 보고, 이는 바로 종말에 야곱–이스라엘의 자손들이 높임을 받아 하나님의 어좌에 앉게 된다고 생각하였다. 그러나 예수는 야곱–이스라엘이 하나님의 어좌에 앉아 있는 것이 아니고 다니엘서 7장의 예언대로 '사람의 아들'인 자신이 앉아 있는 것이라고 말한다. 이제는 더 이상 야곱–이스라엘의 육신적 자손 즉 유대인들이 종말에 하나님 나라를 유업으로 이어 받는다는 것이 아니고, 그 '사람의 아들' 예수가 새롭게 모으는 하나님의 참 백성이 하나님 나라를 유업으로 받는다는 것을 의미한다. 예수를 '하나님의 아들'로 고백하는 나다나엘과 같은 사람들이 참 이스라엘 사람이고 참 하나님의 백성이며 그들이 하나님 나라를 받고 영생을 얻는다고 하셨다.

그러나 이슬람은 종말에 이싸가 기독교의 십자가를 부수고 이슬람을

---

78) 아랍어 abba는 '압바'라고 읽는다.
79) 김세윤, 『예수와 바울』, (서울: 두란노, 2003), 71-72

전할 것이라고 하여 성경에서 말하는 하나님 아들로서의 예수를 전혀 만
날 수 없게 만들었다. 코란의 70장은 '마아리즈'(사다리들)라는 제목이
붙은 장이다. 무함마드가 어느 날 밤 하늘에 다녀온 이야기가 들어 있다.
70장에 나오는 마아리즈의 단수형 미으라즈(mi'rāj)라는 단어의 원래 사
전적 의미는 '사다리'(오르는 계단)이다. 이 단어를 오늘날 무슬림들은
무함마드가 '하늘로 여행'한 것으로 이해한다. 무슬림들에게 내려오는
전설에서는 무함마드가 간 곳은 지상의 예루살렘이 아니라 하늘의 예루
살렘(Heavenly Jerusalem)이라고 하였다. 그 이야기에서는 지브릴이 무
함마드를 하늘의 높은 곳으로 데리고 갔다는 것이다.

> 그의 종('Abd)을 밤에 알마스지드 알하람에서 알마스지드 알악사로 여행하게
> 한 분에게 찬양을 드린다(수라 17:1a).

위 코란 내용에 대한 주석이 분분하나 다음 세 가지로 정리된다.[80] 첫
째는 비교적 오래된 하디스(부카리의 하디스, 카이로, 1278, 2권 p.185;
무슬림 하디스, 1290, 1권 59)에서 이 구절이 무함마드가 하늘로 올라간
것을 암시하는 구절로 풀이한다. 그래서 이런 하디스에서는 '알마스지드
알악사'(al-masjid al-'aqsā)를 '가장 먼 예배처소'라고 번역하여 '하늘'을
의미하는 것으로 해석하고, 이런 경우 밤 여행('isrā')[81]을 하늘로 올라감

---

80) H.A.R. Gibb and J.H. Kramers, op.cit. 183.
81) 무함마드의 밤 여행에 대한 이야기는 다음과 같다. "어느 날 밤 무함마드가 메카의 카아바 근처
의 이웃집(움무 하니의 집이라고도 함)에서 잠을 자고 있었다. 날개 달린 동물인 부라끄(burāq)
를 타고 온 지브릴 천사가 그를 잠에서 깨웠다. 무함마드와 함께 이 동물을 타고 함께 예루살렘
까지 여행을 갔다. 가는 도중에 그들이 선한 세력과 악한 세력들을 만났다. 예루살렘에서 그들
은 이브라힘, 무사, 이싸를 만났다. 무함마드가 이맘(기도 인도자)이 되어 쌀라(기도)를 하고 그
때 모든 다른 예언자들도 그곳에 모였다. 예루살렘에서 예언자들을 무함마드가 만났다는 것은
성경의 예수가 변화산에서 만난 사건과 유사하다"(H.A.R. Gibb and J.H. Kramers, op.cit.
183).

(miʻrāj)[82]과 동의어로 사용한다. 두 번째 설명은 코란의 현대 주석서에만 나오는데 아무런 이유를 달지 않고 '알마스지드 알악사'가 예루살렘이라고 한다. 위 두 설명에서는 코란 17장 1절에 나오는 '압드'(노예)를 무함마드로 해석한 것이다.

위 구절의 세 번째 설명은 코란 17장 60절에 나오는 환상(al- ru'yā)이란 단어를 밤 여행(isrā')이라고 말하지만 무함마드가 실질적으로 여행을 한 것이 아니라고 하였다. 그것은 코란 구절에 나오는 '환상'(vision)이란 말에 근거를 두고 주장하는 것이다.

그런데 무함마드가 하늘로 여행한 사건을 왜 사다리라고 이름을 붙였는지에 대해서는 침묵한다. 일부 학자들은 창세기 28장 12절의 야곱의 사다리와 동일시하기도 한다. 코란 70장 3-4절에서 "하늘 여행 길들의 주님이신 알라로부터, 천사들과 루후가 그에게 올라가고....."라고 한 것을 보면 무함마드가 이 단어를 이미 알고 있었던 것으로 보인다. 사비교(만다아)인들은 사다리가 하늘로 오르는 수단으로 알고 있었다. 전설에는 무함마드가 7 하늘을 방문하였는데 첫째 하늘에서 아담을, 둘째 하늘에서 야흐야와 이싸를, 셋째 하늘에서는 유수프를, 넷째 하늘에서는 이드리스를, 다섯째 하늘에서는 하룬을, 여섯째 하늘에서는 무사를 그리고 일곱째 하늘에서는 이브라힘을 만났다고 한다. 무함마드는 일곱째 하늘에서 알라의 보좌 앞에 나타나 의무적인 기도에 대하여 대화하고 다른 주제들도 나누었다[83]고 한다.

코란에 나오는 이들 설명을 종합하면 종말에 야곱-이스라엘의 자손들

---

82) 미으라즈(miʻraj)는 원래 아랍어 사전적 의미는 "사다리"라는 말이다. 이 단어가 오늘날 무슬림들에게는 "하늘로 올라감"을 가리킨다.
83) H.A.R. Gibb and J.H. Kramers, *Shorter Encyclopaedia of Islam*, Leiden: E. J. Brill, 1974, 382-383

이 높임을 받아 하나님의 어좌에 앉게 된다는 것도 아니고 즉 유대인들이 종말에 하나님 나라를 유업으로 이어 받는다는 것이 아니고 기독교인들이 말하는 '사람의 아들' 예수를 따르는 하나님의 참 백성이 하나님 나라를 유업으로 받는다는 것도 부인하면서 이슬람의 무함마드가 그 자리에 등장하고 있다.

무함마드는 이싸가 하나님의 아들이라는 것을 거부하고 있어 무함마드가 성서의 전통과 계보 안에 있지 않다. 성경에서는 예수가 구주인데 반하여 이슬람에서 이싸는 종말이 오는 도상에 등장하는 한 인물일 뿐이다.

성경의 예수 그리스도	코란의 이싸 알마시흐
참 인간이자 참 하나님	인간
하나님의 아들	예언자
십자가에 못 막히셨다.	십자가에 못 박히시지 않았다.
돌아가시었다.	죽지 않았다.
주님의 재림으로 새 하늘과 새 땅에서 성도들이 주님과 함께 영생한다.	장차 이싸가 지상으로 재림하여 사람들에게 이슬람을 믿으라고 하고 십자가를 다 부수고 그후 자연사한다.

코란은 당시 사람들이 이싸와 그의 어머니 마르얌을 신처럼 받들었다고 적고 있다.

알라가 이싸에게 말하였다 '마르얌의 아들, 이싸야, 알라 이외에 너와 너의 어머니를 두 신으로 삼으라고 사람들에게 말했니?' 그가(이싸) 말하기를 '찬미를 받으소서. 내가 말할 권한이 없는 것은 절대 말하지 않습니다. 만일 그런 말을 했더라면 당신이 그것을 알았을 것입니다. 내가 당신 안에 있는 것은 모르지만 당신은 내 안에 있는 모든 것을 아십니다. 참으로 당신만이 보이지 않는 것들에

대해, 완전히 아시는 분이십니다.' (수라 5:116)

위 코란 구절을 해석하는 사람들 중에는 알라가 신이고 마르얌은 여신이라고 생각하고 둘이 혼인하여 이싸를 낳았다고 믿는 이단이 있었다. 마치 이집트 신화의 이시스(Isis; 여신; Horus의 어머니; 오시리스의 누이)와 오시리스(Osiris; 남신; 이시스의 남편)가 혼인하여 호로스(Horus)를 낳은 이야기를 빗대기도 한다.

'이싸의 죽음은 가현' 이라는 도케티즘의 견해와 비슷하게 코란에서는 '그렇게 보였을 뿐' 이라고 말한다. 이싸가 실제로 죽은 것이 아니고 그렇게 보였을 뿐이라는 것이다. 영지주의는 이런 가현설을 발전시켜 메시야는 '실제가 없는 몸' 이라고 하였다. 영지주의자들은 신의 말씀이 인간의 몸과 합일되는 것을 부인하였는데 그것은 물질은 악의 근원이라고 생각하였기 때문이다. 이런 영지주의 견해는 이슬람을 여러 이단으로 분파하게 하여, 드루즈 파, 알라위 파, 이스마엘 파 등이 생겨났다. 영지주의는 '내적 지식'(Gnosis; Ma'rifah bātiniyyah), 혹은 '비밀의 지식' 을 통하지 않고서는 신을 인식하지 못한다고 생각했다. 수라 19장 16-29절은 이싸의 탄생을 알리는 내용인데 마르얌에게 더 많은 초점이 맞춰져 있다. 알라가 그의 루후를 완전한 남자로 위장하여 그녀에게 보낸다. 여기서 코란 주석가들은 알라의 루후를 지브릴 천사라고 생각한다. 동정녀 마르얌이 부정한 여자가 아니라는 비난을 피할 수 있는 내용도 코란에 나오고 수라 66장 12절에서는 마르얌이 칭송을 받는다.

코란 3장 38-41절과 19장 2-15절은 야흐야(세례 요한?)가 자카리야의 집에 태어날 것을 알려주는 이야기이다. 이 이야기는 누가복음 1장 5-25절의 성경 말씀과 유사하나 무함마드가 누군가로부터 이 이야기를 들었을 수도 있다. 그러나 코란에서 야흐야의 이야기는 이싸의 탄생 이야기에 맞추어 각색되고 있다. 성경에서 예수의 길을 예비하는 광야의 세례 요한과는 달리 코란의 야흐야는 이싸의 길을 예비하지 않는다.

수라 3장 38절에서 "자카리야가 알라에게 간구하였다. '주님, 나에게 당신으로부터 좋은 후손을 허락하여 주세요. 참으로 당신은 간구를 들어주시는 분이십니다.'" 그리고 39절에서 "그가 미흐랍(기도하는 방향으로 향한 기도처)에서 기도하고 있었을 때 천사들이 그를 불렀다. '알라가 너에게 야흐야를 주시어서 알라로부터 온 칼리마를 확증하게 하시고 그는(야흐야) 고귀하고 순정하며 선한 예언자이다.'" 40절에는 "그가 말하기를 '나의 주님, 내가 나이가 많고 아내는 불임인데 아이를 가질 수 있다니요?' (천사가) 말하길 '알라는 그가 원하는 대로 행하신다'고 하였다." 하자 자카리야가 그러면 나에게 표적(ayah)을 보여 달라고 하니 3일 동안 사람들과 말을 하지 못할 것이라고 한다. 성경은 "보라, 이 일이 되는 날까지 네가 말 못하는 자가 되어 능히 말을 못하리니 이는 네가 내 말을 믿지 아니함이거니와 때가 이르면 내 말이 이루어지리라 하더라(눅 1:20)."고 하여 코란이 3일이라고 지정한 것과는 다르다. 코란에 인용된 신약성경은 주로 누가복음의 내용과 유사하고 코란에서 이싸가 오신다는 것을 가장 처음으로 확인하여 주는 예언자는 야흐야이다.

코란은 그 자체로 모순이 되는 구절들이 많았다. 그래서 이슬람 신학자들이 코란 계시의 신뢰성에 심각한 흠이 되는 것을 막기 위하여 무효 교리(Doctrine of abrogation)를 만들었다. 이 교리에 따르면 첫째, 알라가 예언자에게 일부 구절들을 잊게 하고 그것들을 다른 것으로 교체한 것이라고(수라 87:6-7) 하였다. '잊는다' 는 말은 '기억하는 과정을 천천히 하거나 마음에서 완전히 지워버리는 것' 을 의미했다. 그래서 어느 한 구절이 무효화되면 그것에 따라 그 구절을 암송해야 하는 책임이 제거(수라 17:86)되거나 가르칠 필요가 없는 경우(수라 13:39)가 되고 때로는 이 둘 다가 해당되기도 하였다. 둘째, 무함마드가 어느 구절을 잊어버리면 그것은 알라의 책임이었다. 그러나 보통 사람이 한 구절을 잊으면 그것은 자신의 책임이다. 셋째, 무효화 교리에 따르면 알라가 이전에 계시된 구절보다 더 낫고 개선된 구절로 교체한다는 것이다(2:106). 넷째, 무함마드의 신뢰성을 의심하려고 이 무효화 교리가 사용되어서는 안 된다(수라 16:101). 무슬림들에게는 무함마드의 주장이 사실인지 아닌지 입증할 필요가 없다. 무효화 교리는 '점진적 계시'(progressive revelation)라고 불릴 수 없다. 점진적이라 함은 이전의 내용에 무언가 덧붙여지는 것이 있을 때 일컫는 말이다. 코란의 일부 구절이 나중에 다른 구절로 교체된다는 무효화 교리는 성경에 적용되지 않는다. 구약의 점진성과 연속성(Continuity)은 예수에 의하여 엠마오 도상에서 그의 제자들의 말에서 재확인되고 있다.

이에 모세와 모든 선지자의 글로 시작하여 모든 성경에 쓴 바 자기에 관한 것을 자세히 설명하시니라(눅 24:27).

Seeking to Understand the Quran

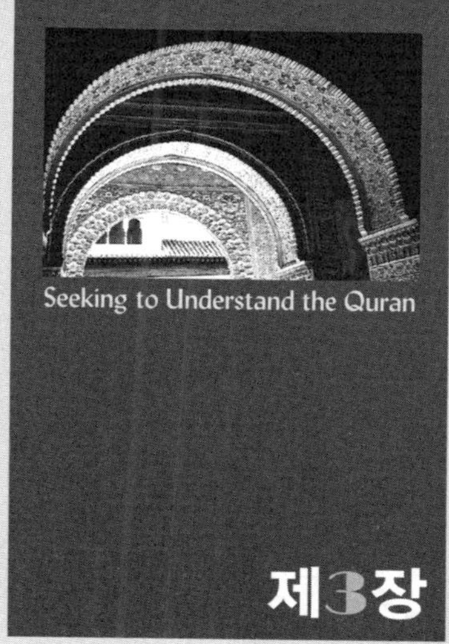

제3장

코란의 의미론적 함의

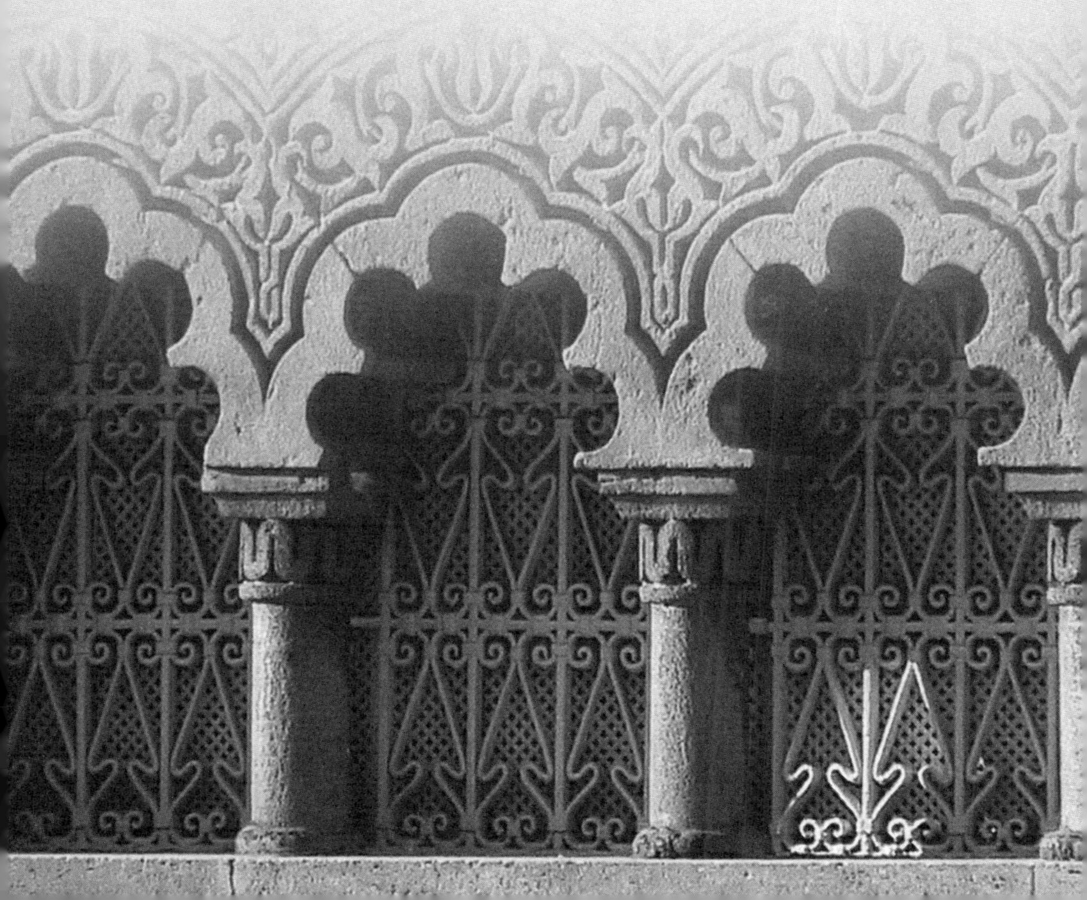

코란의 의미를 찾아

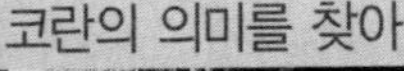

제3장 코란의 의미론적 함의

  이슬람의 가장 많은 공격적인 논증은 성경의 예수 그리스도에 대한 것이다. 사실 코란에서는 이싸가 무슬림이므로 성경의 예수 그리스도와는 비교가 되지 않으나 일부 학자들이 성경의 예수 그리스도를 코란의 이싸와 비교하는 경우가 있으므로 여기서는 성경과 코란을 바르게 이해하기 위하여 예수와 이싸는 물론 주요 신학적 쟁점들을 살펴보고 올바른 해석을 제시하고자 한다.

  코란과 성경의 비교에는 어떤 관점과 태도와 접근법을 갖느냐에 따라 그 결과가 달라진다. 첫째 모든 길이 메카로 통한다고 생각하는 입장이라면, 세상이 다문화 사회이니 성경과 코란에 대하여 깊은 이해가 필요 없다고 할 수 있다. 둘째는 모든 종교들의 목적은 선을 추구하는 것이라고 생각한다면, 커뮤니티 간의 관용이 증대되고 커뮤니티 간의 공통점을 중심으로 하는 대화가 강조된다. 이런 관점을 갖는 사람들은 이슬람 커뮤니티와 기독교 커뮤니티 간의 관계 개선에 더 많은 관심을 갖는다. 셋째, 그리스도가 구원의 유일한 길이라고 믿고 무함마드와 무슬림들이 잘못된 길을 갔다는 것을 변증하는 사람들이라면 기독교만이 진리임을 밝힐 것이다. 넷째, 논증적 태도를 갖는 사람들이라면 이슬람의 모든 현상을 사탄의 것으로 인정하고 이슬람을 속임수라고 말할 것이다. 그렇게 되면 무슬림과 상호 충돌이 생기고 이슬람의 더 많은 약점들을 찾게 된다. 다섯째, 하나님은 모든 종교적 제도를 초월하신 분으로 알고 구원은 오직 예수 그리스도를 구주로 믿어야 된다고 믿는 사람들이라면 이슬람의 현상들 안에 일부 진리들이 있다고 말하나 오직 그리스도 안에서만 성취된다고 믿을 것이다. 이런 그룹의 사람들에게는 기독교인과 무슬림 간의 종교적이고 신학적인 대화가 있고 상대에 대한 관용이 증대된다. 그렇다면 위다섯 가지 관점과 태도 중에서 어느 관점이 이슬람에 대한 바른 태도인가? 이 장에서는 무슬림들의 주장에 대한 기독교인의 답변을 서술하려고 한다.

성경을 변질시켰다고 한 주장

수라 2장 75절은 'yuharrifūnahu'(그것을 변질시키다)라고 하였는데 이말은 텍스트가 변질되었다기보다는 그 의미가 왜곡되었다는 뜻이다. 코란에는 'yuharrifūna'(변질시키다)라는 단어가 수라 4장 46절, 수라 5장 13절, 수라 5장 41절에 나오는데 그 의미는 '텍스트로부터 단어들을 변질시키다' 이다. 해당 텍스트로부터 단어들을 변질시킨 것은 텍스트의 변질이라기보다는 잘못된 주석(misinterpretation)을 가리키는 말이다.[84] 그런데 코란에는 무함마드의 메시지를 확증하기 위해서 기독교인들과 유대인들의 메시지를 참조하라는 말이 나온다.

알라가 무함마드에게 말한다. 너에게 계시한 것이 의심이 나면 너보다 먼저 경

---

84) Ibid., 69.

전들을 읽은 사람들에게 물어보라. 진리는 너의 주님으로부터 너에게 왔다(수라 10:94).

네가 모르면 너보다 먼저 온 '타우라와 인질을 읽은 사람'(ahl al-Dhikr)들에게 물어보라(수라 16:43).

유대인들과 기독교인들이 그들의 경전 중에서 글자들은 그대로 두고 그 의미만 변질시키었다고 주장하는 무슬림과, 아예 성경의 텍스트 내용들을 마구 바꾸어버렸다고 주장하는 무슬림들이 있었다. 그러나 이미 이슬람이 등장하기 전에 신구약 정경이 확정되어 있었고 성경의 사본들이 많았는데 그 중 하나만 바꾸었다고 할 수 있을까? 그리고 이 모든 사본들을 누가 어떻게 변질시킬 수 있단 말인가?

오늘날 아랍 기독교인들이 읽고 있는 아랍어 성경이 아랍어로 처음 번역된 것은 이슬람이 태동되고 난 이후 즉, 8세기 이후였다. 이슬람 초기 무슬림들은 성경을 인용하여 코란의 진정성을 증명하려고 하였기 때문에 성경에 대한 입장은 상당히 긍정적이었다. 그러나 11세기 스페인의 유명한 무슬림 논증가 이븐 하즘(Ibn Hazm; 994−1064)이 그의 책 '종교들과 이단들과 종파들의 분별(al-FiSal fi al-Milal wa-al-'Ahwa' wa-al-Nihal)'이란 책을 내 놓으면서 기독교를 다신교라고 비난하면서 반기독교적 논증을 하였다.

그들이 서약(mithaq)을 거부하였기에 우리(알라)가 그들을 멀리하였고 그들의 마음을 강팍하게 했다. 그들은 단어를 변질(yuharrifūna)시켰고 그들이 기억해야 될 것의 일부를 잊어버렸다(수라 5:13).

우리(알라)는 '우리가 기독교인이다'라고 하는 사람들과 서약을 하였다. 그러나 그들(기독교인들)이 기억해야 될 것의 일부를 잊었다. 그래서 우리는 부활의 날까지 그들 사이에 적대감과 증오심이 일어나게 했다(수라 5:14).

코란 주석가 이븐 카시르는 수라 5장 13절의 '단어 변질'의 의미를 그들의 이해가 변질되었다고 해설하고 있고 알꾸르뚜비와 알잘랄라인 그리고 알따바리 주석서는 '단어 변질'을 단어들을 교체한 것이라고 주석한다. 유대인들이 의도적으로 타우라를 잘못 해석하였거나, 그들이 이미 알고서도 다른 부분들을 간과하였거나, 혹은 경전의 텍스트 자체를 고의적으로 변경하였다고 해설한 것이다. 그러고 보면 사우디아라비아 종교성 이름으로 인터넷 웹사이트(quran.al-islam.com)에 내 놓은 이븐 카시르, 알꾸르뚜비, 알잘랄라인, 알따바리 주석서들이 코란의 본래 의미를 적확하게 전달해 주는 완벽한 코란 주석이라고는 볼 수 없다. 코란을 이해하는 데 참고가 될 뿐이다. 코란의 한국어 번역본도 그 번역에서 대단히 불충실하여[85] 오늘날 한국에서 성경과 코란 비교연구가 쉽지 않다. 2009년 1월 16일 이집트 알아크바르 신문에서는 오늘날 무슬림 젊은이들이 인터넷을 통하여 코란을 해석하는 데 거기에 문제가 있다고 꼬집었다. 그래서 무슬림 종교학자들과 이슬람을 포교(다아와)하는데 관심 있는 무슬림들은 인터넷 세대의 무슬림들에게 인터넷을 통한 코란 해석에 문제가 있다고 보고 인터넷에 나와 있는 코란 해석을 함부로 사용하지 말 것을 종용하였다.

코란 5장은 메디나 후기 수라인데 그때는 무함마드가 유대인들에게서 그가 유대인의 예언자가 아니라는 비난을 받고 있었다. 그들은 어떤 사건에 대한 무함마드의 주장과 그가 언급한 사건의 성경 본문을 잘 알고 있었다. 그런데 코란은 같은 수라(장)에서 무슬림들에게 기독교인과 유대인

---

85) 요아힘 그닐카, 『성경과 코란』, 오희천 옮김, (서울: 중심, 2005). 254.

을 무슬림들의 친구들(awliya)로 삼지 말라고 한다. 그들(유대인과 기독교인들)끼리는 서로 친구이고 서로를 보호하는 자들(수라 5:51)이라고 하면서 말이다.

> 너희 믿는 자들아, 유대인들과 기독교인들을 친구(동맹)로 삼지 말라. 그들은 서로에게 친구들이다. 그들을 친구로 택한 사람은 누구든지 그들 중의 한 사람이 된다. 알라는 부당하게 행하는 자(zālim)들을 인도하지 않는다(수라 5:51).

이 코란 구절을 아랍어로 읽는 무슬림들은 절대로 기독교인을 신뢰할 수 없을 것이다. 이 코란 구절이 '알라가 주신 말'로 믿는 무슬림이라면 절대로 기독교인들을 자기 편이나 친구로 받아들일 수 없다. 이 코란 구절의 마지막은 기독교인들을 '잘림'(상대의 권리에 합당하게 그 온전한 권리를 주지 않은 사람, 부당한 일을 하는 사람, 권리 침해자)이라고 칭한다. 코란을 문자적으로 이해하지 않는 무슬림이라면 이 코란 구절을 그대로 받아들이지 않고 자신이 '좋은 무슬림'임을 보여 주기 위하여 기독교인이나 유대인들을 선대하기도 한다. 그렇다면 코란 구절을 어디까지 상징적으로 해석할 것인가가 매우 중요한 논제[86]로 남게 된다.

일부 무슬림들이 주장하는 것처럼 성경의 텍스트가 언제 어떻게 변경되고 그 본문의 해석이 언제 어떻게 바뀌었는지에 대한 무슬림들 간의 일치된 견해는 없다. 유대인들은 구약의 텍스트가 절대 변질되지 않도록 많은 관심과 주의를 기울였다. 그리고 신약은 고대 사본들이 아주 많아 그 텍스트를 아무나 손을 댈 수 없다는 것도 잘 알고 있다. 신구약이 변질된

---

86) 21세기 아랍 무슬림들의 화두는 '잘림'(권리 침해자: wrongdoer)이다. '잘림'은 불공정, 불공평, 권리 침해자, 부당한 일을 하는 사람 즉 상대의 권리에 합당하게 그 온전한 권리를 주지 않은 사람을 가리키는 말이다. 미군이 이라크를 침공하였을 때 아랍 무슬림들은 미군을 '잘림'(zālim)이라고 하였고 팔레스타인 사람들을 죽이는 이스라엘 사람들도 '잘림'이라고 하였다.

것이라고는 아무도 믿지 않는다.

알라가 주신 코란은 그 메시지의 본문을 알라가 보호를 하여 주어서 전달 과정(transmission)에서도 절대 변질될 수 없다고 무슬림들이 믿고 있다. 코란은 구전에 의하여 전달되었다. 무슬림들이 알라의 말이라고 믿는 하디스 꾸두시는 소수–소수 전승이 대부분이다(공일주, 「이슬람문명의 이해」, 107). 소수–소수 전승이라는 말은 무함마드 사후, 무함마드의 말과 행동을 기억하던 교우들의 소수가 다시 소수의 사람들에게 전달한 하디스(무함마드의 언행록)이므로 50%만 신뢰할 수 있는 하디스이다.

이싸가 무함마드의 오심을 예언했다는 주장

코란은 61장 6절에서 이싸가 무함마드의 오심을 예언했다고 전한다. 그 이싸는 마르얌의 아들이라고 하였고 그 이싸가 이스라엘 사람들에게 하는 말이 '나는 알라의 메신저이다' 라고 하고 그는 타우라를 확증하고 아흐마드가 그의 뒤에 올 것이라는 소식을 전한다.

> 마르얌의 아들, 이싸가 말했다. '이스라엘 백성들아, 나는 내 앞에 온 타우라를 확증하고 내 뒤에 아흐마드라는 이름의 메신저가 온다는 기쁜 소식을 전하기 위해 너희들에게 보냄을 받은 알라의 메신저이다.'(수라 61:6)

위 코란 구절에 의하면 이싸가 아흐마드가 올 것을 예언해 주었다는데 만일 그렇다면 코란에 나오는 이싸는 성경의 예수 그리스도와는 상관이 없다. 성경의 예수는 무함마드가 나중에 올 것이라는 것을 예언해 주지 않기 때문이다.

또, 무슬림들이 주장하는 이런 예언이 요한복음에 나온다고 무슬림들은 주장한다. 그 주장은 예수가 다른 보혜사를 보내줄 것이라는 약속(요 14:16)을 그 증거로 제시한다. 성경의 요한복음에 사용된 보혜사의 그리스어 단어는 '파라클레토스'(paraklētos)이고, 그 의미는 법률적 용어로서 변호인 혹은 다른 사람을 돕기로 부름받은 사람이다. 그러나 일부 무슬림들은 이것은 성경 텍스트의 오류라고 한다. 무슬림 학자는 그 텍스트가 변질되었기 때문에 '페리클리토스'(periklytos; praised; 찬양받는)로 읽어야 한다고 했다. 이슬람 창시자 무함마드의 여러 이름들 중 하나인 '아흐마드'(Ahmad; praised)가 페리클리토스라고 주장하는데 사실은 그 단어는 '더 찬양받는' 이란 의미이다. 그리고 '무함마드' 는 '견고와 남아 있음' 이란 의미를 갖는다.[87] 오늘날 아랍인들의 이름들 중 무함마드라는 이름을 가진 사람과 아흐마드라는 이름을 가진 사람들은 서로 다른 사람이다. 성경에서도 '보혜사' 라는 '파라클레토스'(paraklētos)와 '찬양받는' 이란 말 페리클리토스(periklytos)가 서로 다르다. 영문 코란 번역자 유수프 알리는 수라 61장 6절에서 'paracletos' 는 'periclytos' 를 잘못 읽은 것이라고 하면서, 예수의 원래 말씀에는 거룩한 예언자 아흐마드라는 이름을 가진 자가 올 것이라는 예언이 있었다고 주장한다. 그런데 유수프 알리는 그리스어 단어의 음역을 부정확하게 기록하고 있고, 사실 그리스어 신약 사본 중에는 파라클레토스(paraklētos)를 대신할 페리클리토스(periklytos)라는 단어가 포함된 사본은 아직까지 학자들이 확인한 게 없다. 그리고 페리클리토스(periklytos)란 단어는 신약 어디에도 나타나지 않는다. 결국 요한 복음에 '아흐마드' 라는 단어는 나오지 않는다.[88] 여기

---

87) Husam al-Baytar, *i'jaz al-kalimah fi al-quran al-karim*, Amman, 2005, 171
88) Peter G. Riddell & Peter Cotterell, *Islam in Context: Past, Present, and Future*, Grand Rapids: Baker Academic, 2003, 75

서 언급할 것은 유수프 알리의 영문 코란 해설서도 정확성에서 문제가 있
다는 것이다.

기독교인들이 삼신을 믿는다고 한 주장

무함마드는 기독교에 대하여 어느 정도 알고 있었던 것 같다. 코란의
주제 중 하나는 알라가 한 분(Oneness)이라는 것이다. 코란에는 '삼위일
체' 라는 말이 나오지 않는다.

경전의 백성들아, 너희 종교의 한계를 넘지 마라. 알라에 대하여 진리 이외의 것
은 말하지 말라. 알마시흐 븐 마르얌은 알라의 메신저이고, 마르얌에게 주신 알
라의 칼리마이며 알라로부터 온 루후이다. 알라와 그의 메신저들을 믿어라. 너
희들은 셋이라고 하지 말라. (그것을) 그만두고 (이것이) 너희들에게 가장 낫다.
단지, 알라는 한 분의 신이다. 그분에게 찬미를 드린다. 그는 자손(walad)을 갖
는 것 (이상)이다. 하늘과 땅에 있는 모든 것이 그의 것이다. 그는 신뢰하기에 가
장 좋은 분이다(수라 4:171).

위 구절에서 보듯이 코란에는 삼위일체라는 말이 없다. 단지 셋이란 어
휘만 있다. 그런데 무슬림 코란 주석가들이 위 코란 구절에 나오는 '셋'
을 '삼위일체' 로 잘못 번역하고 있다. 그런 주석이 코란에 맞는 번역일
까? 성경에서 삼위일체는 성부, 성자, 성령을 가리키는데 코란 주석가들
은 기독교의 삼위일체를 알라, 마르얌, 이싸로 풀이한다. 기독교 삼위일체
를 잘못 알고 있다는 것도 문제이고 코란 본문에 삼위일체라는 말이 없는
데도 '셋' 이란 말을 '삼위일체' 로 번역하고 있는 것도 잘못이다. 위 코란
구절에서 '셋' 을 알라, 마르얌, 이싸라고 풀이하는 코란 주석가들은 수라

5장 116절을 참조한다.

당시에 알라를 신으로 섬기는 사람들이 있었고 이싸와 마르얌을 신으로 섬기는 사람들이 있었던 것 같다. 그래서 무슬림들은 이 본문을 통하여 4장 171절의 셋을 알라, 이싸, 마르얌으로 해석한 것으로 보인다. 더구나 오늘날 무슬림들은 9~10세기의 무슬림들만큼 성경을 잘 모른다.

삼위일체 논의에 대하여 무함마드 알 누와이히(카이로 어메리칸대학의 아랍어 교수)는 "많은 무슬림들은 기독교인들이 삼신을 믿는다고 잘못 생각하였던 것이 사실이다. 무슬림들은 기독교인들이 여러 신들을 믿지 않고 오직 한 분의 신을 믿는다는 그들의 삼위일체에 대한 설명에 충분한 주의를 기울이지 않았다."[89]라고 말했다. 앞서 말한 대로 코란 본문에는 삼위일체란 어휘가 나오지 않는다. 단지 '셋'이라는 말만 나온다. 성경에서 삼위일체는 성부 하나님, 성자 하나님, 성령 하나님이 서로 구별되면서도 본질에서는 하나인 것을 말한다. 성경에는 삼위일체를 가리키는 구절들이 많이 있다.

그러므로 너희는 가서 모든 민족을 제자로 삼아 아버지와 아들과 성령의 이름으로 세례를 베풀고(마 28:19)

주 예수 그리스도의 은혜와 하나님의 사랑과 성령의 교통하심이 너희 무리와 함께 있을지어다(고후 13:13).

---

89) Peter G. Riddell & Peter Cotterell, *Islam in Context: Past, Present, and Future*, Grand Rapids: Baker Academic, 2003. 76

성경에서 예수는 성삼위 하나님의 제2격 곧 구원자 하나님이며 성육신하신 하나님이시다. 삼위일체 하나님의 세 위격은 그 실재와 존엄에 있어서 영원히 동등하시며 동시에 서로 구별되신다.

이싸가 인간이라는 주장

동정녀 마르얌에게서 이싸가 탄생했다는 기사는 코란에 두 번 나온다. 이들 코란 구절은 복음서 내용에다가 후기 전승을 첨가한 것이다.

> 그녀(마르얌)가 그들에게서 보이지 않게 하였다. 우리(알라)가 우리의 루후(지브릴)를 그녀에게 보냈다. 그(지브릴)가 그녀 앞에 완전한 인간의 모습으로 나타났다(수라 19:17).

위 구절에 나오는 '루후'는 지브릴 천사이다. 지브릴이 사람의 형태로 나타났다고 한다.

> 천사들이 말하였다. 마르얌 아! 알라가 너에게 그에게서 온 칼리마를 주었다. 그의 이름은 알마시흐 이싸 븐 마르얌이다. 이 세상과 저 세상에서 높은 품위를 지닌 사람이고, 알라에게 가장 가까이 있는 사람들 중의 한 사람이다. 그는 어려서 그리고 장성하여 사람들에게 말을 하였고 쌀리흐(선행을 하고 다른 사람에게 해를 끼치지 않는 사람)들 중의 한 사람이다. 그 여자가 말하였다; 나의 주님, 어느 남자도 나를 만지지 않았는데 어떻게 제가 자손을 가질 수 있단 말입니까? 알라가 말했다. 그가 어떤 것의 운명을 정해 주었으면 그가 원하는 대로 창조하시므로 그리될 것이다. 있으라 하면 있게 된다고 그가 말한다(수라 3:45-47).

위 코란 구절에서는 알라가 알라에게서 온 칼리마를 보내주신다고 그

기쁜 소식을 마르얌에게 전하고 있다. 그 칼리마는 알마시흐, 이싸 븐 마르얌이다. 칼리마는 마르얌의 아들 이싸이고 알마시흐라는 말이다. 이싸는 이 세상과 저 세상에서 구별된 사람이다. 그런데 어려서(요람에서) 말을 할 수 있었다고 하는 코란의 내용은 성경과 다르다. 코란은 알라가 정해준 운명대로 이싸가 태어날 것을 예언한다. 그 증거는 알라가 '있으라 하면 있게 된다' 는 것을 제시하고 있다. 위 코란 구절에서는 '천사들(복수)' 이 마르얌에게 말하고 있으나, 성경에서는 '천사(단수)' 라고 하여 서로 다르다.

천사가 이르되 마리아여! 무서워하지 말라. 네가 하나님께 은혜를 입었느니라. 마리아가 천사에게 말하되 나는 남자를 알지 못하니 어찌 이 일이 있으리이까. 마리아가 이르되 주의 여종이오니 말씀대로 내게 이루어지이다, 하매 천사가 떠나가니라(눅 1:30,34,38).

수라 19장 19,21,22-30절에서도 마르얌의 임신에 대한 이야기가 계속된다.

그러나 그(지브릴)가 말하였다. '나는 너(마르얌)에게 순진한 아이를 선물로 주려고 너의 주님이 보낸 메신저이다.' (수라 19:19)

이 구절에서는 지브릴 천사가 자신을 메신저(보냄을 받은자)라고 소개한다.

그가 또 말하였다. '너의 주님이 말씀하시기를, 그것은 나에게 쉽다. 우리(알라)가 그를 모든 사람들의 표적이 되게 하고 우리에게서 온 자비(복)가 될 것이다.' (수라 19:21)

성경은 "시므온이 그들에게 축복하고 그의 어머니 마리아에게 말하여 이르되 보라, 이는 이스라엘 중 많은 사람을 패하거나 흥하게 하며 비방을 받는 표적이 되기 위하여 세움을 받았고(눅 2:34)"라고 한다.

그래서 그녀가 그를 임신하였다. 그리고 그녀가 먼 곳으로 갔다. 산고의 고통이 대추야자 줄기 쪽으로 가게 하였다. 그녀가 (고통 속에서) 소리를 질렀다. '내가 모든 것을 잊고 이 일이 있기 전에 죽었으면 좋겠다.' 그러나 (나무) 밑에서 그녀에게 소리쳤다. 슬퍼 마라. 주님이 그대 밑에 개울을 주셨다. 그리고 네 쪽을 향하여 대추 야자 줄기를 흔들어라. 그대 위에 잘 익은 대추야자가 떨어질 것이다. 먹고 마시고 기운을 차려라. 만일 네가 인간을 보게 되면 '나는 (인간과) 대화하는 것을 삼가는 서원을 알라(알라흐만)에게 하여 오늘 인간과는 말하지 않겠다'고 하라. 드디어 그녀가 아이를 안고 그녀의 백성에게 돌아왔다. 그들이 말했다; '마르얌아! 참으로 이상한 일이 일어났구나.' '하룬(아론)의 누이여! 그대의 아버지는 악한 사람이 아니었고 그대의 어머니는 창기가 아니었다.' 그러자 그녀가 그(아이)를 가리켰다. 그들이 말하였다. 어떻게 우리가 요람에 있는 아이와 이야기 할 수 있나요?' 그(이싸)가 말하였다. '나(이싸)는 알라의 종이다. 알라가 나에게 경전(al-kitāb)을 주었고 나를 예언자로 삼았다..'(수라 19:22-30)

마르얌이 이싸를 임신하여 대추야자 줄기 쪽으로 가서 대추야자[90]를 먹고 모유를 넉넉하게 이싸에게 주었다는 내용은 성경에 없다. 이 코란 본문에는 마르얌이 하룬의 누이로 호칭되고 있어 성경의 미리암과 마리아가 혼동되고 있다.

마리아가 가로되, 내 영혼이 주를 찬양하며 내 마음이 하나님 내 구주를 기뻐하였음은 그 계집종의 비천함을 돌아보셨음이라. 보라, 이제 후로는 만세에 나를

---

90) 대추보다 조금 큰 열매로서 아랍인들은 오랜 세월 배고픔을 달래기 위해 야자수 같은 나무에서 그 열매를 따 먹었는데 그것이 '대추야자'이다. 대추야자는 익는 정도에 따라 또는 가공처리 정도에 따라 각기 그 명칭이 다르다.

복이 있다 일컬으리로다. 능하신 이가 큰 일을 내게 행하셨으니 그 이름이 거룩
하시며 긍휼하심이 두려워하는 자에게 대대로 이르는도다(눅 1:46-50).

성경의 마리아는 예수 그리스도를 임신하고서 주를 찬양하고 능하신
주님이 큰일을 그에게 행하시었음을 찬양한다. 그런데 코란에서 마르얌
은 죽었으면 좋겠다고 하니 큰 차이라고 할 수 있다. 코란에서는 요람에
있는 이싸가 자신이 알라의 종이라고 하고, 알라가 그에게 경전을 주었고
알라의 예언자라고 한다. 또 하룬(아론)이 이싸의 줄거리에 등장한 것은
코란이 신구약을 구분하지 못한 까닭이다. 아랍어 어휘 '마르얌'에 어떤
모음이 붙느냐에 따라 '마리아' 혹은 '미리암'으로 발음되므로 코란의 텍
스트들을 한 권의 책으로 만든 후 나중에 모음을 붙였던 무슬림들의 실
수가 아니라면 무함마드 자신이 이 어휘를 잘못 들은 것으로 보인다.

마르얌이 하룬(아론)의 자매로 불린 것은 구약의 미리암(Miriam)과 예
수의 어머니 마리아 간의 혼동이 있었기 때문이다. 이런 혼동은 무함마드
가 성경에 대한 연대기적 순서와 성경의 이야기를 잘 몰랐다는 데 있다.
만일 코란이 '하나님의 말씀'이라면 하나님이 신구약과 코란 간의 이런
이야기를 혼동할 수가 있었을까? 그럴 리가 없다.

무함마드가 연대기적 혼동을 하고 있다는 증거는 수라 3장 35절에서
분명히 드러난다. 이 수라는 엘리사벳을 설명하면서 그녀를 이므란의 여
자라고 한다. 그러나 유수프 알리는 그의 영문 코란 번역에서 "아론, 모
세의 형은 이스라엘 제사장의 계열의 첫 번째 사람이다. 마리아와 그의
조카 엘리자베스는 제사장 가문이다. 그러므로 아론의 자매들 혹은 이므

란의 딸들"이라고 했다.[91]

유수프 알리도 코란 본문에 나오는 마르얌(이싸의 어머니)을 아론의 누이로 혼동하면서, 아론은 제사장 가문이고 마리아를 아론의 자매들 혹은 이므란의 딸이라고 말하고 있다. 그러나 성경에서는 아론과 모세와 미리암은 남매 간이고 예수의 어머니는 마리아, 마리아의 사촌은 엘리사벳이고 엘리사벳은 세례 요한의 어머니이시다. 다음 코란 구절에서 무함마드가 지브릴 천사를 통하여 알라로부터 계시를 받은 대로 이싸는 실존 인물이라고 강조한다.

> 우리(알라)가 무사에게 경전(al-kitāb)을 주었으며 우리가 그의 뒤에 메신저들을 연이어 보냈다. 그리고 우리는 이싸 븐 마르얌에게 분명한 표적들(bayyinat:명증)을 주었고 그를 루후 알꾸두스(지브릴)로 지원하여 주었다(수라 2:87a).

위 구절에서도 루후 알꾸두스는 일반적으로 지브릴 천사를 가리키는 말이다. 지브릴 천사가 이싸를 도와 주었다고 한다. 이싸가 하나님의 아들이 아닌 마르얌의 아들이라고 코란은 말한다. 성경의 예수는 십자가에 돌아가신 뒤 부활하시어 현재는 하나님 우편에 계시지만, 코란의 이싸는 전통적인 해석에서 십자가에 돌아가시지 않고 부활도 하지 않았다고 하므로, 코란의 이싸와 성경의 예수는 동일 인물이 아니다.

> (믿는 자들아) 말하라: 우리는 알라와 우리에게 내려온 것과 이브라힘, 이스마일, 이스학, 야으꿉과 지파들에게 내려온 것 그리고 주님이 무사와 이싸와 모든

---

91) Peter G. Riddell & Peter Cotterell, *Islam in Context: Past, Present, and Future*, Grand Rapids: Baker Academic, 2003, 77

예언자들에게 주신 것을 믿는다. 우리는 그들 중 어느 하나를 차별하지 않으며, 우리(믿는 자들)는 알라에게 순종하는 자들이다(수라 2:136).

코란은 무슬림들에게 내려온 코란과 무사와 이싸와 모든 예언자들에게 내려온 것을 믿는다고 강조한다. 그러나 오늘날 전 세계 무슬림들은 성경을 믿지 않고 성경을 읽지도 않는다. 무슬림들이 만일 코란을 믿는다면 위 코란 구절대로 오늘날 기독교인들의 성경을 믿어야 한다. 위 구절에서 '믿는다' 라는 말은 오직 코란에 기록된 대로 믿는다는 것이다.

이스라엘아, 들으라. 우리 하나님 여호와는 오직 하나인 여호와시니(신 6:4).
믿음은 바라는 것들의 실상이요 보지 못하는 것들의 증거니(히 11:3).

성경에서 믿음은 하나님의 성품(그가 누구신가 그분이 말씀하신 대로의 존재)을 믿는 데에서 시작하여 하나님의 약속(그가 행하실 것이라고 말씀하신 것을 행하심)을 믿는 데에 이르러 그 절정에 달한다. 그러나 믿는 자들에게 소망(hope)은 확신에 근거하여 바라는 것이고 그 확신은 하나님의 성품에 근거한다. 성경에서 믿음은 우리에게 어떠한 증거가 보이지 않더라도 하나님이 그의 약속들을 성취할 것이라는 완전한 확신에 근거한다. 성경에서 하나님이 우리에게 주신 약속들로는 영생과 하나님이 주실 상 그리고 천국 등이다.

그러나 코란에서 믿음은 이슬람 종파마다 믿음의 정의가 다르다. 알아쉬아리 신학파는 믿음을 말과 행함으로 구분하였고 법학자 알샤피이는 마음으로 승인하고 입으로 공개적인 고백을 하며 종교적 의무 준수를 하는 것을 믿음이라고 하였다. 카라미야 파는 입으로 고백한 것만 믿음이라고 했고 무으타질라 파는 이슬람에서 규정한 의무들을 준수하는 것을 믿음이라고 하였으며 한발리 파와 와하비 파는 입으로 고백하고 기본적인 의무를 행하는 것을 믿음의 구성 요소로 보았다.[92]

루후 알꾸두스가 '성령(Holy Spirit)' 이라는 주장

코란에 나오는 '루후 알꾸두스' 는 성령이 아니라는 것을 앞서 말했다. 성령으로 잉태된 '예수' 라는 단어의 뜻은 '주가 구원하신다' 라는 의미이다. 그러나 코란에서 이싸는 그런 의미를 지니지 않는다. 알라가 루후 알꾸두스로 이싸를 지원해 주었다고 한다. 요한복음 14장 16절에는 보혜사 성령이 나온다. 성령은 돕는 자(helper), 위로자(comforter), 필요할 때 특별한 돌봄을 주는 상담자(counselor) 그 이상이다. 성령은 변호인(advocate)이고 격려자(encourager)이기도 하기 때문이다. 코란에서 이싸를 격려해 준 이는 지브릴(루후 알꾸두스) 천사라고 한다. 그러나 성경은 예수가 성령으로 잉태되었다고 한다. 그래서 예수가 육신을 입고 제자들과 함께하지 못할 때에는 성령이 끊임없이 예수의 제자들을 인도해 주시고, 도와주시고, 능력을 덧입혀 주시고, 진리로 인도해 주신다. 성경의 성령은 하나님에 대한 진리를 계시해 주시는 영(Spirit)이시다. 그러나 코란에서는 알라를 영이라고 하지 않는다. 코란에서 루후 알꾸두스는 성령이 아니다. 사실, 코란에는 성령이 없다는 것이 확실한데 코란은 아래와 같이 '알루후' 는 알라만 안다고 하면서 그가 누구인지 답을 피한다.

92) 공일주, 『코란의 이해』, (서울: 한국 외국어 대학교 출판부, 2008), 81-83.

그리고 그들이 너(무함마드)에게 '알루후(al-rūhu)'에 대하여 물었다. 말하라. 알
루후는 나의 주님의 소관 사항이다. 너희(인간)에게는 약간의 지식('Ilm)만 주어
졌다(수라 17:85).

성경은 "하나님의 영이 아니고서는 아무도 하나님의 생각을 깨닫지 못
한다."(고전 2:11b)고 하였다. 그러나 자연에 속한 사람은 하나님의 영에
속한 일들을 받아들이지 아니한다. 그런 사람에게는 이런 일들이 어리석
은 일이며, 이런 일들을 이해할 수 없다. 이런 일들은 영적으로만 분별되
기 때문이다(고전 2:14). 무슬림들은 기독교인들이 무슬림들보다 더 많이
영적이라고 생각한다. 결론은 '알루후'가 누구인지 모른다고 하는 것이
코란의 내용이다.

마태복음 1장 20절에서 주의 천사가 요셉에게 나타나 '다윗의 자손,
요셉'이라고 부른다.

이 일을 생각할 때에 주의 사자가 현몽하여 이르되 다윗의 자손 요셉아, 네 아내
마리아 데려오기를 무서워하지 말라. 그에게 잉태된 자는 성령으로 된 것이라.

예수 그리스도가 성령으로 잉태된 것은 초자연적인 사건이었다. 하나님
은 천사들을 보내 지금 일어나고 있는 사건의 중요성을 이해하도록 돕는
다. 성경에서 천사들은 하나님이 창조하신 영적인 존재이고, 지상에서 하
나님의 일이 성취되게 돕는다. 그들은 하나님의 메시지를 사람들에게 전
해 주고(눅 1:26), 하나님의 사람을 보호하고(단 6:22), 격려해 주며(창
16:7), 인도해 주고(출 14:19), 땅을 정탐하고(슥 1:9-14), 악의 세력과
싸우고(왕하 6:16-18), 벌을 준다(삼하 24:16). 마태복음의 요셉에게 나

타난 천사는 하나님이 보내신 메신저였다. 성령은 예수 그리스도 안에 충만하였으며 타락한 세상을 향해 무한한 하나님의 사랑을 실천하며 살 수 있도록 예수께 능력을 더하였다. 코란에 나오는 지브릴 천사는 알라의 메시지를 전달해 주고 이싸를 격려해 주는 일을 했다.

> 이싸 븐 마르얌이여, 너의 주님이 하늘에서 온 밥상을 우리에게 내려줄 수 있는가' 라고 그의 제자들이 말했을 때, 그가 말했다. '너희가 참 신자(mu'min)이면 알라를 두려워하라.' (수라 5:112)

> 이싸 븐 마르얌이 말했다. '알라여! 우리의 주님, 우리에게 처음이자 마지막 축제가 되고 당신에게 표적이 되도록 하늘에서 온 밥상을 우리에게 내려 보내 주세요.' (수라 5:114a)

위 코란 구절에서 '알라훔마 랍바나' 는 '알라여, 우리의 주님이여.' 라는 말로서 인간이 알라에게 간구하는 표현이고 두 단어가 자리를 서로 교체할 수 있다. 그런데 이싸가 알라에게 나의 주님이라고 하는 것을 보면 코란의 이싸는 인간이라는 것이다. 그리고 이싸의 제자들이 하늘로부터 '음식이 차려진 식탁(밥상)' 을 보내 달라고 하니, 이싸는 알라에게 음식이 차려진 밥상을 내려달라고 간청한다. 이런 내용도 성경의 예수 그리스도와 전혀 다르다. 코란 5장 116절에서 사람들이 이싸를 신이라고 하였을 때, 이싸는 자신이 신이 아니라고 했다.

> 알라가 말하였다. '이싸 븐 마르얌아, 네가 알라 이외에 너와 너의 어머니를 두 신으로 삼으라고 사람들에게 말했니?' 그가(이싸) 말하기를 '찬미를 받으소서, 내가 말할 권한이 없는 것은 절대로 말하지 않습니다. 만일 그런 말을 했더라면 당신이 그것을 알았을 것입니다. 내가 당신 안에 있는 것은 모르지만 당신은 내 안에 있는 모든 것을 아십니다. 참으로 당신만이 보이지 않는 것도 완전히 아시는 분이십니다.' (수라 5:116)

위 코란 구절은 이싸가 피조물이고 알라가 창조주라는 사실을 분명히 해 주고 있다. 알라는 보이지 않는 것과 인간 안에 있는 것까지 알지만 이 싸는 인간으로서 그런 것을 알 수 없다고 함으로써 이싸 븐 마르얌과 성경의 예수 그리스도는 전혀 다른 분이라는 것을 알 수 있다.

자카리야, 야흐야, 이싸, 일리야스, 모두가 쌀리흐들이다. 이스마일, 알야사아, 유누스, 루뜨, 이 모두를 우리(알라)가 당시 사람들보다 더 우선하였다(수라 6:85-86).

코란은 이싸가 쌀리흐라고 한다. 코란 구절에 나오는 '쌀리흐' 라는 단어는 알라의 성품으로는 사용되지 않는다. 인간 무슬림에게만 사용되는 '쌀리흐' 는 선행을 하고 다른 사람에게 해를 끼치지 않는 사람이다. 간단히 말하면 쌀리흐는 마음과 행실이 좋은 사람인데 주로 행실이 좋은 사람을 가리킨다. 코란에 나오는 7명의 쌀리흐는 딸루트, 이므란, 자카리야, 우자이르, 두 알까르나인, 자이드, 하룬 등이고 7명의 카피르는 잘루트, 아자르, 피르아운, 사미리, 하만, 까룬, 아부 라합 등이다.[93]

'쌀리흐' 를 코란 주석가 알따바리는 '왈리' 라는 동의어로 설명하였다. 흔히 무슬림들은 '아울리야 쌀리힌' 이란 말을 사용하는데 아울리야의 단수형 '왈리' 는 알라가 내린 계시의 내적 의미를 인간에게 해석해 주기 위하여 알라가 선택한 사람이다(공일주, 「코란의 이해」, 284). 그러므로 코란에 나오는 '쌀리흐' 는 '좋은 사람'이란 뜻이고, 의로운 사람이란 뜻은 아니다. 성경에서 '의롭다' 는 말은 예수 그리스도의 보혈의 피가 있어야 하지만 또 우리의 선행을 통하여 우리가 '의롭다' 고는 말하지 않는다. 코란

---

93) Husam al-Baytar, *i'jaz al-kalimah fi al-quran al-karim*, Amman, 2005, 170

에서는 쌀리흐이었던 이싸는 마르얌의 아들이고, 마르얌은 이므란의 딸이며, 자카리야는 야흐야의 아버지이다.

우리가 예언자들에게서 서약(Mithaq)을 받았다. 그리고 너(무함마드), 누흐, 이브라힘, 무사, 이싸 븐 마르얌 등 우리는 이들 모두에게서 엄숙한 서약을 받았다 (수라 33:7).

알라를 알마시흐(이싸)라고 하는 사람은 '카피르' 라는 주장

이슬람에서는 세계를 둘로 나눈다. 다르 알이슬람(Dar al-Islam)과 다르 알쿠프르(Dar al-Kufr)이다. 다르 알쿠프르는 다르 알하릅(Dar al-Harb)이라고도 한다. 무슬림이 치안 유지를 하고 이슬람이 지배하는 영역이 다르 알이슬람(무슬림 통치령)이고, 무슬림이 치안 유지를 하지 않거나 이슬람이 지배하지 않는 영역은 다르 알쿠프르(비무슬림 통치령)이다.

알라가 알마시흐 븐 마르얌이라고 말하는 사람들은 카피르(알라의 존재를 믿지 않는 사람)이다. 말하라. 만일 그게 알라의 뜻이라면 알라가 알마시흐 븐 마르얌과 그의 어머니와 땅에 있는 모두를 멸망시키는 것을 누가 막을 수 있다는 말인가? 하늘과 땅 그리고 그 사이에 있는 모든 것을 지배하는 것은 알라에게 있다. 알라는 그가 원하는 것이면 무엇이든지 창조하고 알라는 모든 일에 대한 능력을 갖는다(수라 5:17).

알라가 알마시흐 븐 마르얌이라고 말하는 사람들은 카피르이었다. 알마시흐가 말하였다; 이스라엘 사람들아! 너희는 나의 주, 너의 주이신 알라를 예배하라. 알라 자리에 누군가를 두는 자는 알라가 그를 잔나(파라다이스)에 못 가게 할 것이다. 지옥이 그의 집이다. 아무도 이 잘림(zālim)을 안 돕는다(수라 5:72).

수라 5장 17절에서 알라는 알마시흐 븐 마르얌이 아니라고 한다. 여기서 이싸 븐 마르얌이라고 하지 않고 알마시흐 븐 마르얌이라고 한 것으로 보아 이싸는 알마시흐의 다른 별명에 해당된다. 코란에서 알라는 이싸가 아니고 알라는 알마시흐가 아니라고 한다. 알라가 알마시흐라고 하는 사람은 카피르(신의 존재를 안 믿는 사람)라고 한다. 그리고 '알라 자리에 누군가를 두는 자' 라는 말은 이싸를 알라의 아들이라고 하는 사람들을 가리키는데 이들은 지옥으로 간다고 했다. 코란은 이싸를 알라의 아들이라고 하는 사람들은 이슬람이 말하는 파라다이스에 들어갈 수 없다고 못 박는다.

> 알마시흐 븐 마르얌은 메신저일 뿐이다. 다른 메신저들이 그보다 먼저 왔다 갔다. 그의 어머니는 고결하다. 이 둘도 음식을 먹는다. 보라, 어떻게 우리가 그들에게 표적을 보여주었는지 그리고 그들이 얼마나 길을 잃었는지를 보라(수라 5:75).

알마시흐가 인간이고 메신저라는 것을 강조한 코란 구절이다. 알마시흐와 어머니가 둘 다 음식을 먹는다는 것은 인간이라는 것이다.

> 유대인들이 말하였다; '우자이르는 알라의 아들이라고 하고, 기독교인들은 알마시흐가 알라의 아들이라고 말하는데 이것은 그들의 입으로 하는 말이다.' (수라 9:30a)

코란에 나오는 알마시흐는 성경의 메시야가 아니고 코란의 이싸는 성경의 예수가 아님이 분명하다. 코란의 알마시흐라는 말에는 구세주라는 의미가 없다. 구약의 메시야는 기름부음 받은 자다. 신의 명령으로 기름

부은 자를 가리키는데(삼하 1:14,16), 이스라엘의 대제사장(레 4:3,5,16; 6:22)을 가리키기도 한다. 그러나 대개는 이스라엘의 왕이 되는 표시로써 기름을 부었다(삼상 26:9,11,16,23). 이런 식으로 족장들은 하나님이 기름 부은 왕들로 간주되었다(대상 16:22; 시 105:15). 메시야가 구세주(Savior)라는 의미는 구약에서 충분히 발전하지 못하였다. 구세주 의미에 가장 가까운 용례는 다니엘서 9장 25-26절에 나온다. 그러나 구세주로서의 의미가 가장 잘 발달한 것은 신약시대였고 희랍어 크리스토스(christos)와 잘 맞아떨어진 의미였다. 이사야 52장 13절에는 "나의 종이 매사에 형통할 것이니, 그가 받들어 높임을 받고 크게 존경을 받게 될 것이다."라고 하여 예수 그리스도가 크게 높임을 받을 것임을 알려주고 있다(사 53:4-5). "내가 아버지께 구하겠다. 그리하면 아버지께서 다른 보혜사를 보내셔서, 영원히 너희와 함께 계시게 하실 것이다(요 14:16)." 여

우마위야 모스크의 미나렛

기서 보혜사는 성령이시다.

코란은 여러 곳에서 '알마시흐'라는 어휘를 사용하고 있다. 유대인들이 생각하는 의미를 갖는 메시야라기보다는 이싸를 가리키는 말이다. 흔히들 유대교에서 메시야는 이스라엘 백성을 이끌고 로마에 대항할 자로 생각하였다. 다윗과 같은 통치자를 찾는 것이었다. 기독교에서는 메시야는 영적 구원자로서 희랍어로는 그리스도라고 한다. 그러나 이슬람에서 알마흐디 사상은 사회를 정의로 이끌기 위하여 종말에 나타날 종교 정치적 인물이다. 무슬림들은 이싸가 종말에 올 것이라고 믿지만, 이싸가 무슬림들을 폭정과 압제에서 구해 줄 자는 아니다. 이싸는 이슬람에서 구세주가 아니다. 이슬람에서는 알라가 임명한 '알마흐디'가 장차 나타나 이 세상의 압정에서 구해 줄 것이라고 믿는다. 그런데 이슬람에서 알마시흐는 시리아의 우마위야 모스크의 미나렛(첨탑)을 타고 내려온다고 무슬림들은 믿는다. 그 모스크는 원래 세례 요한 교회이었다. 지금은 세례 요한의 관과 후세인의 관이 있고 이슬람 모스크로 사용되고 있었다.

코란에 알마흐디라는 단어는 나오지 않는다. 그런데도 이슬람 역사에서 많은 무슬림들은 그들이 정권에 핍박을 받을 때 그리고 외국인의 침입을 받

시리아 다마스커스의 세례요한의 성당. 현재는 우마위야 모스크

을 때면 곧장 '알마흐디'를 기다렸다. 고난과 불의에서 구해 줄 '알마흐디'를 찾는 것이다. 이슬람은 이 땅 위에 이슬람의 움마를 세우는 것이 최종 목표이다. 이슬람의 '마흐디'는 기적을 행하고 십자가를 부수고 돼지를 죽인다고 한다. 십자가는 기독교인들을 상징하고 돼지는 유대교인들을 상징한다. 이싸는 이 마흐디 뒤에서 기도하는데 그 말은 이싸가 마흐디의 추종자라는 것이다. 이 말은 성경의 예수와 코란의 이싸가 전혀 다른 모습이다.

이싸는 십자가에 돌아가시지 않았다는 주장

코란에서 가장 혼란스런 문제는 이싸의 십자가 죽음에 대한 구절이다. 수라 4장 157절에서 유대인들이 이싸를 죽였다고 생각하였으나 실제로는 그를 죽이지 않았다고 한다.

> 그들이 말하기를, 우리가 알마시흐 이싸 븐 마르얌, 알라의 메신저를 죽였다고 했다. 그들은 그를 죽이지 않았고 그를 십자가에 못 박지도 않았다. 그러나 그들에게는 그렇게 보였을 뿐이다. 그 안에 의견을 달리하는 사람들은 정확한 지식이 없어 의심으로 가득하지만 상상으로 그를 죽였다고 생각한다. 분명코 그들이 그를 죽이지 않았다(수라 4:157).

유대인들의 비난은 마르얌이 남편 없이 아들을 낳아, 깨끗하지 않다는 고소였다. 제프리 파린더(Geoffrey Parrinder)는 예수가 역사적인 인물이고 그가 십자가에 죽었다는 것을 의심하는 역사가는 없었다고 말한다. 본디오 빌라도 시절에 예수가 십자가에 죽은 것은 역사적인 사실이고 여러 고고학적 발굴이 이를 확인해 주었다. 그런데 대다수 무슬림 학자들에게 이싸는 십자가에 죽지 않았다는 것이다. 그렇다면 누가 십자가에 죽었다는 말인가? 코란은 이에 대한 대답이 없다. 16세기에 나온 바나바 복음은 이탈리아에서 기독교인이었다가 무슬림으로 개종한 모레노(Moreno)가 쓴 책으로 이 책에서 자세히 설명해 준다. 이 책은 십자가에 죽은 자는 유다(Judas)라고 했고, 알라가 이싸를 세 번째 하늘로 데리고 갔다[94]고 했다.

> 군인들이 유다와 함께 이싸가 있던 곳으로 가까이 왔을 때 이싸는 많은 사람들이 다가오고 있다는 것을 알았다. 그 곳이 두려워 그는 집으로 도망갔다. 11명이 그의 집에서 자고 있었다. 이싸의 위험을 알고 있던 알라는 지브릴, 미카일(Michael), 라파엘(Rafael), 우리엘(Uriel)에게 명령하여 이싸를 지상에서 데려 오라고 명했다. 천사들이 내려 와서 남향으로 된 창문을 통하여 이싸를 빼내갔다. 천사들은 이싸를 셋째 하늘에 데려다 놓았다. 이싸를 데리고 갔던 그 방에 유다가 들어와 보니 제자들이 자고 있었다. 유다의 말투와 얼굴을 이싸처럼 바뀌게 하신 것은 알라의 놀라우신 능력이다. 유다는 그 집의 주인이 어디 있는지를 찾았다. 제자들이 놀라서 그에게 물었다. "주님이 우리의 주인이십니다." 그는 웃으며 말하기를 "너희가 어리석다. 내가 유다라는 것을 너희가 모르느냐?" 그가 이 말을 할 때 군대들이 들어왔다. 유다가 모든 면에서 이싸처럼 꼭 닮아서 군인들이 그를 붙잡았다. 군인들이 유다를 데리고 가 결박하였는데 그는 자신이 이싸가 아니라고 소리쳤다.

많은 무슬림들은 이싸와 같은 예언자가 십자가에 죽는다는 것은 도저히 믿기 어렵다고 한다. 무함마드 자신도 예언자들이 사람들에게 거부되어 죽을 수 있다는 것을 알고 있었다. 그러나 무슬림들은 십자가 상의 죽음은 구약에서 저주받은 죽음인데 어떻게 예언자가 저주 받은 죽임을 당

---

94) Peter G. Riddell & Peter Cotterell, *Islam in Context: Past, Present, and Future*, Grand Rapids: Baker Academic, 2003. 78

할 수 있느냐고 묻는다. 이싸의 십자가 죽음을 거부한 무함마드는 기독교 철학자 바실리데스(Basilides)의 주장을 들었을지 모른다. 바실리데스는 이싸가 십자가에 돌아가시지 않고 어떤 사람이 그 대신에 죽었다고 했던 것이다.

코란 본문에 나오는 '그들은' 유대인을 가리키므로 유대인이 아닌 다른 민족의 사람이 예수를 십자가에 못 박았다고 추론하기도 한다. 20세기 초 이슬람의 이단 아흐마디야 파를 세운 미르자 굴람 아흐마드(Mirza Ghulam Ahmad, 1839-1908)가 펀잡(Punjab)에서 태어났다. 그가 40세 되던 해 알라로부터 계시를 받았다고 하였다. 그는 이싸는 십자가에 못 박혔으나 십자가 상에서 죽지 않았다고 주장했다. 아리마대 요셉과 의사 니고데모가 와서 예수의 시신을 십자가에서 내려 린넨 천으로 두르고 향을 발라 무덤에 넣었는데 그가 소생하였다고 했다. 이싸는 수완 있는 의사 니고데모의 도움으로 소생하여 완전히 회복된 후, 그가 잃어버린 10개의 부족을 찾으러 동쪽으로 향하였는데 그가 카쉬미르에서 당도하여 그곳에 죽어 장사지냈다고[95] 썼다. 아흐마디야 파가 주장하는 위 내용도 성경에 어긋난 내용이다.

과거 코란 주석가들은 이싸가 십자가에 죽었다는 것을 받아들이지 않았고 그가 곧바로 하늘로 들리워 갔다고 했다. 이것이 기독교와 이슬람을 구별 짓는 유일한 사실(fact)이 되었다. 예수가 십자가에 죽지 않았다거나 죽음이 없었다고 하거나 인류의 죄를 대속하지 않고 부활과 승천 그리고 속죄가 없다고 하면 기독교 신학의 전체를 흔들어 놓는 억지주장이 되기 때문이다.

---

95) Peter G. Riddell & Peter Cotterell, *Islam in Context: Past, Present, and Future*, *Grand Rapids*: Baker Academic, 2003. 79-80

알라가 말하였다. '이싸야, 너를 죽게 하여(mutawaffīka) 내게로 들어 올리겠
다. 카피르들로부터 너를 깨끗하게 하겠다.'(수라 3:55a)

성경은 유대의 대제사장들과 로마 관원들이 예수를 사형 판결에 넘겨
주어 예수 그리스도가 십자가에 못 박혀 돌아가시었고 하나님이 그를 죽
은 자 가운데서 살리셨음을 증거한다.

우리 대제사장들과 관리들이 사형 판결에 넘겨 주어 십자가에 못 박았느니라(눅
24:20).

너희와 모든 이스라엘 백성들은 알라. 너희가 십자가에 못 박고 하나님이 죽은
자 가운데서 살리신 나사렛 예수 그리스도의 이름으로 이 사람이 건강하게 되어
너희 앞에 섰느니라(행 4:10).

이슬람과 기독교 간의 핵심적인 문제는 이슬람이 알마시흐의 신성을
부인하고 죄 많은 인간에 대한 대속으로 십자가에서 알마시흐가 화목제
물이 된 것을 부인한다는 점이다. 그런데 코란은 누가 십자가에서 돌아가
시었다고 하는가? 코란은 예언자와 메신저들이 무오한데 그런 예언자가
살해되는 것은 부당한 일(Zulm)로 보고 예언자가 비참하게 십자가에 죽
게 할 수는 없다는 논리를 세운다.

그들(유대인들)이 그를 죽이지 않았고 그들이 그(이싸)를 십자가에 못 박지도 않
았다. 그러나 그들에게 그렇게 보였을 뿐이다(shubbiha lahum)(수라 4:157a).

이 코란 구절에서 '그렇게 보였다' 고 하는 구절에 대한 코란 해석에는
이슬람 역사에서 수많은 이론들이 등장하였다. 그런데 이싸가 신의 간섭

으로 죽음을 당하지 않았다고 한다면 도대체 누가 죽음을 당하였다는 말인가? 이싸가 적들에 의하여 십자가에 죽지 않았다는 것을 입증하려는 무슬림들에게는 '그가 아닌 다른 유사한 사람이 그를 대신하여 죽었다'는 대체설을 따랐다. 후세 이슬람 학자들은 그 대체된 사람이 누구인지를 알기 위한 여러 이론들을 발전시켜 보았다.

대체설에는 다음 두 가지 질문을 낳는다. 첫째, 왜 신이 한 인간으로 하여금 다른 사람의 고통을 대신 받게 하는가? 만일 다른 사람으로 대체되었다면 신이 그 사람을 몰라봤다는 것인데 이런 것이 역사적 증거를 신뢰하는 것에 어떤 영향을 주는가? 라고 물을 수 있다. 알따바리는 유대교에서 개종한 와흡 븐 무납비흐(wahb b. Munabbih)가 한 말을 인용한다.

신이 서로 구별하지 못하게 당시 모여 있던 모든 사람들을 서로 닮게 하였다. 그들이 무리 중의 한 사람을 이싸라고 생각하고 그를 살해하였다.

그러나 대부분 주석가들은 와흡이 유명한데도 이 내용은 오직 그의 주장일 뿐이라고 일축한다.[96] 알따바리는 위 이야기가 아닌 다른 내용을 소개한다.

이싸가 잡히자 그의 동료들이 그를 버려두고 떠나갔다. 그는 줄로 묶여 십자가가 있는 곳으로 끌려갔다. 그가 하늘로 올라가고 그와 닮은 사람이 그 대신에 죽었다.[97]

그러나 이 이야기는 문제를 풀기보다는 문제를 더 복잡하게 만들고 있

---

96) *Dialogue of Truth for Life Together*, NEST Publications: 2005, 21.
97) Ibid., 22.

다. 신이 사람들을 속였다는 것에 근거하여 기독교가 탄생되었다는 인상을 주기 때문이다. 코란 주석가들과 하디스 전수자들은 다른 사람을 살리기 위하여 알라가 어떤 순진한 사람을 부당하게 죽게 하는 것은 신의 불의(zulm)라고 하였다. 위와 같은 이유들로 인하여 마침내 코란 주석가들에게 가장 인기를 얻은 주석은 그의 제자들 중 한 사람이 자발적으로 이싸를 속량하기 위하여 그의 죽음을 받아들이었다는 주석이다.[98] 그런데 이와 다른 주석으로는 자원자가 12명의 제자들 중의 한 사람이 아니고 세르구스(sergus)가 이싸 대신에 죽고 이싸는 하늘로 올라갔다고 한다. 이 이야기는 기독교 개종자가 이븐 이스학(Ibn Ishaq)에게 전해 준 말이었다. 누군가 받아야 할 형벌을 다른 사람이 자원하여 받는다는 이론은 신이 불의하다는 책임을 면하게 해 준다. 이 이론의 다른 버전은 적들이 이싸를 찾고 있었는데 신 혹은 지브릴이 이싸를 다른 곳으로 피난하게 하였다. 그의 추적자들이 그를 죽이려고 티트야누스(tityānūs) 혹은 티타부스(titābūs) 혹은 티타누스(titānūs)를 보냈다. 이싸는 지붕의 뚫린 곳으로 피하였다. 이싸를 못 찾은 티트야누스는 사람들에게 말하려고 밖으로 나왔다. 신이 그를 이싸와 닮게 하였으므로 그가 아니라고 했는데도 끝내 살해당하고 말았다. 신은 그 사람의 몸이 아닌 그 사람의 얼굴만 이싸와 닮게 하였기에 사람들이 죽인 사람이 누구인지 그들이 혼동하였다.[99]

기독교인들도 이런 대체설에 근거하여 그들의 이론을 전개하면서 레바논의 현대 신학자 미셸 하이크(Michel Hayek)는 '이 견해는 이슬람 태동 전에 나즈란에 이런 견해를 지지하는 기독교의 이단이 있었다. 그들은 그

---

98) Ibid.,
99) Ibid., 23.

리스도의 고난을 부인하는 도케티즘(Docetism; 가현설) 신봉자였다. 죽음과 수난의 모욕으로부터 그리스도의 신성을 보존하려는 생각에서였다. 그들 중 일부는 구레네 시몬이 대신 죽었다'[100]고 했다. 그러나 이슬람은 도케티즘의 어떠한 형태라도 받아들이지 않았다. 코란과 후기 이슬람 전승에서 알마시흐가 환영과 같은 모습(phantom-like appearance)으로 나타났다고 하지 않았다.[101] 코란은 이싸가 인간이고(수라 19:22-23), 다른 인간들처럼 이 땅에 살았고, 그가 죽은 후 부활할 날이 있다(수라 19:33)고 하였다.

12세기에는 알마시흐의 죽음에 대하여 하나의 완벽한 이야기로 재구성하여 전체 구절을 다시 해석하려는 다른 시도가 있었다.

코란에서 말하는 유대인들이 마르얌에 대하여 중상 비방을 하였다. 그들 중에는 이싸를 '행실이 나쁜 여자의 아들, 마술사, 마술사의 아들'이라고 욕하는 사람도 있었다. 이싸는 '오 신이여, 당신은 나의 주님이십니다. 당신의 루후로 내가 존재하게 되었고 당신의 칼리마로 나를 창조하셨습니다. 신이여, 나와 내 어머니를 욕하는 자들을 저주해 주세요.' 신은 그의 기도에 응답하시었고 중상 비방자들을 원숭이와 돼지로 만들어 버렸다. 유대의 유지들과 왕이 이와 유사한 벌이 두려워 이싸를 죽이려 하였다. 이싸와 그의 제자들이 어느 집에서 있을 때 포위를 당하자 다른 사람들이 살아날 수 있도록 그들 중 하나가 이싸와 닮는데 동의하고 그가 살해되었다. [102]

현대 사상가들은 역사적이고 심리학적인 근거에 의한 알따바리의 아래 이야기를 더 좋아한다. 알따바리의 이야기의 첫 부분에는 유다의 이름이 나오지 않았다. 그의 이름이 혼동되고 있었는데 기독교 개종자에게서 들

---

100) Ibid., 20.
101) Ibid., 20.
102) Ibid., 24.

은 이븐 이스학의 전승에 따르면 유다 스가랴(yudas zechariah) 혹은 유타(yutah) 혹은 부타(butah)라고 쓰고 있다.

유다 이스카리오트(Judas Iscariot)는 이싸를 은 30에 팔았다. 나중에 그가 이 악행을 기억하고 목매달았다. 유다는 이싸에게 유대인들을 데리고 갔다. 그때 유다가 이싸를 닮게 되었고 이싸는 하늘로 올라갔다. 곧 유다는 대중들에게 붙잡혔고 그를 이싸라고 생각한 대중들이 그를 십자가에 달아 살해하였다. 그때 그는 '나는 너희가 원하는 사람이 아니다' 라고 항변하였으나 별 소용이 없었다.

그러나 많은 코란 주석가들은 코란 텍스트의 문자적인 의미를 뛰어 넘는 새로운 의미들을 찾으려 했다. 다른 코란 주석가들은 대체설에 근거한 해석을 거절하지 않으면서 모든 내용을 역사적인 방식으로 설명하려는 사람들도 있었다. 이븐 카시르(1373)가 역사적인 접근법을 사용한 대표적인 학자였다. 그러나 대체설을 심각하게 질문해 본 코란 주석가는 아부 알까심 알자마크샤리(1143)였다. 그는 이 구절의 문법적인 사항을 고려한 후 대체설을 거부하였다. 그는 슙비하(shubbiha)가 무엇을 가리키는지를 물었다. '슙비하' 에는 주어로서 죽음을 당한 사람이 표시되어 있지 않으므로 알마시흐가 다른 것과 비교되는 의미라고 보았다. 즉 '슙비하 라훔' 은 '그들에게 그것을 상상하게 만들었다'고 해석된다. 그런데 '슙비하' 동사가 만일 살해된 자를 가리킨다면 '그들에게 예수처럼 보였던 사람' 을 의미한다.

그러나 알자마크샤리의 유명한 제자 나시르 알딘 알바이다위(Nāsir al-Dīn al-Baydāwī; 1286)는 대체설을 거부하면서 덧붙이기를 '아무도 죽지 않았고 그가 죽임을 당했다'는 것은 거짓 주장이라고 하였다.[103] 그리고 대체설이 내포하는 신학적이고 철학적 이슈를 검토한 사상가는 파크르 알딘 알라지(Fakhr al-Dīn al-Rāzī, 1209)이었다. 알라지는 선임자들의 견해를 되풀이 하는 것에 만족하지 않고 그의 분석적인 시각에서 이 문제를 면밀하게 검토하였다. 그는 두 가지 질문을 하였는데 하나는 알자마크샤리처럼 슙비하의 주어가 누구인지를 질문하였고, 두 번째는 어느 한 사람과의 닮음이 다른 사람에게 씌워진다고 가정하면 무슨 일이 일어날까에 관심을 두었다. 알라지는 대체설을 비평하면서 과거 선행 연구자들의 어느 하나에만 의존하지 않고 다양한 견해들을 살펴보았다. 그 결과 그는 세대를 거치면서 정확한 답은 없고 추측만이 무성하다는 것을 알고 나서 알마시흐, 알라의 루후, 알라의 칼리마 등을 이해하는 데 더 많은 관심을 가졌다.

그리스도의 이미지를 닮은 자가 대신 죽을 수 없다는 것이 알무으타질라 파의 공론이었다. 알무으타질라 파는 알라가 부당한 불의(Zulm)를 했다는 것을 가장 싫어하였다.[104] 더구나 알라가 이유야 어쨌든 사람을 혼동했다는 것은 비논리적이므로 받아들일 수 없다고 생각하였다.

이슬람의 유명한 학자 이븐 꾸타이바(ibn Qutayba, 889)는 무함마드의 교우이자 조카인 이븐 압바스(Ibn 'Abbās)의 전승에 따라 '추측과 가설을 제외하고는 그들이 아는 게 없다. 그들이 그를(그것을) 확실히 살해하지 않았다.' 그를 죽인 자는 단지 추측(지식과 확신의 반대말)이었다.

알따바리는 까탈루후(qatalūhu; 그들이 그를(혹은 그것을) 살해했다)라는 말에서 /hu/가 추측(al-zann)을 가리킨다고[105] 했다. '슙비하 라훔' 이

---

103) *Dialogue of Truth for Life Together*, NEST Publications: 2005, 26.
104) Ibid., 28.
105) Ibid., 30.

무슨 의미인지 그 진실을 찾기 위한 노력이 코란 주석가들에 의하여 경주되었으나 많은 주석가들이 그들 자신이 갖는 추측의 베일 뒤에 숨겨진 알마시흐에 대한 코란의 시각을 분명하게 밝히지 못하였다. 대체설도 그 형식과 목적이 무엇이든지 간에 이 코란 구절의 진실을 밝히지 못한 것이다. 그 이유 중의 하나는 대체로 코란 주석가들이 기독교인들에 대하여 너무 자신 만만한 우월감(superiority)을 갖기 때문이었다. 이런 태도는 무슬림만이 바른 진리로 인도될 수 있다는 우월의식으로써 그리스도의 십자가 죽음은 거짓이라고 말하고 기독교인들의 설명에 주의를 기울이지 않았다. 그런데 무슬림들 안에서도 이런 태도를 지양하거나 거부하는 사람들이 있는데 그들이 바로 수피 주석가들이다.

수피들은 코란 안에는 조정하려는 정신이 담겨 있다고 보고 역사적인 사실을 뛰어넘는 의미를 찾으려 하였다. 알라지 역시 선임자들의 다양한 이론과 개념들을 검토하고 비평한 뒤 알마시흐의 인성만이 고난을 당하고 인간의 몸이 죽었다는 기독교인의 주장을 설명하였다.

> 이싸에게 영혼은 거룩함(qudsiyyah)과 존귀함('ulwiyyah)의 본질이다. 그것은 신의 빛들과 함께 광명의 영혼이고 천사의 영과 매우 가깝다. 이 같은 영혼(soul)은 몸의 어두움 때문에 고난을 받지 않는다. 이런 몸의 어두움으로부터 분리되어 하늘의 열린 궁전으로 자유롭게 들어간다.[106]

수피들의 새로운 해석은 무슬림-기독교 간의 이해에 새로운 출발점을 제공하였다. 무슬림 코란 주석가들은 동방 기독교 신학의 기독론이 무언가 불완전하다는 것을 느끼고 있었다. 일부 코란 주석가들은 알마시흐에 대하여 그들의 의견이 나눠지고 여러 추측이 무성한 것은 예수에 대한

---

106) *Dialogue of Truth for Life Together*, NEST Publications: 2005, 31.

기독교인들의 불완전한 설명 때문이라고 생각하였다.

이슬람은 모든 예언자들이 선포한 진리는 코란의 명확한 계시가 나오기 전까지는 그 일부가 잊혀지고 왜곡되었다고 주장한다. 이미 살펴본 대로 코란은 이싸 알마시흐의 죽음을 부인하지 않는다.[107] 이싸 알마시흐의 죽음은 코란에서 여러 번 그리고 다양한 문맥에서 확인되고 있기 때문이다.

> 다른 인간들처럼 이 땅에 살았고 그가 죽는 날이 있고(yawma yamūtu) 그가 살아서 부활할 날이 있다(수라 19:33).
>
> 당신이 나에게 명령한 것만 그들에게 말하였다. '나의 주님, 너희들의 주님 알라를 예배하라.' 내가 그들 중에 함께 한 동안 그들에게 증인이 되었다. 당신이 나의 혼을 가져 간(tawaffaytanī) 뒤에는 너만이 그들을 지키는 자이었다. 당신은 모든 것들의 증인이다(5:117).
>
> 내가 너를 죽게 하고서(mutawaffīka) 너를 일으켜 나에게 오게 하였다(3:55).

수라 3장 55절을 설명하면, 위 구절의 '무타왑피카'(mutawaffīka)는 '너를 죽게 하여'라는 의미가 있다. 무슬림들은 통상적으로 이싸가 죽지 않고 하늘로 올라 갔다고 하나 일부 코란 주석가들은 '너를 잠자게 하여 수면 중에 너를 들어 올리겠다' 혹은 '땅으로부터 너를 붙잡아 나에게 들어 올리겠다'고 해석한다. 무타왑피카(mutawaffīka)라는 말은 '너를 받아들이겠다'(receiving you)라는 의미가 있고, 동사 타왑파(tawaffa)는 '(빚의) 반환을 요구하다'라는 의미가 있다. 그러나 일반적으로 이 단어의 수동태형은 투웁피(tuwuffi)인데 '죽다'라는 의미가 있고, 명사형 와파트(wafāt)는 '죽음'을 의미한다.

---

107) Ibid., 32.

여기서 딜레마는 이싸가 죽었을 때 그의 영혼만을 알라가 받아들였는가 혹은 그의 영혼과 몸이 모두 반환되어 산 채로 하늘로 올라갔는가에 대한 문제이다.[108] 무타왑피카를 '너를 죽게 하여'(causing you to die)라고 번역한 것은 이븐 압바스의 말에 근거한다. 그런데 '내가 너를 받아들여(반환하여) 나에게 오게 하였다(3:55)' 라고 번역하면 라파아(rafa'a: to take up to heaven; 하늘로 들어 올리겠다)와 동의어가 된다. 그들은 이싸가 하늘로 들어 올려져서 나중에는 죽을 것이라고 한다. 그런데 알라가 그를 받아주는 것과 그를 들어 올리는 것이 순서대로 이루어지도록 텍스트를 문자적으로 읽어야 하는 것은 아니라고 생각한 일부 무슬림들은 그가 하늘로 올라간 다음에 죽는다고 해석했다.

알라지는 텍스트를 문자적으로 읽는 것을 뛰어넘어 무타왑피카를 '너의 생명을 마치게 하여'(completing the term(ajal) of your life)라고 해석했다.[109] 이 말은 이싸가 몸과 영혼이 하늘로 올라갔다는 것을 의미한다. 알라지는 알마시흐에 대한 수피들의 견해에 크게 영향을 받은 것 같다. 그는 유명한 수피 아부 바크르 알와시띠(abū bakr al-wāsitī)의 말을 인용한다.

알라는 '내가 너의 욕망과 너의 육체적 영혼의 한계를 죽게 하겠다' 고 한다. 수피들은 알마시흐에 대한 전통적인 해석 방법을 완전히 거부하지 않으나 알마시흐를 우주의 완전한 한 인간으로 보고 그를 통하여 모든 종교들이 연합되고 인간을 알라에게 가까이 가게 한다고 보았다.[110] 알마시흐가 하늘에 살고 있다는 것이 수피들의 모범이 되었다. 수피들은 육체를 갖고 있는 인간이 신의 임재 앞으로 간 이싸를 좋아하였다. 알하산 알

---

108) Ibid., 34.
109) *Dialogue of Truth for Life Together*, NEST Publications: 2005, 35.
110) Ibid., 36.

바스리(al-Hasan al-Basrī)는 하늘은 '신의 은혜(karāma)의 장소이고 그의 천사들이 사는 곳' 이라고 하였다. 이싸는 알라의 칼리마이고 알라의 루후이므로 알라의 복(barakah)을 얻었다고 보았다.

수피의 접근방식은 이슬람–기독교 관계에서 매우 독특하다. 그러나 그 동안 이슬람과 기독교 간의 건설적인 대화를 위한 기반으로서 수피들의 시각이 크게 주목받지 못 하였다. 사실 현대 무슬림 사상가들은 대체적으로 수피의 사상을 무시하여 왔다.

알마시흐에 대한 시아 파의 관점도 어느 면에서는 수피와 닮은 점이 있다. 그 이유는 시아 파들이 코란 텍스트의 문자적 이해를 항상 고집하기 않기 때문이고, 둘째는 이싸에 대한 금욕적 이미지를 제시하고 있으며, 셋째는 알마시흐의 육체가 하늘로 올라갔다는 것을 좋아하지 않았기 때문이다. 현대 시아 파 사상가들은 알마시흐가 죽었고 다만 그의 영혼만이 하늘로 올라갔다고 주장한다. 시아 파 사이드 무함마드 후세인 따바따바이(sayyid Muhammad Husayn Tabātabā'ī)도 다음과 같은 근거로 알마시흐는 죽었고 그의 영혼만 하늘로 갔다고 한다. 그는 '알라가 그에게로 그를 데리고 갔다' 는 말을 문자적으로 읽으면 '육체의 승천' 을 가리킬 수 있지만 존귀한 분에게 인간의 육체들이 차지할 장소를 갖고 있지 않기 때문에 이 구절에서 실질적으로 육체적이 아님(ma'nawī)을 가리킨다고[111] 하였다.

그리스도의 죽음과 관련된 내용에 대하여 순니 파 무슬림들은 수피나 시아 파의 견해와 달리 그들의 주장을 고집하는 종래의 입장을 떠나 기독교 신앙 안에서 십자가의 의미와 그리스도 죽음에 대한 복음서 설명의

---

111) Ibid., 37.

진정성을 논하였다.[112] 현대 무슬림 사상가들은 복음서의 스토리는 물론 역사적 사실에 더 관심을 갖는다. 그들은 기독교인들이 갖고 있는 상당히 정확한 자료들을 언급하지만 기독교인들의 관점이 아닌 정통성이 없는 이슬람의 관점에서 기술하다 보니 두 종교 간의 만남에도 별 도움이 되지 못하였다. 현대 코란 주석가들은 전통적인 입장을 고려하면서 변증법적이고 개별적인 접근을 한다. 또 다른 특징으로는 알마시흐의 전승 전체를 한꺼번에 거부하거나 혹은 은유적으로 해석함으로써 고전적인 알마시흐에 대한 전승을 비신화화한다. 무슬림 형제단의 리더 사이드 꾸뜹(sayyid Qutb)은 해당 구절의 주석 배경을 설명해 주는 복음서에 근거하여 '알마시흐의 죽음과 가설은 보이지 않는 세계에 속한 것이고 애매모호한 구절이므로 그 주석의 의미는 알라만이 안다'[113]고 결론을 맺었다.

이싸가 예언자라는 주장

이싸는 인간이고 예언자라고 하는 것이 코란의 주된 논지이었다.

알라에게 이싸의 문제(유사한 점)는 아담과 같다. 알라가 그(이싸)를 흙으로 창조했다. 그리고 나서 그가 말하기를 '있으라 하니 그대로 되었다.' (수라 3:59)

천사가 대답하여 이르되 성령이 네게 임하시고 지극히 높으신 이의 능력이 너를 덮으시리니 이러므로 나실 바 거룩한 이는 하나님의 아들이라 일컬어지리라(눅 1:35).

---

112) Ibid., 38.
113) *Dialogue of Truth for Life Together*, NEST Publications: 2005, 37.

성경은 예수 그리스도가 성령으로 잉태되었다고 전한다.

말하라(무함마드야), '우리(무슬림들)는 알라와 우리에게 내려온 것과 이브라힘, 이스마일, 이스학, 야으꿉, 지파들, 무사, 이싸와 그들의 주님에게서 온 예언자들에게 내려온 것을 믿는다. 우리는 이들 예언자들 사이에 어떠한 차별도 하지 않는다. 그분(알라)에게만 우리가 복종한다(Muslimūn).' (수라 3:84)

위 코란 구절에서 무슬림들은 예언자들의 메시지를 믿는다고 한다. 그리고 지파(족장)들을 믿는다는 말이 새롭다. 만일 무슬림들이 코란에 나오는 이브라힘, 이스마일, 이스학, 야으꿉, 무사 등을 모세오경에 나오는 인물로 믿는다면 아브라함, 이스마엘, 이삭, 야곱, 모세가 될 터인데 무슬림들은 오늘날 모세오경의 메시지를 믿지 않는다.

우리(알라)는 누흐와 그 이후의 예언자들에게 계시를 내려 주었고, 우리는 이브라힘, 이스마일, 이스학, 야으꿉과 지파들, 이싸, 아이율, 유누스, 하룬, 술라이만, 그리고 자부르(시편)을 주었던 다우드와 우리가 너에게 이미 언급한 다른 메신저들과 너에게 아직 언급하지 않는 메신저들에게 계시를 내려준 것처럼 우리가 너(무함마드)에게도 계시를 내려주었다. 알라는 무사와 직접 대화했다(수라 4:163-164).

위 구절에서 무사(Musa)가 알라와 직접 대화하였다는 단어는 '칼라마' (kallama)라는 동사이다. 무사와 알라 둘 사이에서 아무 중개자 없이 직접 대화했다는 것이다.

하나님이 모세에게 이르시되 나는 스스로 있는 자이니라. 또 이르시되 너는 이스라엘 자손에게 이같이 이르기를 스스로 있는 자가 나를 너희에게 보내셨다, 하라(출 3:14).

성경의 하나님은 그의 이름을 야웨(Yahweh)라고 계시(출 3:14)하였고, 모세에게 그의 성품을 상기시켜 주는 말씀은 출애굽기 6장 2절에 나온다.

하나님이 모세에게 말씀하여 가라사대 나는 여호와로라(출 6:2).

그런데 하나님은 야웨라는 이름을 아브라함, 이삭, 야곱에게 알려주지 않았다. 하나님이 그의 자신을 계시한 것은 창세기 13장 4절(그가 처음으로 단을 쌓은 곳이라. 그가 거기서 여호와의 이름을 불렀더라.)이었으나 하나님은 그들에게 '엘 샤다이'(전능하신 하나님)로 알려져 있었다. 우리의 생명을 유지하게 하고 공급해 주시는 하나님이시었다. 그러나 그가 야웨라는 이름으로는 족장들에게 알려지지 않았다. 그래서 출애굽기 3장 14절에서 하나님은 모세에게 자신은 생명을 유지하게 하는 자(sustainer), 공급하는 자(provider)일 뿐만 아니라 약속을 지키시는 자(Promise-keeper)라는 것을 계시해 주고 있다. 여기서 약속을 지키시는 분이라는 말은 그의 백성과 인격적인 관계를 가지고 그들을 구속해 주시는 분이라는 말이다. 그러나 코란에는 무사가 직접 만났다고 하여, 알라가 무슬림과 인격적인 관계를 갖는다는 말은 아니다. 초월하신 알라가 인간과 인격적으로 만난다는 것은 이슬람 신론이 아니다.

(이싸보다) 먼저 보낸 타우라를 확증하려고 그들의 관례에 따라 이싸 븐 마르얌을 우리(알라)가 보냈다. 우리는 인도하심과 빛과 그보다 먼저 보낸 타우라(알라를 두려워 하는 사람들에게 인도하심과 교훈이 되는)를 확증한 것이 들어 있는 인질을 그에게 주었다(수라 5:46).

알라의 존재를 믿지 않은 이스라엘 사람들은 다우드와 이싸 븐 마르얌에 의하여 거부되었다. 그것은 그들이 불순종하고 끊임없이 월권 행위를 하였기 때문이다(수라 5:78).

타우라는 알라가 무사에게 준 것이고 인질은 알라가 이싸에게 준 것이다. 이스라엘 사람들이 존경하는 다우드가 이스라엘 사람 일부를 거부하였다고 하고, 이싸도 이스라엘 사람들 중 일부를 거절하였다고 한다. 이 코란 구절에서 '거절되었다'의 원래 아랍어 어휘는 '저주 받았다'라는 의미이었다. 그러나 다우드와 이싸는 이런 거절 혹은 저주를 받지 않았다. 만일 무슬림들이 이 코란 구절을 문자 그대로 믿는다면 오늘날 이스라엘 사람들은 알라에게서 저주 받은 사람으로 인식할 것이다. 이런 식으로 코란을 이해한 무슬림은 유대인들을 증오하고 있는데 이처럼 어느 코란 구절은 문자적으로 해석할 때 크게 위험하다.

코란 주석가 알따바리는 그의 주석에서 사람들이 몰랐던 알라의 법을 설명하는 것을 '인도하심'이라고 설명하고 '빛'은 무지로 앞 못 보는 자의 등불이라고 하였다. 그런데 위 수라 5장 46절의 『성 꾸란』의 한국어 번역은 필자의 번역과 크게 차이를 보인다.

하나님은 마리아의 아들 예수로 하여금 그 이전에 계시된 구약을 확증하면서 그들의 발자취를 따르도록 했노라. 또한 하나님은 신약을 계시하여 그 이전에 계시된 구약을 확증하면서 그 안에 복음과 광명을 주었으니 이는 복음이요 정의에 사는 자들의 교훈이라.

이 『성 꾸란』은 '알라'를 '하나님'으로, '마르얌의 아들 이싸'를 '마리아의 아들 예수'로 번역하고 있다. 그러나 코란의 알라와 성경의 하나님 사이에는 유사점과 차이점이 있고, 이싸와 예수 사이에도 공통점과 차이점이 있다. '타우라'를 구약이라고 하고 '인질'을 신약이라고 한 것도 잘못된 번역이다. 타우라는 창세기, 출애굽기, 레위기, 민수기, 신명기이고, 구약은 이 책들 이외에 34권이 더 있다. 사실 코란 속에는 이 모세오경 이외에 언급된 구약의 내용은 없다. 더구나 이 모세오경의 내용도 코란과 일대일 대응이 잘 안 되어 코란의 어느 부분이 모세오경의 어느 부분과 일치하는지 심도 있는 연구가 필요할 만큼 금방 찾아내기 어렵다.

인질은 마태, 마가, 누가, 요한복음 등 4권이지만 신약은 이것 이외에 23권이 더 있다. 코란에는 신약의 책들이 다 들어 있는 것이 아니고 일부 복음서 특히 누가복음의 내용과 유사한 것이 주로 들어 있고, 이 내용들도 일부는 왜곡되어 코란에 기록되어 있다. 그래서 코란에 모세오경과 4복음서가 들어 있다고 하는 것도 정확한 표현은 아니다. 『성 꾸란』에서 '인도하심'(hudā)을 '복음'이라고 번역한 것도 아랍어 코란 원문의 뜻과 너무 동떨어진 번역이고 알라를 두려워 하는 사람들(muttaqīn)을 '정의에 사는 사람들'이라고 번역한 것도 크게 잘못된 번역이다.

알라의 눈에는 너희들 중 가장 존경 받을만한 사람(관대한 사람)은 알라를 두려워 하는 사람이다('akramakum inda Allāh 'atqakum) (수라 49:13).

코란은 위 구절에서 너희들 중 가장 관대한 사람(akramakum)이 너희 중에 알라를 가장 두려워하는 사람(atqakum)이라고 가르친다. 여기서 가장 두려워 하는 사람(akramakum)이란 단어와 어근이 같은 단어로 '타끄와'(taqwa)가 있다. 코란의 '타끄와'는 사전에 보면 'piety'(경건, 경외)라고 되어 있으나 정확한 번역은 아니다. 타끄와는 알라를 두려워 함(makhafat Allāh)에서 시작하여 알라를 항상 기억하는 것을 의미한다. 타끄와는 모든 무슬림들이 지향해야 할 목표이다. 무슬림이 알라 앞 심판석에 서 있는 자신의 모습을 기억하면서 알라를 두려워한다는 것이다. 타끄와는 이렇게 알라를 두려워하고 무서워하므로 '알라를 마음속에 늘 두고 사는 것'을 의미하는 말로 바뀌었다. 그래서 이슬람에서는 알라를 두려워하고 무서워한다는 시점에서 관대함이란 의미가 연결되어 있다. 알라를 늘 마음에 새기고 그를 의식하고 살면 자신에게 도덕적인 삶이 이뤄지고 심판의 날이 다가오고 있다는 것을 의식하는 데서 '카림'(karīm: 관대하다)이란 단어의 의미가 실현된다고 보았다. 코란의 주제 들 중의 하나가 심판의 날인데 코란을 읽는 사람에게는 심판의 두려움을 갖게 된다. 그러나 성경은 예수 그리스도를 구주로 영접하면 하나님이 우리의 죄를 용서하여 주시므로 이런 심판에 대한 두려움은 전혀 없다.

> 하나님이 그 아들을 세상에 보내신 것은 세상을 심판하려 하심이 아니요 그로 말미암아 세상이 구원을 받게 하려 하심이라. 그를 믿는 자는 심판을 받지 아니하는 것이요 믿지 아니하는 자는 하나님의 독생자의 이름을 믿지 아니하므로 벌써 심판을 받은 것이니라(요 3:17-18).

그런데 성경과 크게 다른 코란 속의 이싸의 이야기가 다음 코란 구절에 나오고 있다. 이런 내용은 위경 도마의 복음(Gospel of Thomas)의 2장에 더 자세히 나오고 나중에는 아랍어 유아기 복음(Infancy Gospel)에 나왔다.[114]

> 그리고 나서 알라가 말하기를; 이싸 븐 마르얌아! 너와 너의 어머니에게 해 준 은혜를 기억하라. 내가 루후 알꾸두스(지브릴)로 너를 격려해준 것, 너는 어려서 그리고 성인이 되어서도 사람들과 대화한 것, 내가 너에게 경전, 지혜, 타우라와 인

---

114) Peter G. Riddell & Peter Cotterell, *Islam in Context: Past, Present, and Future,* Grand Rapids: Baker Academic, 2003. 67

질을 가르쳐 준 것을 기억하라. 내 허락으로 네가 진흙으로 새 모양을 만들고, 숨을 불어 넣어 새가 되었다. 내 허락으로 시각 장애인과 문둥병자를 고치며, 내 허락으로 네가 죽은 자를 살렸다. 네가 이런 분명한 표적을 그들에게 행했을 때, 너에게 해를 끼치지 못하도록 이스라엘 백성을 너와 멀리 떨어져 있게 하였다. 이를 믿지 않은 그들 모두가 '이것은 주술이 분명하다' 고 말했다(수라 5:110).

무슬림들의 질문에 그리스도인들은 뭐라고 답하는가?

무슬림들이 기독교 신앙에 대하여 자주 거부하는 내용들을 살펴보고자 한다. 무슬림들의 다음과 같은 질문에 어떻게 대답할지 생각해 보자.

1. 왜 예수님이 하나님의 아들이라고 말하는가?

가능한 대답 : 우리는 예수님이 육체적인 관계를 통하여 하나님의 아들이 되신 것으로 믿지 않는다. 이런 생각은 무슬림에게 뿐만 아니라 기독교인들에게도 불쾌하다. 우리는 하나님이 본래 사랑이라는 것을 믿는다. 우리는 우주가 창조되기 전에 항상 하나님 아버지와 성자와 성령 사이에 사랑의 관계가 있음을 믿는다. 나사렛 예수는 선지자 그 이상이어서 참 하나님이시고 참 인간이시다.

2. 예수님이 십자가에 돌아가시었다고 믿는가?

가능한 대답 : 이것은 성경이 그렇게 가르쳐 주시기 때문이다. 하나님이 예수를 십자가에 돌아가시게 한 것은 하나님이 약하기 때문이 아니다. 그러나 그가 우리를 엄청나게 사랑하시고 우리의 모든 죄를 용서하시는 분이심을 보여 주시는 방법이다. 모든 인간이 죽어야만 하기 때문에 하나

님은 예수님에게 죽음을 경험하게 허락하였다. 그러나 죽음으로부터 예수님을 부활시킴으로써 하나님은 예수를 변호하시고 그의 정체성을 드러내실 뿐만 아니라 죽음의 세력을 단 한번에 무너뜨리시었다.

코란에서 십자가의 죽음에 대한 가장 중요한 구절은 유대인들의 수많은 죄들을 나열할 때 등장한다. 그들은 송아지를 숭배하였고(4:153), 그들은 시나이에서 맺은 언약을 어겼으며, 알라의 계시를 믿지 않았고, 그의 예언자들을 죽였다(4:155).

코란 4장 157~159절의 전통적인 해석은 알라가 이싸를 십자가에 못 박기 전에 기적적인 방법으로 하늘로 들어올리워 갔고 이싸처럼 보인 사람이 그를 대신하여 죽었다. 이런 해석은 종말에는 이싸가 세상으로 돌아온다고 한 무함마드의 말과 연결된다. 그러므로 오늘날 많은 무슬림들은 이싸가 돌아오면 이싸가 이슬람을 참 종교로 확인시켜 주고 무슬림들이 지금 믿는 식으로 유대교인과 기독교인들이 코란의 이싸를 믿게 될 것이라고 한다. 그리고 그제서야 이싸는 죽고 땅에 묻힌다. 마지막 날에 이싸는 유대교인들과 기독교인들이 갖고 있는 그의 대한 거짓 믿음을 폭로하고 사람들과 같이 그도 부활한다고 한다. 전통적인 코란 해석에 대한 위와 같은 반응에 다음 두 가지 관점이 있을 수 있다.

첫째, 코란은 예수의 십자가 죽음을 실질적으로 부인하지 않는다. 십자가의 죽음은 있었는데 그 십자가에 달린 사람이 누구냐에 대해서 서로 다르다. 코란은 이싸를 십자가에 매단 사람들은 유대인이었다고 강조한다.

둘째, 코란에서 십자가 죽음에 대한 또 다른 접근으로는

ㄱ) 이싸가 십자가에 죽었다는 것을 부인한 코란 구절들을 통하여 코란이 전적으로 위 사실에 일관성을 보여 주지 않는다는 전통적인 무슬림

해석으로 시작하는 것이다. 일부는 자연사, 일부는 기적적으로 구해졌다고 한다.

ㄴ) 우리는 코란이 부인하는 것과 부인하지 않는 것 사이를 주의 깊게 구별지어야 한다. 케네스 크레그(kenneth Cragg)는 유대인들이 이싸를 죽이려했다는 것을 코란이 부인하지 않았고 이싸가 죽임을 당하고자 하였다는 것도 코란이 부인하지 않는 것에 관심을 가졌다.

ㄷ) 무함마드 당시 이싸가 십자가에 죽임을 당하지 않았다고 가르치는 이단 종파들이 있었음을 주목해야 한다. 그러므로 무함마드는 이런 내용을 어디서 주워들었을 것이다.

ㄹ) 만일 이것이 코란에서 십자가 죽음을 부인한 것에 대한 배경이라면 코란의 난해한 구절 슙비하 라훔(shubbiha lahum: 그렇게 보였다)에 대한 설명이 필요하다. 무함마드는 먼저 기독교 이단에게서 이 이야기를 듣고서 이싸가 독특한 분이라는데 초점을 두다보니 십자가의 죽음은 이싸에게 걸맞지 않기 때문에 이런 이단의 말을 받아들였다. 코란에서 이싸가 독특한 이유는 그가 동정녀 마르얌에게서 태어났고, 기적을 행하였으며, 그가 알라의 말씀이었고, 알라에게서 온 루후(영혼)이었다. 따라서 알라는 초자연적인 개입으로 죽음에서 그를 구하였다고 한 것이다.

ㅁ) 우리에 대한 가장 큰 도전은 메시야가 그의 영광에 들어가기 전에 고난을 받아야 한다는 더 깊은 논리를 무슬림들이 이해할 수 있게 하는 방법을 찾아야 한다. 우리는 하나님이 예수를 죽음 직전에 구하는 것이 아니라고 믿는다. 하나님은 그를 우리 대신에 돌아가시게 하고 그 후에 죽음에서 부활하시었다.

무슬림들은 용서가 알라의 자비와 인간의 회개와 믿음에 의존하므로 어떠한 희생이나 속죄가 필요하지 않다고 믿는다. 그러나 기독교인들에게 용서는 고난(suffering)을 포함한다는 것을 믿는다. 하나님은 단 한 가지 말이나 단 한 번의 명령으로 용서할 수 없다. 예수님을 십자가에 돌아가시게 함으로써 악한 것에 대한 심판과 죄의 선고가 있었다. 동시에 그의 십자가 죽음에는 그의 희생하시는 사랑과 용서하시는 사랑이 나타나 있다.

예수님의 첫 제자들도 예수님이 십자가에 돌아가신 것을 이해하는 데 큰 어려움이 있었다. 예수님의 잔인한 죽음에 대한 베드로의 반응(막 8:31-38)은 무슬림들이 메신저가 죽음을 당한다는 것에 대한 반응과 유사하다. 부활 후에 예수님은 제자들에게 고난과 죽음의 필요성을 설명해야 했다(눅 24:26). 예수님이 십자가에 돌아가시게 한 이유를 무슬림들이 알게 되면 그들은 예수님이 십자가에 돌아가시었다는 사실을 받아들일 것이다.

3. 성경은 변질되었다.

가능한 대답 : 무슬림에게 "이런 식으로 교육을 받아왔다는 것을 알고 있다. 그런데 성경 전부를 읽었나요? 코란에 의하면 알라가 예언자 무함마드에게 계시한 메시지는 이전의 경전(무사에게 계시한 타우라(tawrat), 다우드에게 계시한 자부르(Zabur), 이싸에게 계시한 인질(injil)을 확증하는 것이라고 했는데 이 말이 무슨 뜻인지요?"라고 물을 수 있다. "예언자 무함마드 당시에 유대인들과 기독교인들 손에 있었던 이들 경전들이 이미 변질(corrupt)되었다면, 코란이 어떻게 이들 경전들을 확증할 수 있겠는가? 누가 이 경전들을 변질시켰는지, 그리고 언제 그랬는지 말해 줄 수 있는가?"라고 재차 묻는다. 또 "성경을 읽어 본 적이 있나요?"를 먼저 묻고나서 이들 경전들을 읽어 본 적이 없다면, 우리의 경전들이 어떻게 변

질되었다고 말할 수 있는지를 묻는다.

타우라와 인질이 변질되었다는 말에는 어휘가 교체되었다는 주장과 해당 구절의 의미 해석(주석)에서 왜곡되었다는 주장이 있었다. 그러나 아랍어 코란 원전을 재해석한 결과, 코란은 해당 구절의 의미가 왜곡되었다는 주장이 설득력을 갖고 있다. 과거 코란 해설서와 주석들이 잘못된 주석을 반복하면서 성경에 대한 바른 이해를 막는 장애물이 되었다.

4. 성경이 오류(mistakes)와 모순(contradictions)으로 가득 차 있다.

가능한 대답 : 성경에 모순이 있다고 생각되는 근본 이유는 무슬림이 이슬람의 시각으로 성경과 코란을 비교하였기 때문이다. 무슬림은 코란이 무함마드에게 직접 계시된 말씀이라고 믿고, 기독교인들은 성경이 하나님의 말씀이며 성령이 여러 성경 기자들에게 영감을 주시었다고 믿는다. 성경의 하나님 말씀은 수많은 여러 기자들에 의하여 기록되었다. 그러므로 성경은 우리에게 하나님의 말씀(Word of God)이며 인간이었던 성경 기자들이 성령의 감동을 받아 기록한 말이기도 하다. 무슬림과 기독교인의 근본적인 문제는 계시와 영감에 대한 서로 다른 견해를 갖고 있기 때문이다. 그래서 코란 안에 계시가 있는가에 대해서 다음 4가지 중의 한 가지로 대답할 수 있다.

1) 코란은 마귀의 영감에 의한 것이다. 그 안에 진리가 얼마나 들어 있는지에 대해서는 중요하지 않다. 코란은 복음의 핵심으로 간주되는 그리스도의 신성, 그의 십자가 죽음과 부활을 부인한다. 그러므로 어떤 면으로나 하나님의 영감으로 된 것으로 받아들일 수 없다.

2) 성경과 그리스도 안에서 우리가 알고 있는 하나님의 계시와 일치하

는 것이 코란에 있음을 인정한다. 기독교 신앙과 이슬람 사이에 있는 공통점이 있음을 기쁘게 생각한다. 그러나 알라에 대한 무슬림의 이해와 하나님에 대한 기독교인들의 이해가 다르다.

3) 무함마드는 어느 면에서 예언자로 간주되어야 한다. 그가 아랍인들에게 다신교와 우상 숭배를 거부하고 단일신교를 받아들이게 했으므로 그가 하나님으로부터 진짜 계시를 받았음에 틀림없다. 그러므로 그는 구약의 인물 즉 기드온이나 엘리야와 비유될 수 있다. 무함마드는 성경적 구원 역사의 일부가 아니므로 그리스도 안에서 주어진 하나님의 계시에는 미치지 못한다.

4) 무함마드는 무슬림들을 위한 참된 예언자로 인정해야 한다. 코란에서의 알라의 계시와 성경과 그리스도 안에서 하나님의 계시가 다름에도 불구하고 코란이 아랍인들에게 적절하였고, 지금도 세계의 모든 무슬림들에게 적절하므로 하나님의 계시로 인정되어야 한다.

5. 우리는 이싸를 선지자로 인정한다. 왜 무함마드를 선지자로 인정하지 않느냐?

가능한 대답 : 만일 우리가 무슬림들처럼 무함마드를 예언자로 인정한다면 우리는 무슬림들이 되는 것이다. 우리는 성경에서 발견되는 내용 즉 신이 한 분이라는 내용이 코란에 있다는 것을 기뻐한다. 우리는 코란 전체를 믿을 수 없다. 코란이 여러 면에서 성경의 가르침과 다르기 때문이다. 우리는 예수 그리스도가 예언자들의 마지막 예언자, 세상을 향한 하나님의 마지막 말씀이심을 믿는다. 우리는 예수 그리스도가 인간의 몸으로 오신 가장 완전한 하나님의 계시인 것을 믿는다. 만일 이를 믿는다면 예수 그리스도 이후에 새로운 하나님의 계시가 있을 수 없다고 본다.

6. 성경은 무함마드의 오심을 예언하고 있는 것을 왜 인정하지 않는가?

무슬림들은 이런 주장(argument)을 지지하는 성경의 두 구절을 제시해 왔다.

1) 신명기 18장 15절 : 오실 새로운 예언자

주 당신들의 하나님은 당신들의 동족 가운데서 나와 같은 예언자 한 사람을 일으켜 세워주실 것이니 당신들은 그의 말을 들어야 합니다.

2) 요한복음 14장 16절 : 보혜사가 오실 거라는 예수님의 말씀

내가 아버지께 구하겠다. 그리하면 아버지께서 다른 보혜사를 너희에게 보내셔서, 영원히 너희와 함께 계시게 하실 것이다.(비교: 요 14:26, 15:26, 16:7)

원래 보혜사 성령은 그리스말로 파라클레이토스(παρακλητοσ)인데 무슬림들은 이 단어가 파라클루토스(παρακλυτοσ)로 읽어야 한다고 말한다.

가능한 대답 : 신명기 18장 15절에서 모세가 이스라엘 자손들 중에서 예언자를 일으키겠다고 하였으므로 무함마드를 가리키는 말은 절대 아니다. 무함마드는 이스라엘의 자손이 아니었다. 기독교인들은 요한이 말한 보혜사는 성령이 오신다는 것으로 이해하고 있고, 그 뒤에 오실 다른 예언자를 결코 말한 적이 없다.

7. 어떻게 하나님의 선지자가 범죄자처럼 죽을 수 있는가?

가능한 대답 : 고린도전서 1장 18-24절에서 바울은 그리스도의 십자가가 예수를 믿지 않는 모든 사람들의 걸림돌이라고 말한다. 왜 그렇게 말하였을까? 무슬림들에게 왜 십자가가 걸림돌이 되는가?

무슬림은 알라는 이싸와 같이 죄 없는 사람이 죽게 하지 않는다고 말한다. 코란은 유대인들이 이싸를 십자가에 못박지 않았고 마치 그렇게 한 것처럼 보였다(코란 4:157)고 하고, 일부 무슬림들은 이싸가 십자가에 못박히기 전에 하늘로 이싸를 데려갔고, 그 자리에 다른 사람이 십자가에 못박혔다고 했다.

하나님은 구원에 대한 계획을 가지고 계신다. 예수의 죽음과 부활이 없으면 우리는 죄의 용서와 죽음에 대한 승리, 새 생명과 영생의 복을 받을 수 없다. 예수는 고난을 받으시고(suffered) 십자가에 돌아가시고 부활하시었다.

8. 기독교인들은 3신을 가지고 있나요?

가능한 대답 : 우리는 세 신을 믿지 않는다. 우리는 무슬림처럼 한 분 하나님을 믿는다. 우리가 말하는 성부, 성자, 성령의 삼위일체 유일신 하나님은 각기 구별된 따로 따로의 신들이 아니라 기독교는 유일신교이다. 삼위일체라는 말은 성경에 나오지 않으나 성경에는 그 아이디어(idea)를 가르쳐 준다.

많은 무슬림들은 기독교인들이 3신을 예배한다고 생각한다. 그들은 삼위일체가 3신을 의미한다고 말한다. 코란에서 이싸와 그의 어머니가 신들이라고 사람들에게 가르쳤느냐고 알라가 이싸에게 물었다(코란 5:116). 코란은 일부 기독교들이 알라, 마르얌, 이싸 세 분을 예배한다고 말한다. 무함마드 시절에 일부 기독교인들은 이싸와 알라에게 복을 달라고 말했다. 그들은 또한 마르얌에게 복을 달라고 했다. 무함마드는 기독교인들이 3신을 예배한다고 생각했다.

9. 그리스도인들이 성경을 바꾸었는가?

가능한 대답 : 코란은 무사가 알라에게서 타우라(tawrat)를 받았고, 다우드는 자부르(zabur)를 받고 이싸는 인질(Injil)을 받았다(코란 5:48)고 한다. 일부 무슬림들은 말하기를 기독교인들이 이들 책들을 바꾸어버려 우리가 지금 갖고 있는 성경은 오류(mistakes)로 가득 차 있다고 한다. 그들은 말하기를 알라가 코란을 보내 이 오류를 바로잡아 진리를 전하여 주려고 한다고 했다. 그러면 우리는 어떻게 그들에게 대답할 수 있는가?

코란 3장 84절은 무슬림들이 무사, 이싸와 다른 선지자들의 책을 존중한다고 말한다. 코란 29장 46절은 무슬림들이 기독교인들과 논쟁하지 말라고 한다. 코란 10장 95절은 무함마드가 질문이 생기면 무함마드는 기독교인과 유대교인들에게 질문을 하여야 한다고 말한다. 왜냐하면 알라가 무함마드에게 말하기 전에 그들에게 먼저 계시를 보냈기 때문이라고 했다.

우리는 무슬림들이 코란을 존중한다는 것을 안다. "만일 어느 무슬림이 코란을 변경시키려고 한다면 다른 무슬림들이 동의하겠는가"라고 무슬림에게 물어보아야 한다. 대답은 물론 아니라고 할 것이다. 무슬림은 말하기를 코란은 알라에게서 왔고 코란의 내용을 바꾸려는 사람은 잘못된 것이라고 말한다. 성경과 코란 간에는 몇 가지 차이가 있다. 성경은 코란보다 훨씬 오래 전에 기록되었고 훨씬 더 긴 책이다. 성경은 서로 다른 시기와 여러 나라들에서 하나님이 영감을 준 여러 사람들에 의하여 기록되었다. 신약은 그리스어로 되어 있고, 몇 개의 어휘가 아람어로 되어 있으며, 구약은 아람어와 히브리어로 되어 있다.

성경은 여러 언어로 번역되었다. 성경의 처음 번역은 무함마드가 태어나기 800년 이상되었다. 성경을 필사하거나 번역한 사람들은 하나님께 기도하며 필사하였고 그래서 성서의 어휘와 의미들이 바뀌지 않았다. 유대교인들과 기독교인들은 성경이 하나님께로서 왔다고 믿는다. 기독교인들은 성경을 변경시키지 않았다. 무슬림들이 코란을 존중하는 것처럼 기독교인들도 성경을 존중한다.

맺는 말

코란은 서술 방식과 사용된 어휘 그리고 주제 등에서 성경과 전혀 다르다. 코란은 성경의 진리(예수의 십자가 죽음과 부활, 삼위일체, 예수의 신성)를 부인한다. 코란의 주석가들마다 코란 해석에서 서로 다른 부분들이 있었다. 타우라(모세오경)와 인질(복음서)이 변질되었다는 말에는 어휘가 교체되었다는 설과 해당 구절의 의미 해석에서 변질되었다는 두 가지가 있었으나 아랍어 코란은 의미 해석의 변질인 것을 확인하여 주고 있다. 한국어로 번역된 코란 해설서들이 모두 아랍어 코란 원문에 맞게 번역되지 못하였다. 성경은 코란에 나오는 무함마드를 예언자로 인정하지 않고, 성경은 코란이 하나님의 말씀이 아니라고 확증한다. 코란과 성경에 동일 어휘가 나온다고 할지라도 그 의미가 동일하지 않은 경우가 있다.

오늘날 이슬람 국가는 코란의 잘못된 해석과 주석으로 일부 무슬림들을 과격하게 만들고 있다. 그래서 2004년 요르단에서 암만 선언(Amman Message)이 나왔다. 암만 선언의 핵심은 알라와 무함마드를 믿고 코란을 계시된 말로 믿으며 이슬람의 여섯 가지 믿음과 다섯 가지 실천 사항을 지키는 자는 카피르로 볼 수 없다는 취지였다. 또, 코란과 순나에 의하여 결정한 이슬람 학자들의 무분별한 파트와 남발이 이슬람 세계를 혼란스럽게 만들고 있다. 그래서 2009년 1월 사우디아라비아 메카에서 세계 무슬림 학자들을 불러 '파트와 헌장'을 제정하여 무슬림 학자들이 파트와의 법문을 발령하기 전에 그 지침서로 참조하게 하였다.

아랍어 코란 속에는 타우라와 인질의 일부가 들어 있으나 시간과 장소가 전혀 다른 맥락에서 서술되고 있고 등장 인물들의 이름이 바뀌었거나 주제가 달랐다. 이브라힘, 이스학, 야으꿉, 이스마일, 누흐, 아담, 자카리야, 유수프, 술라이만, 다우드 등의 이름은 코란과 타우라가 서로 비슷하지만 이들의 역할이 유사한 부분도 있고 서로 다른 부분도 있다. 무슬림들도 유대인들의 토라와 기독교인들의 복음서는 코란이 언급한 타우라와 인질과 다르다고 주장하면서 기독교인들의 성경을 읽지 않았다. 그러나 성경은 텍스트가 전혀 변질되지 않았다고 무함마드와 초기 이슬람 학자들이 증언해 주고 있다.

11세기 이븐 하즘의 반기독교적인 논증 이후에 무슬림들은 코란의 내용을 입증하려고 성경을 인용하던 것을 그만두었다. 이슬람 신학과 코란에 따르면, '루후 알꾸두스'는 성경에 나오는 '성령'과 다르고 성경의 '사도'도 코란의 '메신저'와 다르다. 성경은 "너희는 너희가 하나님의 성전인 것과 하나님의 성령이 너희 안에 계시는 것을 알지 못하느냐(고전 3:16)"고 하면서 성령이 예수를 구주로 믿는 성도 안에 계신다는 것을 말씀하신다. 그러나 무슬림들은 성령이 알라라고 하지 않는다. 만일 한국어로 된 코란 해설 속에 '성령'이라는 단어가 나온다면 그것은 '알라는 영이시다'라는 말이 되므로 이런 표현은 세계 무슬림들에게 신성모독이 되는 번역이다.

최근 이슬람과 기독교 관계를 연구하는 학자들은 코란의 용어(알라,

이싸, 알마시흐)를 성경의 용어(God, Jesus, Messiah)로 번역하려는 시도
들이 있어 왔는데 그것은 두 커뮤니티 간에 이해의 폭을 넓히려는 일환
일 수도 있다. 한국의 무슬림들이 코란의 용어(알라, 라술, 이싸)를 성경
의 용어(하나님, 사도, 예수)를 사용하여 번역하였는데 이렇게 무분별하
게 기독교 용어를 코란의 한국어 번역에서 채택되면 성경과 코란에서 각
기 신학적으로 규명해야 할 과정들이 사라져 버려 두 종교 간의 바른 이
해를 총체적으로 차단하는 부정적인 결과를 낳을 것이다.

　아랍어 코란이 원래 의도한 의미가 정확하고 바르게 한국어로 전달되
려면 코란 주석가들의 신학적 성향과 시대별 주요 신학자들의 주석은 물
론, 아랍어 코란 원전에 대한 깊은 이해가 선행되어야 한다. 이런 선행 연
구 없이 무작정 코란 주석가들의 책을 인용하거나, 코란 해석의 정확성
이 결여된 영문 코란 해설이나, 한국어로 번역된 코란 해설서들을 인용하
다 보면 코란이 본래 전하고자 하는 의미가 왜곡되기 쉽다. 더구나 현대
코란 주석가들의 견해도 살펴서 고전 코란 주석의 부족한 부분들을 보완
하는 시도들이 뒤따라야 한다.

코란의 의미를 찾아

오늘 날 코란 주석과 해석상의 문제로 2004년 암만 선언이 있었고 2009년에는 메카에서 파트와 헌장이 제정되었다. 그만큼 코란에 대한 바른 해석이 무슬림들 사이에서 이뤄지지 못하고 있다는 반증이다. 아랍어 코란 텍스트에 대한 주석과 해설이 무함마드 자신의 해석, 고전 시기와 고전 이후 시기, 현대 시기의 코란 주석 그리고 오늘날의 코란 주석과 한국 무슬림의 코란 해설 등을 두루 살펴보아야 하므로 코란이 계시된 그대로의 의미를 찾는 데에는 많은 노력이 필요하다. 코란의 해석적 근거를 오늘날 무슬림들에게 일반적으로 통용되는 견해에 의존할지 혹은 과거 이슬람 학자들의 다양한 코란 주석에 의존할지 혹은 한국인의 코란 해설서에 의존할지에 따라 코란 구절의 의미가 달라지기 때문이다.